제3개정판

국제무역경제학

김 인 철

傅 英 社

제 3 개정판을 내면서

2008년 9월은 역사적으로 오래 기억될 잔인한 달이었다. 미국의 Lehman Brothers투자은행의 부도사태로 미국의 금융시장은 물론이고 세계 금융시장이 원자폭탄을 맞은 것과 같은 큰 충격을 받았다. 그 후유증이 미국의 대량실업과 세계경제의 침체로 이어질 것으로 예상되었고 그래서 지금은 세계지도자들이 대책을 마련하느라 부심하고 있는 상황이다. 2008년 12월 미국 대통령 선거에서 일리노이주 상원의원 출신인 버락 오바마(Obama)가 미국 제44대 대통령으로 당선되었다. 미국은 역사상 처음으로 흑인 대통령을 맞게 되었다. 이제 세계의 관심은 오바마 대통령이 앞으로 어떤 정책으로 세계경제를 회복시킬 것인지 그리고 대외적으로 무역정책을 어떻게 실행해 갈 것인가에 집중되고 있다.

한편 경제 UN이라고 할 수 있는 WTO(자유무역기구)가 1995년 출범함으로써 여러 무역협상분야에서 과거 GATT기능보다 훨씬 강력한 기능을 해낼 것이라는 기대가 형성되었다. 그러나 농산물 분야에서는 여전히 협상국간의 이해마찰이 적지 않아 다자간 합의가 쉽게 도출되지 않고 있다. 이런 상황에서 WTO 내의 모든 회원국은 아니라 하더라도 자유무역에 대해 공감을 하는 소수 회원국끼리 먼저 자유무역협정을 추구하는 이른바 FTA체결이 자연스럽게 추진되어 왔다.

이번에 새로 수정되는 이 책에서는 근년에 들어 부각된 FTA 관련 현안들이 추가로 논의되었다. 그리고 무역협상의 이론적 설명에 관한 내용 중 일부가 더 분명하게 설명되었다. 교역규모결정에 관하여 국가의 위치와 교역국간의 거리와 관련국의 경제규모의 중요성을 고려한 틴버겐의 무역중력모델이 추가로 삽입되었다. 이것은 다소 오래된 이론이긴 하지만 이로부터 우리는 다음과 같은 함의를 얻을 수 있다. 디지털 시대의 무역은 단순히 지리적 근접성 자체보다는 통신과 수송수단의 발달이 훨씬 효과적으로 무역을 증대시킬 수 있다는 것이다.

끝으로 이 지면을 통해서 80년대 초부터 저자에게 독려와 친절을 베풀어 주신 안종만 회장님께 진정한 감사를 드리며 이제 새로 기획부 소속으로 원고독려에 애쓰신 최준규 대리에게 크게 감사한다. 그리고 이 책의 교정과정에서 BK 21장학생인 이선민 양과 최봉제 군에게 힘써 준 고마움을 표한다.

2009 년 1 월

명륜동 서재에서 저 자

제 2 개정증보판을 내면서

지난 1986년 9월 제8차 다자간 무역협상(UR)이 우루과이에서 시작되어 7년을 끌다가 92년末 타결을 보았다. 그 후 1993년 1년간 각국 내 의회의 비준을 거쳐 1994년 1월 국제무역기구인 WTO가 출범하였다. 이로써 세계각국은 관세 및 비관세장벽을 효과적으로 허물 수 있는 기틀을 마련하였다고 볼 수 있다. 그러나 그럼에도 불구하고 농산물시장개방에 대해 북미 농산물 수출국과 유럽 농산물 수입국간의 견해의 폭은 여전히 넓다. 이를 반영하듯 1999년 11월 미국 시애틀에서 있었던 WTO각료회의도 국제 비정부 민간단체(NGO)들의 완강한 시위로 무산되었다.

선진국간의 농산물 분쟁뿐만 아니라 개도국과 개도국간, 그리고 개도국과 선진국간의 수출경쟁도 점점 심화되고 있다. 그러나 생산기술과 자연자원에 있어 불리한 개도국들은 만성적인 무역적자를 겪을 수밖에 없으며 따라서 외채도 늘어날 수밖에 없다. 그러므로 개도국들이 자신의 외채문제를 해결하기 위해서도 자신의 수출경쟁력을 높여가는 것이 최선의 방책이다.

본 제2개정증보판에서 저자는 이러한 무역환경의 변화를 논의하였으며 특히 헥셔 · 올린 무역이론 이후 널리 인정받아 온 산업내 무역이론을 추가하고 알기 쉽게 풀어서 정리하였다. 또한 무역정책론을 새로 추가하였는데 논의과정에서 게임이론을 적용한 무역협상이론을 간단히 소개하였다.

이번 제2개정증보판을 준비하는 과정에서 처음부터 끝까지 꼼꼼하게 교정원고를 검토해 준 여러 대학원생들에게 본 지면을 빌어 고마움을 표한다. 특히 석사과정에 있는 정진하 군, 문창용 군, 김경아 양을 포함하여 박사과정의 안경애 양에게도 고마움을 표한다. 끝으로 박영사 편집부 우석진 과장님을 비롯한 여러분께 감사를 드린다.

2000 년 1 월

명륜동 서재에서 저 자

제 2 개정판을 내면서

90년대에 들어서부터 세계경제판도는 크게 달라지기 시작했다. 냉전체제가 무너진 후 동유럽의 여러 사회주의국가들이 시장제도를 앞다투어 도입하였으며, 따라서 이들의 교역량도 엄청나게 늘어났다. 특히 교역에 있어 동유럽과 서유럽 간의 물량교류가 빠르게 진행됨으로써 유럽의 무역구조가 큰 변화를 겪고 있다. 중국도 냉전종식 후 경제를 개방하고 시장제도를 도입함으로써 아시아에서 가장 빠르게 경제력이 성장하고 있다.

이처럼 자본주의국가와 사회주의국가들은 비록 정치체제는 서로 달라도 경제체제는 시장기능에 입각한 비슷한 체제를 유지함으로써 각자 경제적 富를 키우며, 나아가 개인의 생활수준을 올릴 수 있다는 생각이 지금은 어느 정도 널리 인식되어 있는 것 같다.

그러나 이러한 여건변화가 기존의 전통적 무역이론을 조금이라도 손상시키지는 않는다. 왜냐하면 웬만한 현상이면 거의 모두 헥셔-올린 이론으로 설명이 가능하기 때문이다. 그래서 오히려 전통적 무역이론에 대한 더욱 철저한 이해가 필요하다. 다만 산업구조가 고도화되면서 산업의 구조적 특징을 근거로 하여 무역패턴을 설명하는 새로운 이론의 등장은 가능하다.

또 다른 한편으로 지역주의에 입각한 블록화현상은 계속 진행되고 있다. 서유럽을 중심으로 결속된 EU(유럽연합)는 단일통화의 구축과 단일 중앙은행 설립을 목표로 하여 그 결속도를 더욱 강화하고 있다. NAFTA(북미자유무역지대)와 APEC(아세아태평양경제협력체)도 같은 맥락에서 이해될 수 있다.

이번 개정판에서는 그 동안 발견되었던 약간의 誤字와 부적절한 부분을 수정했을 뿐만 아니라 산업구조의 특징과 관련된 새로운 무역이론을 소개하였다. 그리고 경제통합론에 있어서 새로운 시각과 접근을 시도하여 독자들로 하여금 국가간의 다양한 결합형태를 이해할 수 있도록 하였다.

제 2 개정판을 낼 수 있게 해주신 安鍾萬 사장님과 黃仁旭 국장님의 후원에 감사드리는 바이며, 편집을 맡아준 禹錫鎭 과장님께도 감사드리는 바이다.

97. 9. 저 자

개정판을 내면서

이 책의 초판이 나온 지 2년 반이 지났다. 그 동안 본인이 이 책을 교재로 쓰면서 여러 가지 느낀 점이 많았고, 또 다른 분들로부터 여러 가지 좋은 아이디어를 얻었기 때문에 이를 수용하여 이번에 개정판을 내게 되었다.

원래 이 책은 가능한 한 잡다한 내용을 넣지 않고 또 문체도 간결하게 하는 등 기존의 책들과는 차별화를 시도하였다. 이로써 학생들이 심리적 부담감 없이 내용을 쉽게 이해할 수 있도록 하였다. 그러나 본 교재를 사용하는 과정에서 어떤 곳은 너무 내용이 간결하여 학생들이 이해하기가 어렵다는 사실을 알았다. 그런 곳을 찾아 내용을 보완하였으며, 경우에 따라 새로운 章을 넣기도 하였다. 새로운 내용으로서 관세장벽에 관한 내용을 보완하였으며, 관세 이외에 비관세장벽에 관해서도 새로 지면을 할애하였다. 그리고 특히 UR타결 이후 세계무역기구인 WTO 창설에 관한 내용도 새로 수록하였다.

개정판을 낼 수 있게 도와주신 분들은 많다. 우선 安鍾萬 사장님과 黃仁旭 부장님의 후원을 빼놓을 수 없다. 그리고 초판에 이어 개정판의 편집을 담당해주신 盧賢哲 課長님의 수고에 감사를 드린다. 그리고 원고정리와 교정을 위해 저자의 연구조교인 李鍾燮 군과 成大 경제학과의 權伍守, 李智郁, 徐楨瀚 군, 卓孝貞 양이 많은 수고를 하였으며, 改訂版을 위해 그 동안 여러 가지 조언해주신 여러 선생님들께도 감사를 드린다.

1994. 10. 저 자

서　문

제2차 세계대전 이후 지난 45년 동안 국제교역량은 엄청나게 불어났다. 이것은 그 동안 과거 특정 시점, 특정 국가에서 보호무역정책을 유행적으로 실행한 바 있으나, 근본적으로는 자유무역의 지속적인 확대에 기인한 것이라 할 수 있다.

오늘날 국제교역에 있어서 국경을 넘나드는 것은 상품뿐만 아니라 돈, 사람, 정보까지 포함된다. 특히 사람과 정보의 越境은 서비스교역의 핵심적 내용이 된다.

지난 80년대까지 GATT(General Agreement on Tariff and Trade)협약에 기초를 둔 국제무역질서는 주로 상품의 국제적 이동에 한정되었다. 그러나 사람과 정보의 국제적 이동에 의한 서비스교역의 규모가 급격히 신장됨에 따라 서비스교역의 자유화를 위한 국제적 규범이 필요하게 되었다. 그래서 이것이 지금도 진행되고 있는 우루과이 라운드(Uruguay Round)에서 주요한 결정사항으로 취급되고 있다.

국제경제학은 전통적으로 금융부분과 무역부분으로 나누어지는데, 本書는 무역부분에 치중하였기 때문에 標題를 國際貿易經濟學(International Trade Economics)이라고 하였다.

이 책의 특징으로서 독자가 염두에 두어야 할 다섯 가지 사실이 있다. 첫째, 이 책은 상품의 흐름뿐만 아니라 각종 서비스의 흐름도 다루고 있다. 둘째, 이 책은 무역에 관한 최근까지의 이론을 알기 쉽게 설명하고 정책문제를 심도 있게 다루고 있다. 셋째, 이론의 전개에 있어서 불필요하고 난해한 수학적 접근은 될수록 피하고 간단한 그림으로 설명함으로써 경제학을 전공하지 않는 사람도 이 책을 쉽게 이해하도록 하였다. 넷째, 이 책의 내용 중 많은 부분은 美國 大學의 학부에서, 그리고 경영대학원의 MBA 과정에서 많이 사용하고 있는 케이브스·존스(R. Caves and R. Jones) 共著, *World Trade and Payments*와 헬러(Robert Heller) 著, *International Trade: Theory and Evidence*를 참조하였다. 끝으로, 꼭 필요한 수학적 증명은 책 뒤의 부록편에 실었으므로 수학적 배경이 다소 강하거나 관심 있는 독자는 이를 활용할 수 있을 것이다.

지난 3~4년 동안 이 책을 저술하는 과정에서 숱한 어려움이 따랐으나 여러분들의 격려와 사랑으로 이 책이 출간될 수 있었다. 1976~81년 기간 著者가 시카고대학원에서 박사과정을 밟고 있는 동안 희생적으로 뒷받침해주었을 뿐만 아니라 학교에서 교편을 잡고 있는 지금까지도 계속 지원해주는 內子의 도움이 없었더라면 이 책의 출간은 불가능했을 것이다.

또한 박영사의 安鍾萬 社長님의 너그러운 지원과 따뜻한 격려, 그리고 黃仁旭 次長님의 슬기롭고 세심한 배려에 대해 본 지면을 통해 깊은 감사의 말씀을 드리는 바이다. 또한 편집부의 咸昇澈 部長님과 盧賢哲 氏를 비롯한 여러 직원들께도 깊은 감사를 표한다.

本書가 출간되기까지 원고정리와 교정에 정성을 기울인 本校 經濟學科 大學院生인 盧龍煥 君과 金正勳 君, 權寧吉 君, 崔光奎 君에게도 크게 감사하는 바이다.

1992. 3.

明倫洞 研究室에서 著 者 識

차 례

제 7 장 기술과 무역패턴

제 8 장 성장과 무역패턴

제 9 장 생산요소의 국제적 이동

제10장 외국인 직접투자

제11장 불완전경쟁과 무역패턴

제12장 규모의 경제와 무역패턴

제13장 관세의 경제학

제14장 관세장벽

제15장 비관세장벽

제16장 보호무역의 합리화 이론

第17장 관세이론의 최근 연장

第18장 무역협상이론

第19장 경제통합편

제20장 서비스교역과 UR 협상

그림차례

표 차 례

제 1 장

자유무역의 기본모형

제 1 절 국제적 교환이 주는 경제적 이익

제 2 절 생산특화가 주는 경제적 이익

제 3 절 무역개시와 세계경제의 이익

제 4 절 상대가격과 무역패턴의 결정

제 1 장 자유무역의 기본모형

이론적으로 자유무역은 교역을 하는 두 나라 모두에게 좋은 결과를 가져온다고 하나 실제로는 그렇지 않다는 주장이 있다. 그리고 두 나라의 크기가 비슷한 경우가 아니면 큰 나라만 자유무역의 혜택을 보고 작은 나라는 자유무역의 혜택을 보기는커녕 오히려 자유무역을 개시하기 이전보다 더 못한 결과를 맞게 될 것이라는 주장도 있다. 이러한 주장의 근거가 무엇인가를 규명하는 것은 매우 중요한 일이라 하겠다.

우선 본 章에서는 자유무역이 교역당사국인 두 나라에 어떠한 영향을 미치게 되는지 미시경제학에서 다룬 간단한 분석도구를 이용하여 살펴보고자 한다. 아울러 이론적인 면과 실제적인 면 사이에 어떠한 괴리가 존재하는지를 확인해보고자 한다.

제 1 절 국제적 교환이 주는 경제적 이익

자유무역이 무역당사국 모두에게 좋다는 이치를 직관적으로 이해하기 위해서 다음과 같은 상황을 생각해보자. 먼저 A국과 B국이 무역을 개시하기 이전에 양국이 두 상품 X와 Y를 국내에서 생산하고 있다고 가정하자. 그리고 무역이 개시된 후 A국은 X상품을 수출하고, B국은 Y상품을 수출한다고 한다면 이 같은 사실은 A국이 B국에 비하여 상대적으로 X상품을 더 값싸게 생산한다는 것을 의미한다. 그렇지 않다면 A국은 X상품을 B국에, 그리고 B국은 Y상품을 A국에 수출하지 않을 것이기 때문이다.

무역을 개시한 후와 개시하기 전의 상황을 비교할 때 무역개시 후에 달라진 사실이 두 가지 있다. 하나는 양국이 각각 자국에 유리한 상품을 무역개시 전보다 더 많이 생산하여 전보다 비싼 값으로 상대국에게 수출한다는 점과, 다른 하나는 자국 내에서 무역개시 전보다 적게 생산하게 된 상품은 상대국으로부터 무역개시 전보다 더욱 싼 값으로 더 많이 수입해서 소비할 수 있다는 점이다.

이 같은 결론을 이론적으로 유도하기 위해서 먼저 양국은 무역을 개시하되 생산량은 변동시키지 않고 무역개시 이전의 생산량을 가지고 양국간에 교환만 하는 경제를 가정해도 양국은 모두 경제적 혜택을 얻게 된다는 것을 규명하기로 한다. 만일 무역이 개시됨과 동시에, 양국이 생산량도 자국에 유리하도록 변동시킨다고 한다면 양국이 얻는 경제적 이익은 그만큼 더 커질 수 있는데 이것은 다음 章에서 규명하기로 한다.

먼저 〈그림 1-1〉을 이용하여 무역개시 전 A국의 생산과 소비를 살펴보자. 〈그림 1-1〉의 i점은 A국이 Ob만큼의 X상품과 Oa만큼의 Y상품을 생산하고, 또 생산된 X상품과 Y상품을 모두 국내에서 소비하고 있음을 나타낸다. 가격선 cd는 X상품과 Y상품의 교환비율을, 그리고 U는 A국의 사회무차별곡선을 각각 나타내기 때문에 무역개시 이전의 A국의 사회무차별곡선 U_0와 가격선 cd가 접하는 i점은 A국의 생산과 소비가 일치하는 점이 된다.

수출이나 수입이 없이 국내에서 생산되는 것만 소비하거나 국내에서 소요되는 것은 모두 국내에서 생산하는 경제를 자급자족경제(autarky)라고 부른다. 이제 자급자족상태에서 무역을 시작한다고 하자. 이 때 A국은 X상품과 Y상품간의 새로운 교환비율

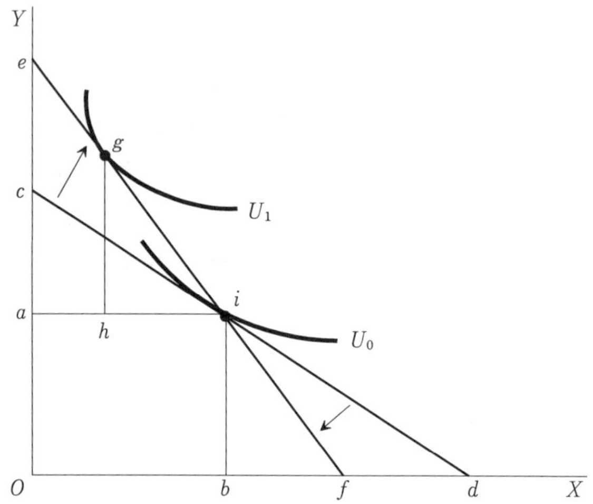

〈그림 1-1〉 무역개시와 후생증대

을 맞게 되어 가격선은 cd에서 ef로 바뀌게 된다. 〈그림 1-1〉의 새로운 교환비율에 의하면 이전보다 X상품이 Y상품보다 가치가 더 올라간다. 물론 교환비율이 그 반대인 경우도 있겠으나 그 경우는 조금 뒤로 미루기로 한다.

무역개시 이전에는 국내에서 ac만큼의 Y상품을 얻으려면 Ob 또는 ai만큼의 X상품을 주어야 했다. 그러나 무역이 개시된 후 ae만큼의 Y상품을 얻기 위해서 ai만큼의 X상품만을 주면 된다. 이것은 X상품이 Y상품에 비하여 전보다 더 가치가 있게 되었다는 사실을 의미한다. 즉 A국이 무역개시 전보다 가치가 상대적으로 상승한 X상품을 무역이 개시된 후 국제시장에서 팔 수 있게 되고, 이로써 무역개시 전과 동일한 양의 X상품을 가지고 더 많은 양의 Y상품을 구입할 수 있게 된다. 결국 이렇게 해서 A국의 실질소득이 증가하게 되는 것이다.

무역개시 후의 구체적인 수입량과 수출량은 새로운 가격선의 기울기와 A국의 사회무차별곡선의 모양과 위치에 의하여 결정된다. 이 때 명심할 사실은 가격선의 변동은 국내생산의 변동을 초래하는 것이 현실이나 여기서는 분석의 편의상 국내생산점은 변동하지 않는다고 가정한다. 앞에서 언급한 대로 가격선이 변동된 후 국내생산점이 달라지는 경우는 다음 장에서 상세하게 다루기로 한다. 〈그림 1-1〉에서는 새로운 가격선 ef와 전보다 높아진 사회무차별곡선 U_1이 g점에서 접하게 됨을 보여준다. 이로써 A국의 생산점은 여전히 i점에 있으나 소비점은 i점에서 g점으로 옮아가게 된다. 따라서 hi는 수출량이, gh는 수입량이 각각 되는데, 〈그림 1-1〉의 삼각형 ghi를 A국의 무역삼각형이라 부른다.

다음으로 사회무차별곡선의 특성에 대해서 간략히 살펴보자. 사회무차별곡선은 사회 전체의 후생수준을 나타내는 무차별곡선으로서 미시경제학의 소비자이론에서 다루고 있는 개인별 효용무차별곡선의 개념과 비슷하다. 즉 동일 무차별곡선상의 어떤 조합점이라도 같은 수준의 후생을 나타내는 것, 원점에서 멀어질수록 후생수준이 커지는 것, 다른 수준을 나타내는 무차별곡선은 서로 교차하지 않는다는 것 등이 공통적 특징이다. 그러나 개별적 효용을 결합하여 사회 전체의 후생을 나타내는 사회무차별곡선을 유도하는 데 있어서는 많은 문제점이 발생하는데, 이에 관한 상세한 논의는 뒤로 미루기로 한다.

〈그림 1-1〉에서 무역이 개시된 후 가격선이 ef로 변동되자 후생수준이 과거 U_0에서 U_1수준으로 올라갔음을 보여준다. 그런데 만일 무역이 개시된 후 Y상품이 X상품에 비해 전보다 더 비싸짐으로써 새로운 가격선의 기울기가 이전의 가격선인 cd의 기울기보다 더 완만하게 된다면 어떻게 될까? 혹시 그렇게 되면 A국의 후생은 전보다 나빠지지 않을까라는 의문이 생길 수 있다. 그러나 결론은 그래도 A국의 후생수준은 올라갈 수 있다는 것이

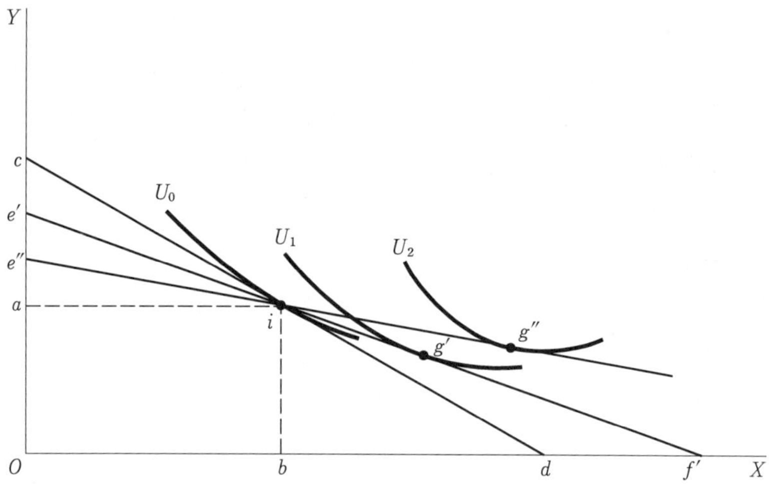

〈그림 1-2〉 무역 후 국제가격변동과 후생증대효과

다. 이 같은 사실을 〈그림 1-2〉를 통해서 확인해보자.

〈그림 1-2〉에서 보는 바와 같이 새로운 교환비율을 나타내는 가격선이 ef가 아니라 $e'f'$라면 A국의 소비점은 〈그림 1-1〉에서와 같이 i점에서 g점으로 옮아가는 것이 아니고 g'점으로 옮아간다. 그렇게 되면 수출상품은 X상품이 아니라 Y상품이 된다. 이때 A국의 후생수준은 U_0보다 높은 U_1수준에 있게 된다. 무역개시 후 새로운 교환비율은 국제시장에서의 총공급과 총수요에 의해 결정된다. 2국모형에서는 상대국의 수요와 공급사정이 새로운 교환비율에 영향을 주게 될 것이다. A국의 교역상대국인 B국의 무역구조와 후생수준이 무역개시 후 어떻게 달라지는 것인지도 우리의 관심사이다. 이에 대한 논의는 다음으로 미루기로 한다.

만일 A국이 무역을 개시하여도 국제교환비율이 국내교환비율과 동일하다면 후생상의 변화는 없게 된다. 이런 상황은 무역을 시작한 나라가 충분히 큰 나라로서 국제시장가격이 곧 그 나라의 국내가격과 같은 경우에 발생한다. 따라서 무역을 개시한 후 맞게 되는 국제교환비율이 국내교환비율과 다르기만 하다면 무역개방국은 후생증대의 효과를 볼 수 있다는 결론이 성립한다. 그리고 국제교환비율이 무역개시 이전의 국내교환비율과 차이가 클수록 그만큼 무역의 혜택도 커지게 된다. 이 같은 사실은 〈그림 1-2〉를 통해서 알 수 있다. 만일 X와 Y의 국제교환비율이 $e'f'$가격선보다 더 완만하게 나타난다면, 그래서 원래의 교환비율인 cd가격선보다 더욱 차이가 생겼다고 한다면 소비점은 g''가 되고 A국의 후생수준은 그 전보다 높은 U_2수준에 와 있게 된다.

제 2 절 생산특화가 주는 경제적 이익

지금까지는 무역개시 후 두 나라 사이에 교환비율이 달라지기만 하면 생산구조의 변동이 없이도 무역개시국의 후생수준이 증대한다는 사실을 이론적으로 규명하였다. 이제는 무역개시국이 새로운 국제교환비율을 맞게 되면서 국내의 생산구조가 달라지게 됨을 고려하는 동시에 그러한 생산면에서의 구조조정이 자국의 후생수준을 더욱 높이게 된다는 사실을 규명하고자 한다.

우선 〈그림 1-3〉을 통하여 생산가능곡선의 특성을 살펴보자. 생산가능곡선(production possibility curve)은 〈그림 1-3〉의 TT'곡선을 가리킨다. 그러니까 생산가능곡선상에 있는 생산점 B나 C, 그리고 생산가능영역 안에 있는 A점은 자국이 원하기만 한다면 생산할 수 있는 생산점이 된다. 생산가능곡선 TT'상에 있는 점은 어디에서나 자국의 모든 可用자원을 동원하여 효율적으로 생산하는 생산가능점이 된다. 반면에 D점은 자국의 생산영역을 벗어나기 때문에 생산가능점이 되지 못한다. 생산은 생산가능곡선과 가

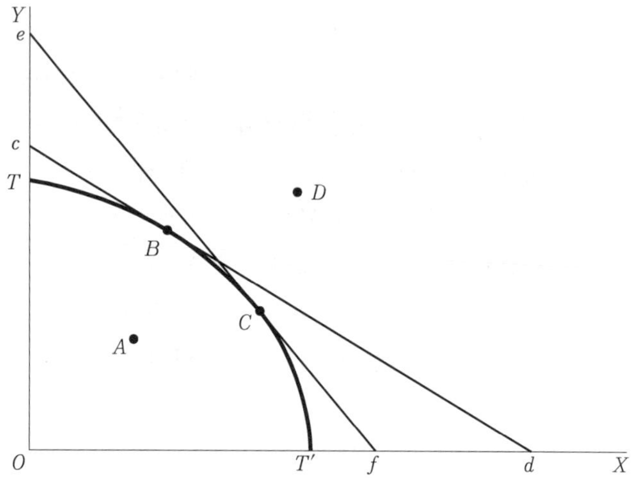

〈그림 1-3〉 생산가능곡선

격선의 접점에서 이루어지는데, 실제의 생산점은 가격선의 기울기에 따라 달라진다. 예컨대 가격선이 cd인 경우에는 생산가능곡선 TT', 가격선 cd와 맞닿은 B점이 실제 생산점이 된다. 그러나 무역개시 후 가격선이 ef로 바뀌게 되면 생산점은 B점에서 C점으로 옮겨간다.

이제 무역이 개시된 후 생산점이 변동되는 경우 국내의 후생수준이 어떻게 달라지는가를 자세히 살펴보자. 〈그림 1-4〉에서 보는 바와 같이 무역이 개시된 후 X상품과 Y상품의 교환비율, 즉 가격선이 cd에서 ef로 바뀌었다고 하자. 이것은 X상품이 Y상품에 비하여 상대가치가 더 상승하였다는 사실을 뜻한다. 그렇게 되면 A국의 국내기업들은 Y상품의 생산을 줄이고, 대신 X상품의 생산을 더욱 증가시키고자 하는 의욕이 생긴다. 생산비용에 비하여 국제적으로 시장가격이 올라간 X상품을 더 만들어 국제시장에 판매하고자 하는 것은 이윤극대화의 동기로 뭉쳐진 X기

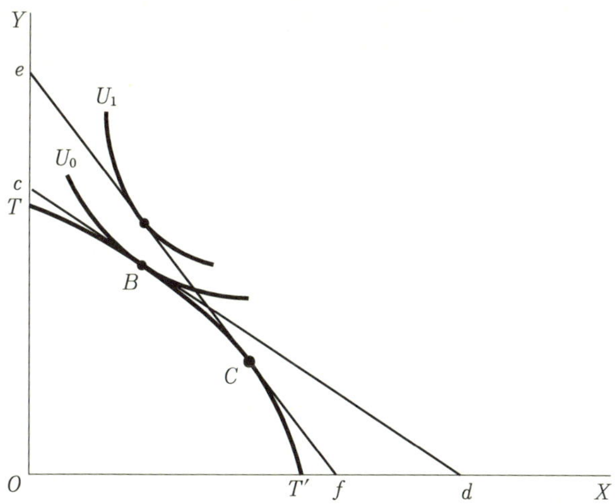

〈그림 1-4〉 가격변동의 생산효과

업가의 당연한 자세이다. 그렇게 되면 사회무차별곡선은 새로운 가격선인 ef 선상에 놓이게 되며, 따라서 이 사회의 후생은 U_0에서 U_1수준으로 증대하게 된다.

이렇듯 무역이 개시된 후 자국이 얻게 되는 경제적 이익은 두 가지로 나누어진다. 교환에서 오는 이익과 생산구조의 변동에서 오는 이익이 있다. 이것은 〈그림 1-5〉를 통해서 보면 더욱 분명해진다.

먼저 X와 Y의 교환비율이 무역이 개시되면서 cd로부터 ef로 바뀌었다고 하자. 그런데 달라진 가격선에도 불구하고 생산점이 단기에는 변동되지 않는다고 한다면 해당 가격선은 $e'B$가 된다. 가격선 $e'B$는 가격선 ef와 평행하다. 이 때 사회무차별곡선 U'_0은 가격선 $e'B$상에 있게 되며, A국의 후생은 U'_0-U_0만큼 증가한다. 이후 국내에서는 가치가 올라간 X상품의 생산이 증가하여 C점이 균형생산점이 된다. 그리하여 국내후생은 U_1수준으로

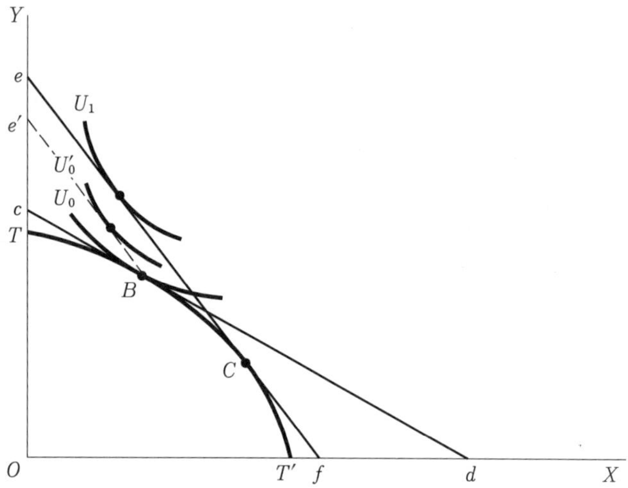

〈그림 1-5〉 무역개시의 교환효과와 생산효과

증가하게 되는데 생산의 특화로 발생하는 경제적 이익은 U_1-U_0' 만큼 증대한다고 볼 수 있다. 무역개시와 함께 국내에 유리한 상품을 더 많이 생산하는 것을 특화라고 하는데, 완전특화는 무역개시 후 자국에게 유리한 한 가지 상품만 생산하게 되는 것을 가리킨다.

제 3 절 무역개시와 세계경제의 이익

지금까지는 무역이 개시된 후 자국이 얻게 되는 경제적 이익을 중점적으로 논의하였다. 이제는 무역상대국도 자국과 마찬가지로 경제적 이익을 얻게 되는 것을 다루고자 한다. 만일 분석의 편의상 세계는 두 나라, 즉 A국과 B국만이 존재한다고 한다면 무역이 개시되어 세계가 얻게 되는 경제적 이익을 〈그림 1-6〉을

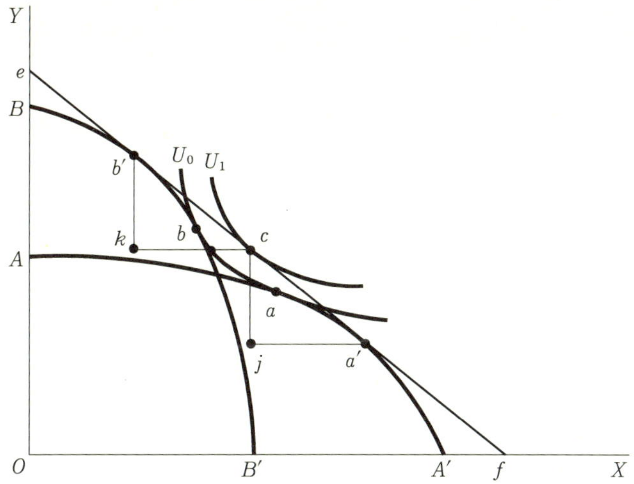

〈그림 1-6〉 무역개시와 세계후생의 증대

통해서 한번에 볼 수 있다.

〈그림 1-6〉에서 A국의 생산가능곡선은 AA'곡선이고, B국의 생산가능곡선은 BB'곡선으로 나타나 있다. 여기서 우리는 A국은 Y상품보다 X상품의 생산가능성이 더 큰 것을 알 수 있다. 반면에 B국은 Y상품의 생산가능성이 X상품보다 더 크다. 이제 분석의 편의상 A국과 B국은 똑같은 사회무차별곡선체계를 가지고 있다고 가정한다면 무역이 시작되기 전, 이 두 나라의 후생수준은 U_0에 있게 된다. 이 때는 양국간에 무역이 없으므로 A국과 B국은 모두 자급자족상태에 있으며 양국의 생산점은 각각 a점과 b점에 있다. 〈그림 1-6〉에는 실제로 그려져 있지는 않으나 a점과 접하는 가격선과 b점과 접하는 가격선을 비교해보면 A국에서는 Y상품이, B국에서는 X상품이 상대적으로 비싸다는 사실을 발견할 수 있다. 이 같은 결과는 A국의 생산가능영역은 X상품의 생산이 보다 유리하게, 그리고 B국의 생산가능영역은 Y상품의 생

산이 보다 유리하게 구성되어 있다는 사실과 일치한다.

일단 무역이 개시되면 A국과 B국은 모두 동일한 가격이 접하게 되는데 이 때의 가격을 균형가격이라 하며, 〈그림 1-6〉에서는 ef선으로 나타난다. 새로운 가격선에 의해 자국 내의 생산점 위치가 달라지게 되는데 A국의 새로운 생산점은 a', B국의 새로운 생산점은 b'에 각각 있게 된다. 두 나라의 사회무차별곡선은 새로운 가격선인 ef선상의 c점과 접하게 된다. 따라서 A국은 jc만큼의 Y상품을 B국으로부터 수입하며, 이것은 B국이 수출하는 kb'만큼의 수량과 일치한다. 또한 A국은 $a'j$만큼의 X상품을 B국에 수출하는데 이것은 B국이 수입하는 ck만큼의 수량과 일치하게 된다. 이러한 균형이 이루어지게 되면 A국과 B국의 후생은 U_0에서 U_1수준으로 상승한다.

여기에서 명기할 사실은 무역이 개시되기 이전, A국과 B국의 가격비율은 서로 달랐으나 무역이 이루어짐으로써 두 나라는 국제시장에서 동일한 가격선에 접하게 된다는 점이다. 그렇다면 무역이 시작되기 전 A국과 B국의 가격비율은 어떤 요인에 의해 결정되는 것인가? 이것은 자국 내의 수요요인과 공급요인에 의해 결정된다. 이 때 소득은 수요 측면에, 생산기술과 생산요소 등의 변동은 공급 측면에 영향을 주게 됨은 이를 다루는 미시경제의 기초이론을 상기하기 바란다.

제 4 절 상대가격과 무역패턴의 결정

지금까지의 논의를 통해서 두 나라의 상대가격비율이 다른 이상 무역을 시작하면 두 나라 모두 후생수준이 올라갈 수 있음을 볼 수 있었다. 그러면 자국 내의 상대가격비율, 즉 Y상품의 가격에 대한 X 상품의 가격은 어떻게 결정되는가? 그것은 두말할 나위 없이 수요와 공급의 사정에 따라 결정된다.

전통적인 무역이론에 있어서는 환율을 적용시킨 상품의 절대가격을 사용하지 않는데, 거기에는 두 가지 큰 이유가 있다. 하나는 자국화폐와 상대국화폐간의 교환비율인 환율의 결정은 또 다른 독립된 문제이기 때문에 이것을 따로 분리시켜 논의할 필요가 있다는 사실에 기인하며, 또 하나는 상품의 화폐적 가치에 초점을 맞추게 되면 경제 전체의 자원배분과 생산구조상의 변동을 쉽게 분석할 수 없다는 사실에 기인한다.

전통적 무역이론에서 다루는 중요한 문제를 다시 두 가지 분야로 나눌 수 있다. 하나는 무역을 통해서 교역당사국들이 어떻게 이익을 얻을 수 있는가를 다루며, 또 다른 하나는 어느 나라가 어떤 상품을 수출하는가를 다룬다. 앞에서 지적되었듯이 상대가격비율이 다르면 무역개시 후 두 나라의 경제적 이익은 증대할 수 있으며, 양국의 생산가능곡선과 국제가격비율이 맞닿는 점에서 생산되므로 양국의 무역패턴이 결정되는 것이다.

좀더 구체적으로 예를 들어 A국과 B국이 두 가지 상품인 빵과 옷을 생산하고 소비한다고 했을 때 A국은 B국으로부터 어떤 상품을 수입하며, 또 A국은 B국에게 어떤 상품을 수출하는지 생각해보자. 그러기 위해서는 우선 두 나라에서 빵의 상대가격, 즉 빵 1단위의 가치를 옷 몇 단위로 표시한 가격비율을 찾을 필요가 있다.

〈그림 1-7〉은 A국과 B국이 서로 무역을 시작하기 전 빵의 상대가격수준을 보여준다. 즉 A국의 수요곡선 D_A와 공급곡선 S_A가 상대가격 P_A를 결정지으며, B국에서는 B국의 수요곡선과 공급곡선이 상대가격 P_B를 결정짓는다. 소득증대는 수요를 확대시키고 노동생산성이나 생산기술의 향상은 공급을 확대시킨다.

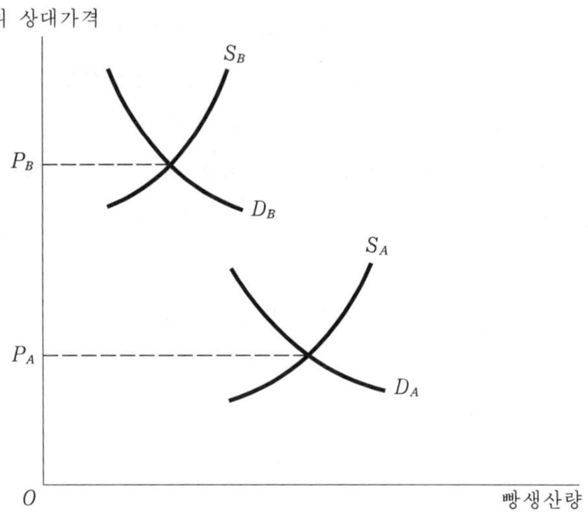

〈그림 1-7〉 무역개시 전 상대가격의 결정

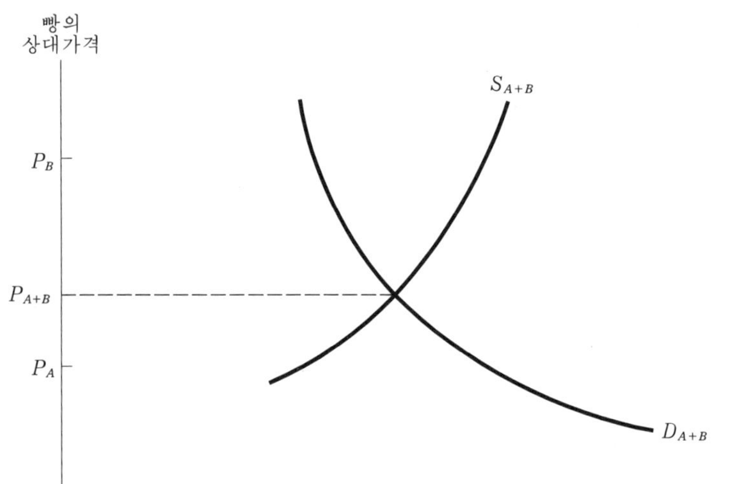

〈그림 1-8〉 무역개시 후 국제가격의 결정

무역이 개시되면 양국간에 장벽이 없어지고 두 나라의 시장이 통합하게 됨으로써 국제시장에서 두 나라는 동일한 가격을 맞게 된다. 이 때의 국제시장가격은 무역개시 전 두 나라의 가격범위 내에서 결정된다. 〈그림 1-8〉에서 볼 수 있듯이 무역이 개시된 후 국제시장에서의 수요는 A국과 B국의 수요가 통합된 D_{A+B}곡선과 A국과 B국의 공급이 통합된 S_{A+B}곡선이 만나게 되는 점에서 가격과 수량이 각각 결정되는데 이 때의 가격이 P_{A+B}이다. 〈그림 1-8〉에서는 P_{A+B}가 P_A와 P_B 중간에 위치한 것으로 나타나 있으나 경우에 따라서는 P_A와 동일하거나 P_B와 동일할 수도 있다. 즉 새로운 국제가격은 P_A와 P_B를 포함한 범위 내에서는 어디든지 가능하다.

이제 무역이 처음 시작된 후 만일 국제가격이 P_{A+B}라고 한다면 B국의 빵생산자는 생산의욕을 잃게 될 것이다. 반면에 B국의 빵소비자는 이전보다 싼 빵을 사고자 국제시장으로 발걸음을 돌리게 될 것이다. 이로써 빵은 A국에서 생산하고, B국은 A국으로부터 빵을 수입하는 것이 합리적이라는 결론을 얻는다. 그리고 옷시장을 따로 분석하지 않더라도 옷은 B국이 주로 생산하고 또 일부를 수출하게 될 것이 예상된다. 옷과 빵이 교환되는 상대가격과 수량을 동시에 보여주기 위해 고안된 것이 오퍼(offer)곡선인데, 이에 관한 논의도 추후에 하기로 한다.

그러나 한 가지 분명하지 않은 것은 〈그림 1-7〉만 가지고서는 모든 빵은 A국에서만, 그리고 모든 옷은 B국에서만 생산되어야 하는지의 여부는 잘 알 수 없다. 두 나라가 빵과 옷에 완전특화하게 되는지, 아니면 부분특화하게 되는지는 두 나라의 생산가능곡선의 모양과 사회무차별곡선의 모양에 달려 있다. 이에 관한 보다 구체적인 것은 다음 章에서 논의하기로 한다.

참고문헌

Caves, Richard E. and Ronald W. Jones, *World Trade and Payments,* Fourth Edition, 제 2 장과 제 3 장.

Kemp, Murray, "The Gains from International Trade," *Economic Journal,* December 1962.

Lerner, Abba, "The Diagrammatical Representation of Demand Conditions in International Trade," *Economica,* August 1934.

Meade, James, *The Stationary Economy,* London: George Allen & Unwin, 1965, 제 1 장~제 4 장.

Samuelson, Paul A., "Social Indifference Curves," *Quarterly Journal of Economics,* February 1956.

제 2 장

무역이론의 발전

제 2 장 무역이론의 발전

앞 章에서는 자유무역의 기초이론이 논의되었다. 미시경제학의 기초이론을 이용하여 무역개시 후 교역당사국이 어떻게 경제이익을 얻게 되는가를 간략히 설명하였다.

본 장에서는 지금까지 소개된 무역발생의 원인과 무역패턴의 결정에 관한 이론을 연대순으로 고찰하고자 한다.

제 1 절 중상주의 사상(mercantilism)

중상주의는 이론이라기보다는 한 시대를 지배했던 사상이었다. 중상주의는 16세기부터 18세기 중엽까지 영국을 위시한 유럽대륙을 지배한 경제사상이었다.

중상주의자들은 국부의 원천이 금이나 은 같은 귀금속의 축적을 통해서 발생한다고 보았다.

중상주의 사상에 의하면 무역이 개시된 후 교역당사국이 모두 경제이익을 보기가 어렵다. 이것은 일정시점에 있어서 귀금속의 존재량은 한정되어 있을 것이고 한 나라가 수출초과국이면 상대국은 수입초과국이 될 것이기 때문이다. 이로써 중상주의 사상은 한 나라의 무역이익은 상대국의 희생을 통해서만 가능해진다는 단순논리를 제공한다. 이 같은 중상주의 사상은 20세기 말에 들어와서 다시 소생하는 조짐이 있었다. 이념적 대결이 첨예하게 진행되던 냉전시대(1950~70)에 선·후진국간의 무역에서 선진국의 무역이익은 오로지 후진국의 희생에 의하여 발생한다는 종속이론(dependence theory)의 주장이나 1970년대부터 강화된 보호무역의 추이도 20세기 후반에 적용되는 현대적 의미의 중상주의 사상에 기인하는 것으로 해석될 수 있다.

어쨌든 중상주의는 200년 이상이나 오랫동안 유럽을 풍미했던 경제사상이었으나 결국은 무역당사국 모두가 왜 무역을 자발적으로 하게 되는가를 규명하지 못하고 1776년 애덤 스미스(Adam Smith)가 발표한 새로운 이론에 의해 그 설득력을 상실하게 되었다.

제 2 절 절대우위론(principle of absolute advantage)

영국의 경제학자 애덤 스미스(A. Smith)는 1776년에 발간한 그의 저서 「국부론」(*The Wealth of Nations*)에서 중상주의 사상을 비판하고 자유무역이론을 최초로 주장하였다. 먼저 국부는 귀금속의 축적에 있는 것이 아니라 재화의 소비에 있음을 전제하고, 국내시장이든 국외시장이든 가격이 가장 낮은 곳에서 상품을 구매·수입하고 가격이 높은 곳에 수출함으로써 각국은 경제이익을 얻을 수 있다고 주장하였다. 이러한 주장은 이른바 무역의 절대우위론에 입각한 것이었다.

그러면 무역의 절대우위론을 보다 구체적으로 생각해보자. 우선 분석의 편의상 세계는 A국과 B국으로 구성되며, 재화도 X와 Y의 두 재화만이 생산되고 노동만이 유일한 생산요소라고 가정해보자. 그리고 이들 양 국가의 생산구조를 살펴보면 A국에서 X재화 1단위 생산하는 데는 노동 1단위가, Y재화 1단위를 생산

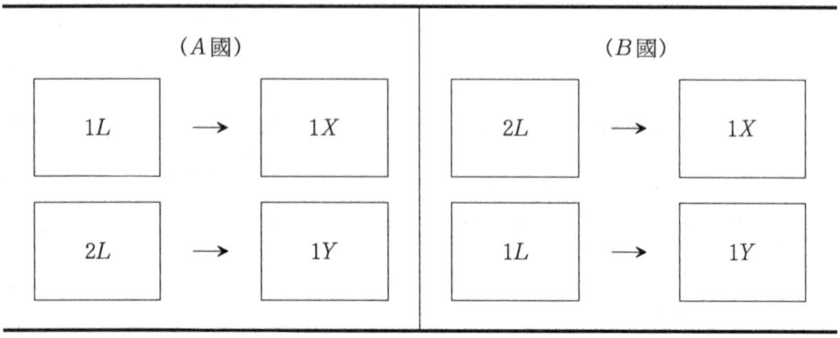

〈그림 2-1〉 절대우위론에 입각한 노동요소의 투입과 재화의 생산

하는 데는 노동 2단위가 필요하고, 한편 B국에서는 X재화 1단위 생산하는 데 노동 2단위가, Y재화 1단위를 생산하는 데는 노동 1단위가 필요하다고 하자. 그러면 두 나라가 무역을 하지 않고 국내에서 두 재화를 1단위씩 생산하는 경우 3단위의 노동이 필요하다. 만일 A국과 B국에서 생산되는 X와 Y재화의 내용이 동일하다고 할 때 양국이 각각 절대우위가 있는 재화, 즉 A국은 X재화를 2단위 생산하고, B국은 Y재화를 2단위 생산한 다음 X재화와 Y재화를 1 : 1 비율로 서로 교환한다면 두 나라는 X재화와 Y재화를 동시에 가지면서 국내노동은 2단위만 각각 사용하면 된다. 그러므로 양국은 이렇게 절약되는 생산요소를 사용하여 더 많은 재화를 생산하고 또 교환할 수 있게 된다.

애덤 스미스는 이른바 절대생산비설 또는 절대우위론에 입각하여 생산에 있어 어느 국가든지 절대우위를 갖는 재화를 수출하고, 절대열위에 있는 재화를 수입함으로써 결국은 모든 국가가 경제적 이익을 얻을 수 있다는 주장을 하였다.

이 같은 애덤 스미스의 절대우위론이 그 나름대로 설득력이 매우 큰 것은 사실이다. 그러나 절대우위론만으로는 국제무역의 패턴이나 국제분업의 구조를 모두 설명하기는 힘들다. 그래서 그 후 보다 다양한 무역이론들이 시대의 흐름에 따라 계속 발전되어왔다.

제 3 절 비교우위론(principle of comparative advantage)

데이비드 리카도(David Ricardo)는 1817년에 발간된 그의 저서 *Principles of Political Economy*에서 애덤 스미스의 절대우위론의 한계점을 지적하고 보다 설득력 있는 비교우위론을 역설하였다. 한 나라가 비록 절대우위를 갖지 못하더라도 상대적으로 덜 불리한, 즉 비교우위가 있는 재화에 특화하여 무역을 개시하면 무역당사국의 후생수준이 모두 상승할 수 있음을 보여주었다. 한편 비교우위론을 비교생산비설이라고도 한다.

리카도는 그의 비교우위론을 설명하는 데 있어 세계는 영국과 포르투갈의 두 나라로 구성되며, 포도주와 직물이라는 두 가지 재화만 생산된다고 하였다. 재화의 생산에 있어 두 나라는 각각 다른 생산비를 갖고 있는데, 포르투갈에서는 포도주 1단위 생산하는 데는 80시간의 노동이 소요되고, 직물 1단위 생산하는 데는 90시간의 노동이 소요된다. 한편 영국에서는 포도주 1단위 생산하는 데 120시간의 노동이, 그리고 직물 1단위 생산하는 데는 100시간의 노동이 필요하다. 그러니까 포르투갈은 포도주를 생산하거나 직물을 생산하거나 영국보다 적은 노동시간을 사용한다.

이런 경우 스미스의 절대우위론에 의하면 두 나라간의 생산분업은 이루어지지 않는다. 그러나 리카도는 이런 경우라도 국제적 분업이 성립하는데, 그 이유는 영국이 포르투갈에 비해 직물생산에 비교우위를 갖고 있기 때문이라고 하였다. 포르투갈이 직물 1단위 생산하는 비용은 영국이 직물 1단위 생산하는 비용의 90%(90/100)에 해당하지만, 포르투갈이 포도주 1단위 생산하는 비용은 영국이 포도주 1단위 생산하는 비용의 67%(80/120)밖에 안 되기 때문에 포르투갈은 그만큼 포도주생산이 영국보다 유리하다

〈표 2-1〉 단위생산당 소요되는 노동시간

	포도주 1단위	직물 1단위
포르투갈	80	90
영　국	120	100

는 사실을 발견할 수 있다.

한편 영국의 입장에서 보면 포도주 1단위 생산한 비용은 포르투갈의 포도주 1단위 생산하는 비용의 150%(120/80)나 되지만, 영국이 직물 1단위 생산하는 비용은 포르투갈이 직물 1단위 생산하는 비용의 111%(100/90)밖에 안 되므로 영국은 직물생산에 비교우위가 있다고 하였다.

그러면 이 같은 상황에서 포르투갈과 영국이 국제분업과 교환을 통해서 어떻게 이익을 얻게 되는지 살펴보자. 우선 무역이 있기 전 국내에서 포도주와 직물이 서로 교환되는 비율을 알아보자. 포르투갈에서 포도주 1단위 생산은 80시간의 노동을 필요로 하고, 직물 1단위 생산은 90시간의 노동을 필요로 하므로 직물 1단위 가격을 1이라고 하면 포도주의 단위가격은 0.89가 된다. 같은 식으로 영국에서 직물의 단위가격이 1이라고 하면 포도주의 가격은 1.2가 된다.

이제 무역이 개시되어 국제시장에서 직물의 단위가격이 1이라고 할 때, 포도주의 단위가격이 1이라고 하자. 새로운 포도주 단위가격이 무역개시 전 포르투갈에서의 포도주 단위가격인 0.89와 영국에서의 포도주 단위가격인 1.2 사이에 있는 이상 포르투갈이 무역개시 전에 직물 1단위를 만들기 위해서는 90시간의 노동이 필요했으나, 무역개시 후에는 80시간의 노동만 들여 포도주 1단위를 만들어 국제시장에서 직물 1단위와 교환함으로써 10시간의 노동을 절약할 수 있다. 한편 영국은 무역개시 전 포도주 1단위를 만들기 위해서 120시간의 노동이 필요하였으나 무역개시 후 100시간 노동을 들여 직물 1단위를 생산하고 이것을 국제시장에서 포도주 1단위와 교환함으로써 결과적으로 20시간의 노동을 절약할 수 있게 된다.

리카도의 비교우위론은 한 나라가 절대우위가 없는 재화라도 비교우위가 있으면 특화하고 국제교환에 임함으로써 무역당사국 모두 이익을 볼 수 있다는 사실을 매우 간단하게 그러나 분명하게 설명할 수 있었다. 그러나 후세 학자들은 리카도의 비교우위론은 노동가치설에 입각하여 노동이라는 1개의 생산요소만 사용하였다는 점, 그리고 그 생산과정이 너무나 단순하다는 점 등을 들어 비판을 가하였으나 비교우위론의 근본적인 장점에 비하면 별 대수로운 비판은 되지 못하였다. 리카도의 비교우위론은 그 후 하벌러(Gottfried Haberler)의 기회비용이론에 의해 더욱 설득력을 갖게 되었다.

제 4 절 기회비용설(the opportunity cost theory)

하벌러는 1936년 그의 저서에서 비록 노동가치설이 용인되지 않는다 하더라도 비교우위론의 기본이론은 그대로 유효하다는 기회비용설을 내놓았다. 한 재화의 상대가격이란 그 재화의 가치를 다른 재화의 가치로 나타낸 것인데 이 때 상대가격은 그 재화의 기회비용을 나타낸다고 할 수 있다. 즉 기회비용설에 의하면 한 재화의 상대가격은 그 재화의 생산을 위해 포기된 다른 재화의 양에 따라 결정된다는 것이다.

이제 기회비용설을 이용하여 포르투갈과 영국이 각자 비교우위가 있는 재화에 특화하여 무역에 종사함으로써 두 나라 모두 후생수준을 높일 수 있음을 살펴보자.

〈표 2-1〉에 의하면 포르투갈에서 포도주 1단위 생산하기 위해서는 80시간의 노동이 필요하나, 직물 1단위 생산하기 위해서는 90시간의 노동이 필요하다고 하였다. 그러므로 포도주 1단위 생산을 추가하고자 한다면 직물의 생산이 그만큼 줄어야 하는데 이 경우에는 정확하게 0.89단위의 직물이 포기되어야 한다. 그러므로 포르투갈에서의 포도주 1단위의 기회비용은 직물 0.89단위가 된다. 마찬가지로 영국에서의 포도주 1단위를 추가로 생산하기 위해서는 1.2단위의 직물이 포기되어야 하므로 포도주 1단위의 기회비용은 직물 1.2단위가 된다.

생산에 있어서 한 재화의 기회비용이 항상 일정하면 생산가능곡선은 직선이 된다. 리카도의 비교우위론에서 기회비용은 일정하므로 생산가능곡선은 직선이 된다. 만일 생산요소를 노동 이외의 자본이나 여타 복수요소를 사용하는 경우 기회비용은 변동하기 쉬운데 이 경우 생산가능곡선은 대개 원점을 향해 오목하다.

〈그림 2-2〉에서 영국의 생산가능곡선은 OBB'이며, 포르투갈의 생산가능곡선은 OAA'가 된다. 원래 생산가능곡선을 그리기 위해서는 두 재화간의 한계전환율과 부존자원의 규모를 알아야 한다. 리카도가 제시한 〈표 2-1〉을 가지고는 두 나라의 부존자원을 알 수가 없다. 그러나 한계전환율은 기회비용으로 대신할 수 있다. 포르투갈에서 포도주의 상대가격은 0.89이고, 영국에서 포도주의 상대가격은 1.2였으므로 이를 이용하고 또 두 나라의 부족자원규모를 감안하면 이들의 생산가능영역을 〈그림 2-2〉와 같이 그릴 수 있다. 여기서 직선 BA'는 무역개시 후 국제시장에서 포도주의 새로운 상대가격을 가리키는데, 이 때의 상대가격은 분석의 편의상 임의로 1로 정해져 있다. 그래서 포도주의 상대가격은 1로 표시되며 이것은 무역개시전 양국 가격의 범위내에 들어간

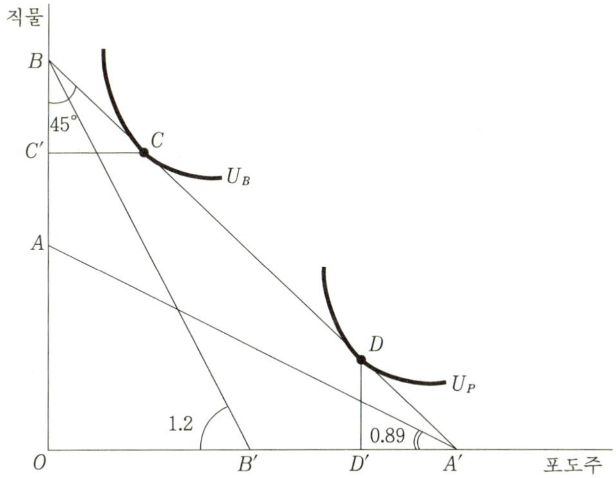

〈그림 2-2〉 기회비용에 입각한 리카도의 무역이론

다. 〈그림 2-2〉에서 무역개시후 가격선의 기울기는 45° 이며 1의 값을 가진다. 두 나라에서 재화의 기회비용은 일정하므로 BB'의 기울기와 AA'의 기울기는 두 나라에서 포도주의 상대가격을 각각 가리킨다.

두 나라의 후생체계를 나타내는 사회무차별곡선을 이용하게 되면 영국은 직물에 완전특화함으로써 OB만큼의 직물을 생산하고, BC'만큼은 포르투갈에 수출한다. 대신 CC'만큼의 포도주는 포르투갈로부터 수입한다. 반면에 포르투갈은 포도주에 완전특화함으로써 $D'A'$ 만큼 영국에 수출하고, 대신 DD'만큼의 직물은 영국으로부터 수입한다. 따라서 영국의 무역삼각형 $BC'C$와 포르투갈의 무역삼각형 $DD'A'$는 서로 일치한다.

이 때 두 나라의 후생수준은 무역개시 이전보다 향상하게 되는데, 무차별곡선의 이동을 통해서 후생수준의 변화를 알 수 있다. 〈그림 2-2〉에서 영국의 현재후생수준은 U_B로 표시되고, 포르투갈의 현재후생수준은 U_P로 표시되고 있다. 〈그림 2-2〉에서는 그려져 있지 않으나 과거 영국의 무차별곡선은 BB'선상에, 그리고 포르투갈의 무차별곡선은 AA'선상에 있었기 때문에 이 두 나라의 과거후생수준은 지금보다 낮았다고 할 수 있다. 그러므로 무역이 시작되면서 두 나라는 자급자족경제에서 벗어나 수출과 수입을 동시에 수행하면서 그전보다 높은 수준의 후생을 향유하게 된다.

제 5 절 동태적 비교우위

현대국제무역이론은 생산요소의 자유로운 이동의 제약 때문에 국제무역은 비교우위론으로 설명된다. 그러나 후진국은 선진국과는 경제여건이 다를 뿐 아니라 경제가 지향하는 목표도 다르다는 점을 강조하여 비교우위론은 개발도상국에서 적용될 수 없다고 주장하는 사람들도 일부 있다.

이에 대해서는 비교우위론이 경제개발을 수행하는 후진국에 대해서는 적용될 수 없다는 견해가 그릇된 것이며 후진국을 위해서도 올바른 이론이라고 주장하는 사람들도 있다. 이와 관련하여 체너리(Chenery)는 비교우위론의 동태화를 시도하였다.[1)] 그는 현대무역이론과 후진국의 개발이론과의 사이에는 커다란 차이가 있다는 주장은 일면 설득력이 있으나 그렇다고 비교우위론을 완전부정하는 것도 잘못된 것이라고 하였다. 그는 비교우위론을 후진국에 적용함에 있어서 동태적인 요소를 고려에 넣어야 한다고 했다. 즉 어떤 나라가 무엇을 수출하고 무엇을 수입할 것이며 어느

---

1) Hollis B. Chenery, "Comparative Advantage and Development Policy," *AER*, March 1961.

산업에 특화할 것인가를 결정함에 있어서, 무역에서 얻는 당장의 소득효과(또는 소비증대효과)만 볼 것이 아니라 장기에 걸쳐 산업의 외부경제효과, 기술효과, 생산요소의 변동요인, 국민의 소비습성 변동요인, 산업의 성장성 등 제 요인들을 계산에 동시에 고려해야 한다고 주장했다.

제 6 절 소국과 대국간의 무역이익분배

영국과 미국의 관계와 같이 경제력에서 한쪽이 월등히 우세하지 않은 두 나라가 서로 교역을 할 때는 거기에서 오는 이익을 서로 시장조건에 따라 비교적 공정하게 나눌 수 있을 것이라는 데 많은 사람이 공감할 것이다. 하지만 한국과 같은 小國이 미국과 같은 大國과 자유교역을 하는 경우, 시장지배력이 약하거나 전혀 없는 小國은 무역이익을 부당하게 적게 얻거나 전혀 못 얻게 될 것이라고 생각될 것이다. 사실 국제시장에서 大國이 독과점을 형성하는 경우에는 시장구조가 완전경쟁체제가 아니므로 분명히 小國에겐 그만큼 불리할 수밖에 없다.

그러나 만일 국제시장에서 자유경쟁이 보장된 상태에서 다만 경제규모면에서 차이가 나는 두 나라가 교역하는 경우 일반상식을 뒤집고 작은 나라가 오히려 무역의 이익을 더 많이 가져가게 됨을 우리는 발견할 수 있다.

작은 나라와 큰 나라가 서로 교역을 하는 경우 작은 나라이기 때문에 기억해야 할 두 가지 명제가 있다. 하나는 국제시장에서 작은 나라는 가격수용자(price taker)라는 사실이다. 즉 작은 나라는 교역규모가 작아서 시장가격에 영향을 주지 못하고 일단 시장에서 결정된 가격을 받아들일 수밖에 없다. 그래서 결국 교역

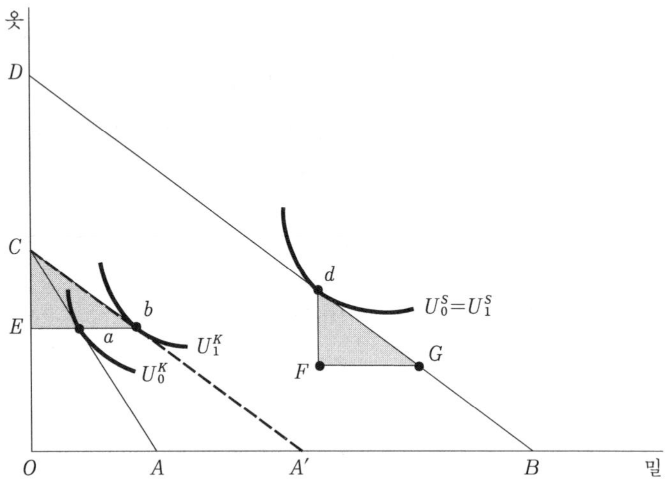

〈그림 2-3〉 소국과 대국간의 무역이익분배

후 국제시장에서의 새로운 가격은 여전히 큰 나라에서 통용되던 가격과 같아진다. 또 다른 명제는 작은 나라가 한 가지 상품에 완전특화하고 그 상품을 수출한다고 해도 큰 나라의 수요에 못 미치기 때문에 큰 나라가 계속 그 상품을 생산한다는 것이다. 이 같은 내용은 〈그림 2-3〉을 통해 확인될 수 있다.

우선 작은 나라의 경우 큰 나라와 무역을 하기 전에는 생산점과 소비점은 똑같이 생산가능곡선이 선분 CA상의 a점에서 이루어지며 후생수준은 U_0^K이다. 그러나 무역을 시작한 후 당면하는 국제가격선은 큰 나라의 가격선과 동일한 CA'이다. 따라서 작은 나라의 생산점은 C에서 결정되고 소비점은 가격선과 무차별 곡선이 접하는 b점에서 이루어진다. 이 때 무역삼각형 CEb가 이루어지며, Eb만큼 밀을 큰 나라로부터 수입하고 그 대신 CE만큼의 옷을 수출한다. 결국 작은 나라의 후생은 U_0^K에서 U_1^K수준으로 증대한다.

한편 큰 나라의 경우 작은 나라와 무역을 하기 전에는 소비점은 d점에서 생산과 소비가 이루어지고 U_0^S수준의 후생을 누렸다. 그런데 작은 나라와 무역을 하고 난 후 가격은 예전과 같으므로 소비점은 d점에 그대로 머무르게 된다. 그러나 무역균형이 성립한다는 전제하게 생산점은 G점으로 옮겨온다.

그래서 FG만큼의 밀을 작은 나라에 수출하게 되는데, 이 때 큰 나라의 밀수출량이 Eb와 같아야 한다. 만일 큰 나라에서 당면하는 가격이 예전 가격보다 조금이라도 다르면 그만큼 큰 나라도 무역의 이익을 누릴 수 있다는 논리가 성립한다. 그러니까 무역이 개시된 후 당면하는 가격이 무역 이전의 가격보다 다르면 다를수록 그 나라가 가져가는 무역이익의 규모가 그만큼 커지게 됨을 알 수 있다.

참고문헌

Balassa, Bela, "An Empirical Demonstration of Classical Comparative Cost Theory," *Review of Economics and Statistics*, August 1983.

Bhagwati, Jagdish, "The Pure Theory of International Trade: A Survey," *Economic Journal,* March 1964.

Brandis, Royall, "The Myth of Absolute Advantage," *American Economic Review,* March 1967.

Caves, Richard and Harry G. Johnson, AEA, *Readings in International Economics*, Homewood, Illinois: Richard D. Irwin, Inc., 1968.

Haberler, Gottfried, "A Survey of International Trade Theory," *Special Papers in International Economics*, No. 1, International Finance Section, Princeton University, 1961.

Johnson, Harry G., *Money, Trade, and Economic Growth*, Cambridge: Harvard University Press, 1962. Chapter Ⅱ.

Macdougall, Donald, "British and American Exports: A Study Suggested by the Theory of Comparative Costs," *Economic Journal*, December 1951.

Meier, Gerald, "The Theory of Comparative Cost Reconsidered," *Oxford Economic Papers*, June 1949.

Stern, Robert, "British and American Productivity and Comparative Costs in International Trade," *Oxford Economic Papers*, October 1962.

제 3 장

상호수요이론

제 3 장 상호수요이론(reciprocal demand theory)

상호수요이론은 오퍼곡선(offer curve)이론이라고도 하는데, 국제시장에서의 균형가격을 도출하는 데 쓰이는 이론적 도구이다. 앞 절에서 무역개시 후 무역당사국의 후생수준이 개선되는 과정을 분석하는 데 있어서 새로운 국제균형가격은 일단 주어지는 것으로 취급하였다. 그러나 본 절에서는 국제균형가격이 두 나라의 오퍼곡선의 상호작용에 의해 결정될 수 있음을 다루고자 한다. 오퍼곡선은 당사국이 원하는 수입량과 이를 위해 기꺼이 포기하는 자국의 수출량을 동시에 나타내는 곡선이다. 이것을 상호수요곡선이라고 하는데 1848년 밀(Jone S. Mill)에 의해 창안되었고, 후에 에지워스(F. Y. Edgeworth)와 마샬(A. Marshall)에 의해 오퍼곡선 형태로 정형화되었다.[1)]

오퍼곡선은 자국이 외국으로부터 구입하는 수입상품에 대해 자국의 수출상품으로 기꺼이 교환하고자 하는 교환비율을 나타내기 때문에 가격변화에 대한 국내소비와 국내생산의 반응도 함께 반영한다고 할 수 있다. 그런데 오퍼곡선을 도출하는 데 있어서 본 절에서는 두 단계로 나누어 생각해보기로 하자. 첫단계에서는 국내생산은 일정하다고 보고 수출상품과 수입상품의 상대가격의 변동에 따라서 자국이 원하는 수입량과 수출량의 교환비율이 어

1) Johe Stuart Mill(1806~1873)은 1848년 그의 저서 *Principles of Political Economy*에서 대외적 교역조건은 양국 소비자들의 취향(inclinations)과 상황(circumstances)에 따라서 무역개시 전 양국의 내부적 비용(internal cost ratio) 사이에서 결정된다고 주장하였다.

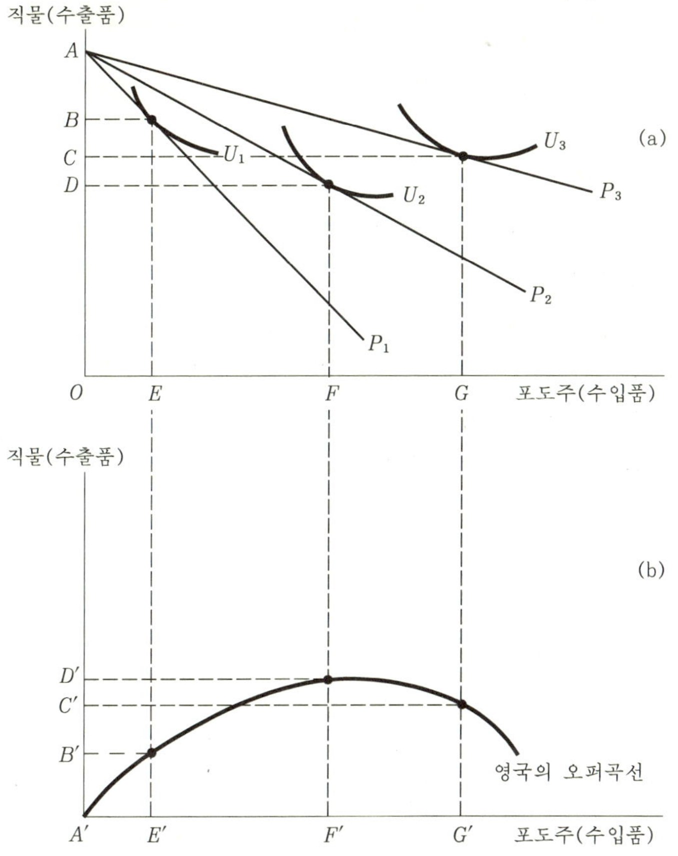

〈그림 3-1〉 영국 오퍼곡선의 도출

떻게 달라지는가를 보기로 한다.

우선 〈그림 3-1〉 (a)를 보자. 현재 영국과 포르투갈이 국제시장에 참여하는 나라라고 하고 앞의 예에서와 같이 영국은 직물에 완전특화한다고 했을 때, 영국의 오퍼곡선을 도출해보자. 영국은 국내자원을 총동원하여 직물 OA 수량을 생산하고, 필요한 포도주는 전량을 포르투갈에서 수입한다. P_1, P_2, P_3는 직물수량으로 표시한 포도주의 상대가격을 나타내는데, P_3는 P_2보다 포도주의 상대가격이 싸다는 사실을 의미한다. 즉 바꿔 말하면 직물의 상대가격은 그만큼 비싸다는 뜻이다. 영국의 입장에서 보면 직물만 생산하고 수출하므로 국제시장에서 직물값이 클수록 영국의 후생은 개선된다.

포도주의 상대가격이 P_1에 주어진다면 영국의 사회무차별곡선은 U_1이 되고, 따라서 영국은 OE 수량의 포도주 수입에 대해 AB 수량만큼의 직물과 교환하고자 한다. 만일 포도주의 수입가격이 P_2로 낮아지면 OF만큼의 포도주 수입량을 AD 수량의 직물로 바꾸고 싶어한다. 같은 이유로 포도주의 수입가격이 P_3가 되면 OG 수량의 수입에 대해 AC만큼의 직물과 교환하고 싶어한다. 이렇듯 영국의 수입상품과 수출상품의 교환비율을 통해서 영국의 오퍼곡선이 도출된다.

앞의 〈그림 3-1〉 (b)가 바로 영국의 오퍼곡선을 나타내는데, 〈그림 3-1〉 (b)의 선분 $A'E'$는 (a)의 선분 OE와 동일하고, (b)의 $A'G'$는 (a)의 OG와 동일하다. 같은 이유로 (b)의 $A'B'$는 (a)의 AB에 해당되고, (b)의 $A'F'$는 (a)의 OF에 해당된다.

동일한 방법으로 포르투갈에 적용시키면 포르투갈의 오퍼곡선이 도출된다. 포르투갈은 포도주 OB수량을 특화하고 필요한 직물을 영국으로부터 전량 수입한다. 〈그림 3-2〉에서 P_1, P_2, P_3는 포도주의 수량으로 표시한 직물의 상대가격을 나타내는데, 가격선이 가파를수록 포도주의 상대가격이 그만큼 비싸다는 것을 의미한다.

이리하여 〈그림 3-3〉에서처럼 영국의 오퍼곡선과 포르투갈의 오퍼곡선이 각각 도출되며, 국제균형가격은 두 오퍼곡선이 만나는 점에서 이루어지는데 가격선 P_W가 균형가격이 된다.

이제는 앞에서처럼 생산점이 일정하지 않고 가격변동에 따라

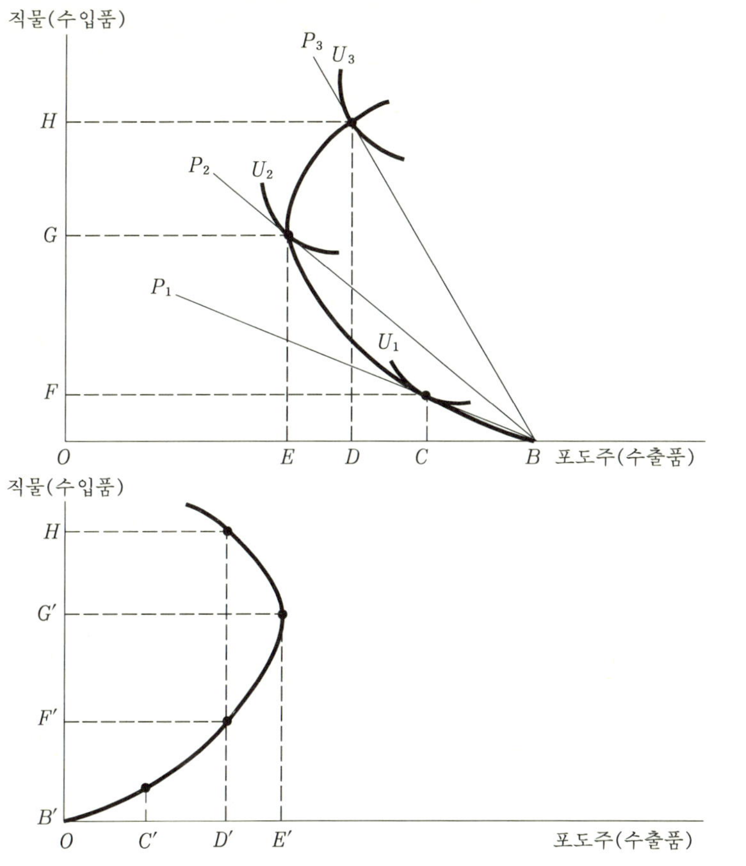

〈그림 3-2〉 포르투갈 오퍼곡선의 도출

다르게 움직이는 경우를 생각해보자. 〈그림 3-4〉 (a)에서 U_0수준의 후생을 나타내는 사회무차별곡선 아래로 생산가능영역이 세 개 접해 있다. 무역당사국을 영국이라고 하면 영국의 소비점이 C_0에 있는 경우 무역은 없이 자급자족상태를 유지한다. 그러나 같은 수준의 후생을 향유하더라도 만일 영국의 소비점이 C_1인 경우 Ob만큼은 수출되고 $O'b$만큼은 수입된다. 그리고 소비점이 C_2

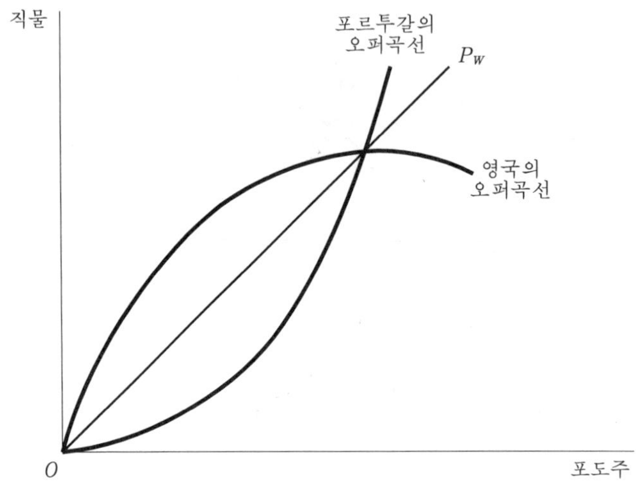

〈그림 3-3〉 균형가격의 결정

인 경우 같은 이유로 $O''d$만큼 수입하는 대신 Od만큼 수출하고자 한다. 그러므로 교역을 전혀 하지 않는 경우와 ObO'라는 무역삼각형을 이루는 경우, 그리고 OdO'' 무역삼각형을 이루는 경우 모두 같은 U_0수준의 후생을 누릴 수 있다.

이 때 세 개 생산가능영역의 원점인 O', O, O''를 연결시켜 만든 곡선이 I_0인데 이것을 무역무차별곡선이라 부른다. 무역무차별곡선은 생산가능곡선과 사회무차별곡선을 함께 반영하는 것인데, 사회무차별곡선의 위치가 원점에서 멀어질수록 후생수준이 높아지는 것처럼 무역무차별곡선도 원점에서 멀어질수록 후생수준이 높아지는 것을 의미한다. 사회무차별곡선이 무수하게 많이 존재하는 것처럼 무역무차별곡선도 무수히 존재한다. 〈그림 3-4〉(b)는 I_0, I_1, I_2의 무역무차별곡선이 그려져 있는데 무역무차별곡선 I_1과 가격선 P_1이 접하는 A점, 그리고 I_2와 P_2가 접하는 B점을 원점과 같이 연결시키면 영국의 오퍼곡선이 도출된다. 똑같

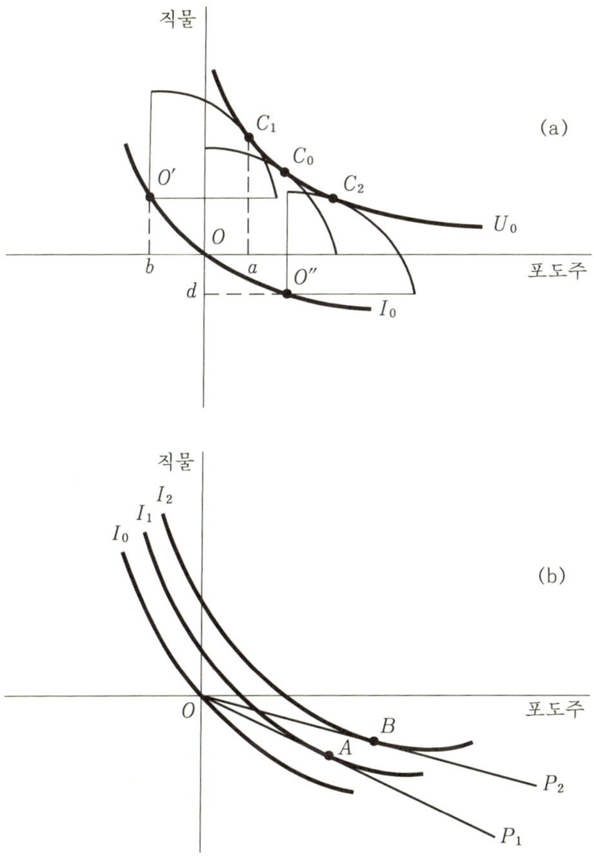

〈그림 3-4〉 생산변동하의 오퍼곡선 도출

은 방식으로 상대국의 오퍼곡선도 도출될 수 있어서 이 두 오퍼곡선이 서로 만남으로써 균형국제가격이 결정된다.

오퍼곡선의 모양에 따라 균형점이 1개 이상 있는 경우가 있다. 〈그림 3-5〉에서 오퍼곡선 OR은 영국의 오퍼곡선이고 OR^*는 포르투갈의 오퍼곡선인데, 두 나라의 오퍼곡선이 한군데에서만 만나는 것이 아니라 세 군데에서 만나고 있다. 여기서 우리는 같

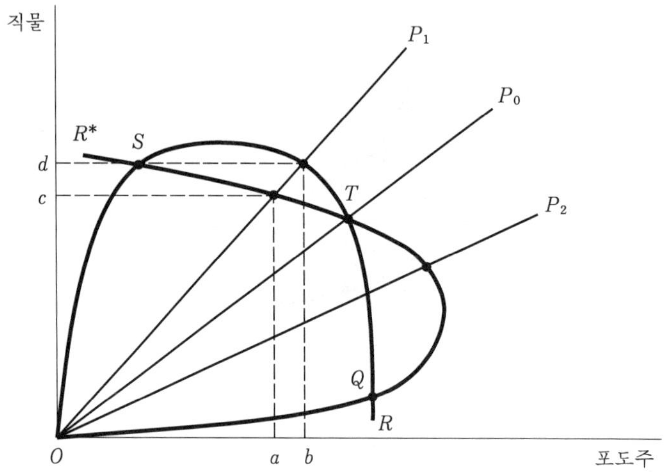

〈그림 3-5〉 균형점의 안정성과 불안정성

은 균형점이라고 해도 안정적 균형점과 불안정적 균형의 차이를 알 필요가 있다. 세 개의 균형점 S, T, Q 중에서 S와 Q는 안정적 균형점이지만 T는 불안정적 균형점이라는 사실을 우리는 알게 된다.

처음 균형점은 T에서 이루어지고 포도주와 직물이 거래되는 교환비율이 P_0라고 하자. 그러면 영국이 수입하고자 하는 포도주의 양과 포르투갈이 수출하고자 하는 포도주의 양이 서로 같고 또 동시에 영국이 수출하고자 하는 직물의 양이 포르투갈이 수입하고자 하는 직물의 양과 서로 같다. 그래서 OP_0는 균형가격선이 된다.

그런데 만일 교환비율이 변동하여 가격선이 OP_0에서 OP_1으로 옮겨졌다고 하자. 이것은 포도주의 값이 직물에 비해 그전보다 비싸졌음을 뜻한다. 가격선이 OP_1이 되면 영국이 수입하고자 하는 포도주의 양은 Ob인 데 비해서 포르투갈이 수출하고자 하는 포도주의 양은 Oa 밖에 안 된다. 그래서 포도주에 대한 초과수요가 발생한다. 한편 새로운 가격선 OP_1 에 대해 영국이 수출하고자 하는 직물의 양은 Od 인 데 비해 포르투갈이 수입하고자 하는 직물은 Oc 밖에 안 된다. 그래서 직물의 초과공급이 발생한다. 포도주와 직물시장에서 균형이 있기 위해서는 직물에 비해 포도주 가격이 비싸져야 한다. 이렇게 되면 새로운 균형점은 결국 S 점에서 이루어진다.

만일 포도주가격이 싸져서 교환비율이 P_0 에서 P_1 이 아닌 P_2 로 변동하였다고 하자. 그러면 포도주시장에선 초과공급현상이 발생하고 직물시장에선 초과수요현상이 발생한다. 이것은 그림만 보아도 금방 알 수 있다. 두 시장이 각각 균형을 회복하려면 포도주의 가격은 내려가고 직물가격은 올라가야 하는데 결국 새로운 균형점은 Q 점에서 이루어진다.

이상에서 분석한 바와 같이 두 나라의 오퍼곡선이 서로 세군데에서 만나고 있으므로 균형점은 각각 S, T, Q 이지만 T 점은 불안정적 균형점이고, S, Q 는 안정적 균형점이다. 왜냐하면 어쩌다가 가격선이 T 점에서 벗어나면 새로운 균형은 T 점에서 이루어지지 않고 가격변동의 방향에 따라 S 점이나 Q 점에서 이루어지기 때문이다.

참고문헌

Heller, H. Robert, *International Trade*, 1973, pp. 83～118.

Leontief, Wassily, "The Use of Indifference Curves in the Analysis of Foreign Trade," *Quarterly Journal of Economics*, May 1983.

Marshall, Alfred, "Reciprocal Demand-and-Supply," *Pure Theory of Foreign Trade*, London Schola of Economics and Political Science, 1930.

Meade, James, *A Geometry of International Trade*, London: George Allen & Unwin, 1952 제 1 장～제 4 장.

제 4 장

헥셔-올린 이론

제 4 장 헥셔-올린 이론(Heckscher-Ohlin theory)

제 1 절 이론의 생성

스미스에 이어 리카도는 노동이라는 1개의 생산요소를 대표적 요소로 취급하여 비교우위를 설명하였으며, 이로써 무역개시 후 두 나라가 이익을 얻을 수 있음을 규명하였다. 그러나 리카도 이후 경제학자들은 1개의 요소만 취급하는 것에 대해 크게 만족할 수 없었다. 그래서 자본을 추가로 수용하여 두 개의 생산요소를 적절히 배합하는 생산과정을 허용하였다. 결국 이렇게 하더라도 기존 이론의 결론을 크게 바꿔놓지는 못했으나 분석기법상에 커다란 진전을 가져왔으며, 특히 무역의 패턴을 설명하는 데 있어서 자원의 절대적 부존상태보다는 자원의 상대적 부존상태가 더 중요한 역할을 한다는 사실을 인식하게 되었다.

헥셔-올린 이론이 처음 나온 때는 1919년이었다. 원래 스웨덴 학자 헥셔(Eli Heckscher)가 그의 이론을 스웨덴어로 출판하였는데, 그 후 그의 제자 올린(Bertil Ohlin)이 다시 영어로 잘 정리하여 1933년에 출판하였기 때문에 두 사람의 이름을 따서 이론이 생겨난 것이다.[1)]

헥셔-올린 이론의 내용은 두 가지 주장으로 요약된다. 하나

---

1) Eli Heckscher, "The Effects of Foreign Trade on the Distribution of Income," *Economisk Tidskrift*, 1919.
Bertil Ohlin, *Interregional and International Trade*, Harvard University Press, 1933.

는 자국의 비교우위는 그 나라의 상대적 부존상태에 달려 있다. 따라서 자본보다 노동을 비교적 풍부하게 가진 나라는 생산에 있어서도 노동을 집약적으로 사용하고, 따라서 노동집약적인 상품을 수출하게 된다는 것이다. 또 다른 주장은 무역개시 후 무역당사국이 국제시장에서 당면하는 상품가격이 무역개시 전의 가격과 다름으로써 생산요소의 가격도 달라진다는 사실을 강조하였다. 예컨대 국제시장에서 노동집약적인 상품의 가격이 무역개시 전의 국내가격보다 높으면 무역개시와 함께 국내에서 노동집약적 상품의 생산이 증가한다. 그런데 이 상품은 노동을 자본보다 더 사용하게 되므로, 자본집약적 상품을 줄여도 노동이 충분히 공급되지 않으므로 노동의 가격, 즉 임금이 오르게 된다는 것이다. 같은 방식으로 만일 자본집약적 상품의 가격이 오르면 국내에서의 이 상품의 생산이 증가하고 자본의 가격도 오르게 된다.

제 2 절 기하학적 접근

우선 헥셔-올린의 첫번째 주장을 〈그림 4-1〉을 통해서 점검해볼 수 있다. 미국과 영국의 생산가능영역이 OAA'와 OBB'로 그려져 있다. 두 나라 국민의 기호체계가 동일하다고 가정한 경우 사회무차별곡선 U_0와 각국의 생산가능곡선과 맞닿는 Q_A와 Q_B가 각각 무역개시 전 미국과 영국의 생산점이 된다. 그런데 무역개시와 함께 국제가격이 P_W수준에 주어지면 이들의 생산점은 Q'_A와 Q'_B로 이동한다. 따라서 후생도 U_1수준으로 향상한다. 두 나라의 생산가능곡선의 모양을 보면 노동과 자본의 부존상태가 미국은 X재보다 Y재를 더 많이 생산해낼 수 있고, 영국은 Y재보다 X재를 더 많이 생산해낼 수 있도록 되어 있다.

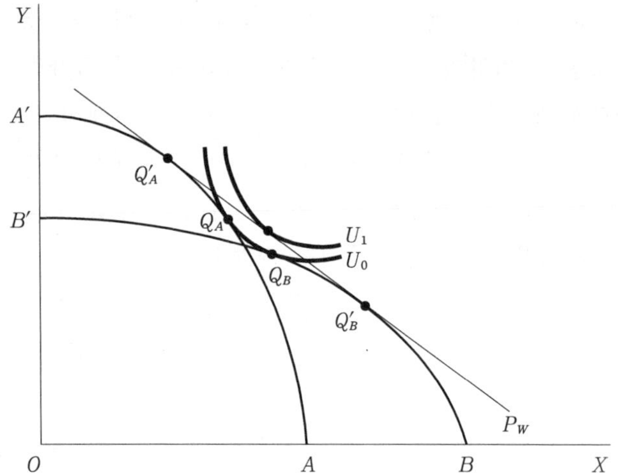

〈그림 4-1〉 무역개시와 생산점의 이동

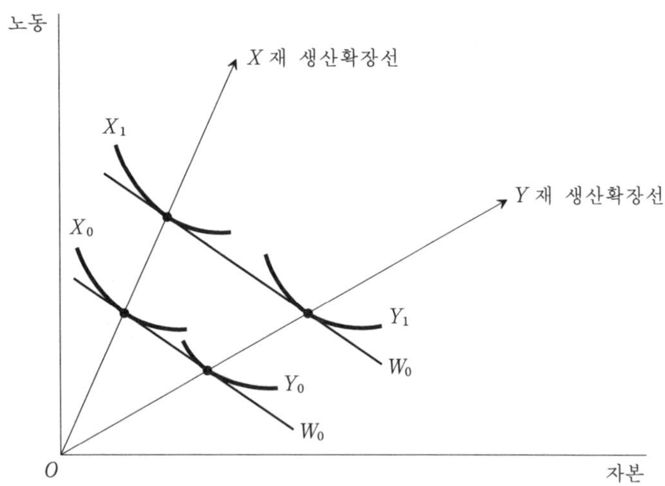

〈그림 4-2〉 생산요소집약도와 생산확장선

만일 미국이 영국에 비해 자본을 더 풍부하게 가지고 있다고 한다면 Y재는 자본을 노동보다 더 집약적으로 사용해야 만들어지는 상품이라고 추론할 수 있다.

〈그림 4-2〉에서 Y재는 X재보다 자본을 더 써야 생산됨을 보여준다. 여기서 우리는 생산기술상 X재는 노동을 집약적으로 쓰고, Y재는 자본을 집약적으로 사용해야 되는 현실을 알 수 있다.

〈그림 4-3〉 (a)는 미국과 한국의 부존상태를 비교할 때 미국은 한국보다 절대적으로 자본과 노동을 더 풍부하게 가지고 있다. 한국의 총노동은 L_h로서 미국의 L_a보다 적다. 또 한국의 총자본은 K_h로서 미국의 총자본 K_a보다 훨씬 적다. 그러나 한국은 미국에 비해 상대적으로 노동을 더 풍부하게 지니고 있다고 할 수 있으며, 한국은 생산기술상 노동집약적 상품인 X재를 더 많이 생산하게 된다. 따라서 한국은 상대적으로 풍부하게 부존되어 있는 노동을 더 많이 사용하는 생산과정을 택하게 되고, 그러므로 노동집약적 재화인 X재를 더 많이 생산하게 된다. 그러므로 한국과 미국의 생산가능영역은 〈그림 4-3〉 (b)에서와 같이 OHH'와 OAA'로 나타낸다.

우리는 이미 〈그림 4-2〉에서 X재는 노동집약도가 높고, Y재는 자본집약도가 높은 것으로 가정하였다. 물론 상황에 따라서 요소집약도가 서로 같을 수도 있다. 이제 요소집약도의 차이가 생산가능곡선에 어떤 영향을 미치는가 알아보자. 우선 X재와 Y재의 자본/노동 비율이 동일하다고 한다면 X재 1단위를 생산하는 데 사용되는 노동과 자본의 사용량이 같고, X재를 1단위 더 생산하기 위해서는 Y재 1단위가 포기되어야 한다. 이 같은 관계는 Y재를 전혀 생산하지 않고 X재에만 완전특화할 때까지 유지될 것이다. 이렇게 되면 리카도와 같은 1요소의 경우가 아니라도 생산가능곡선은 직선이 될 수 있음을 알 수 있다.

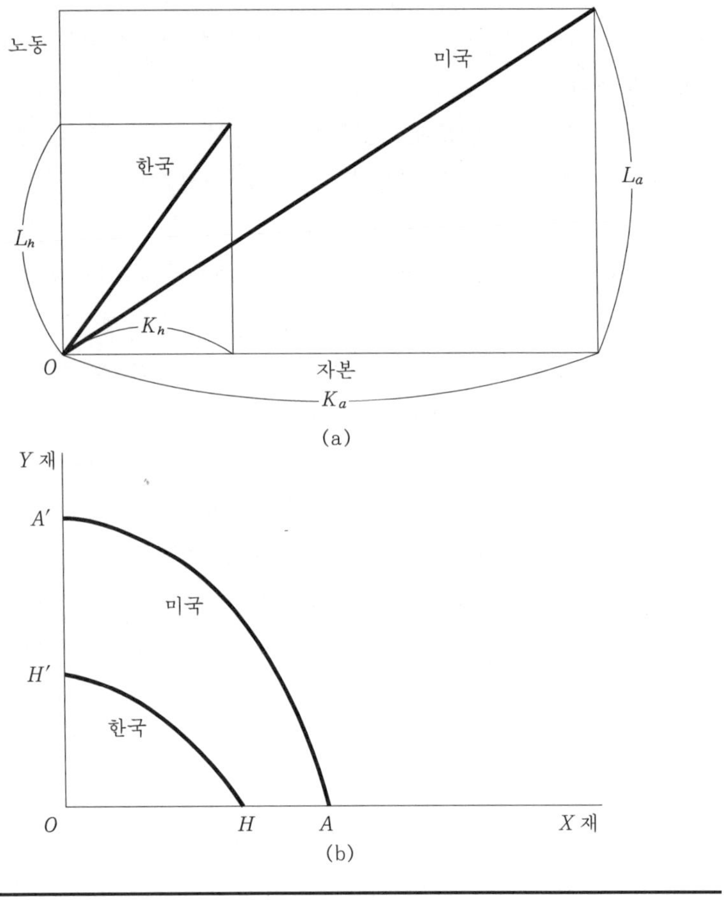

〈그림 4-3〉 부존상태와 생산가능곡선

〈그림 4-4〉 (a)에서 한 나라의 부존자원인 총자본 K와 총노동 L이 에지워스(Edgeworth) 상자에 담겨져 있다. 자본과 노동을 사용하여 X재와 Y재를 생산하고 있어서 꼭지점 O_X는 X재의 원점을, 그리고 꼭지점 O_Y는 Y재의 원점을 나타낸다. 꼭지점 O_X를 지나는 등량선은 Y재의 최대수량으로써 100단위 Y재를 나타낸다. O_X와 O_Y를 연결짓는 대각선은 X의 등량선과 Y의 등량선

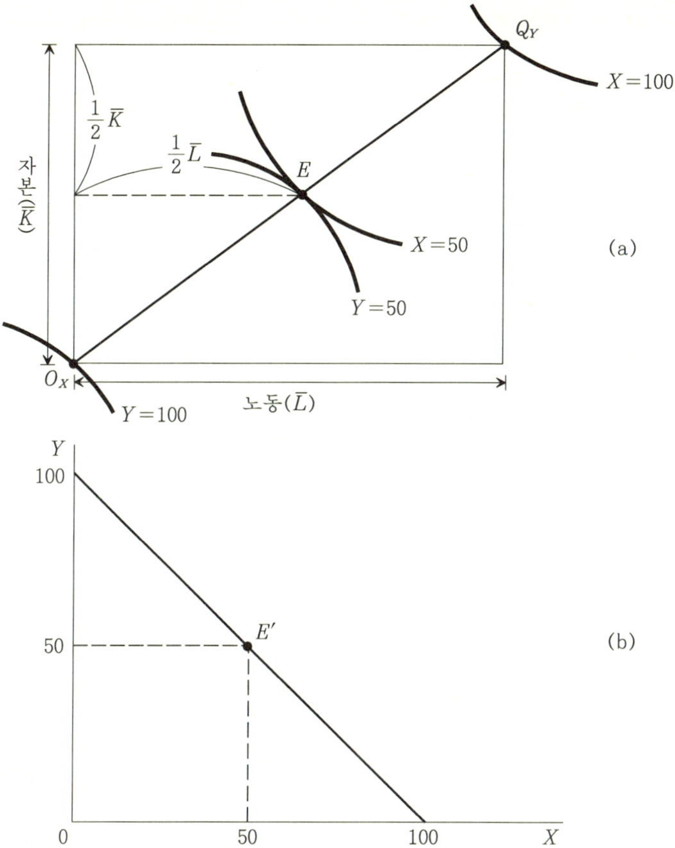

〈그림 4-4〉 요소집약도가 같은 경우

이 서로 접하는 점들을 이어놓은 선으로 이것을 계약곡선(contract curve)이라 한다. 계약곡선은 자원을 낭비 없이 가장 효율적으로 사용하여 X재와 Y재를 생산하는 모든 경우를 보여준다. 상자 안의 E점은 노동의 절반과 자본의 절반이 X재와 Y재 생산에 각각 사용되는 경우를 나타내는데, 50단위 X재와 50단위 Y재를 동시에 생산하는 경우를 표시한다.

〈그림 4-4〉 (a)의 에지워스 상자는 생산요소와 산출물의 관계를 보여주는 반면에, 〈그림 4-4〉 (b)는 X재와 Y재를 생산하는 생산가능곡선을 나타낸다. 여기서 생산가능곡선은 100단위 X재와 100단위 Y재를 연결시키며, X와 Y의 생산에 있어 요소집약도가 서로 같다고 했으므로 생산가능곡선은 직선이 된다. 그리고 생산가능곡선의 가운데 점인 E'는 50단위의 X재와 50단위 Y재의 생산을 나타낸다.

이제 만일 X재는 노동집약적이고 Y재는 자본집약적이기 때문에 요소집약도가 X와 Y간에 서로 다르다고 하자. 이런 경우 생산가능곡선이 어떻게 달라지는지 살펴보자. 〈그림 4-5〉 (a)에서와 같이 이 경우 효율적 생산점을 이어놓은 계약곡선은 더 이상 대각선과 일치하지 않고, 양 원점을 끝점으로 하고 B점과 C점을 통과하는 곡선이 된다.

〈그림 4-5〉 (a)의 A점은 노동과 자본의 절반수준을 가리키는데 이번 경우에는 A점에서 X재 등량선과 Y재 등량선이 접하지 않고 서로 교차한다. 그러나 A점에서의 X재 생산과 Y재 생산은 여전히 50단위 수준에 있다. 그런데 A점에서 자본과 노동의 조합을 잘 이용하면 Y재는 50단위 수준에 그대로 두더라도 X재를 10단위 더 생산할 수 있으며, X재를 50단위 수준에 두고서도 Y재를 10단위 더 생산할 수가 있게 된다. 이런 상황을 〈그림 4-5〉 (b)를 통해서 보면 노동과 자본의 요소배합비율이 같았을 때의 생산가능곡선은 직선이었으며, 자원을 X재와 Y재 생산에 절반씩 균등하게 사용하였을 때 생산점은 a점이었다. 그러나 요소의 배합비율이 달라진 경우 생산점은 b점이나 c점으로 확대될 수 있다. 그래서 생산가능곡선은 원점에 대해서 오목하게 됨을 우리는 알 수 있다.

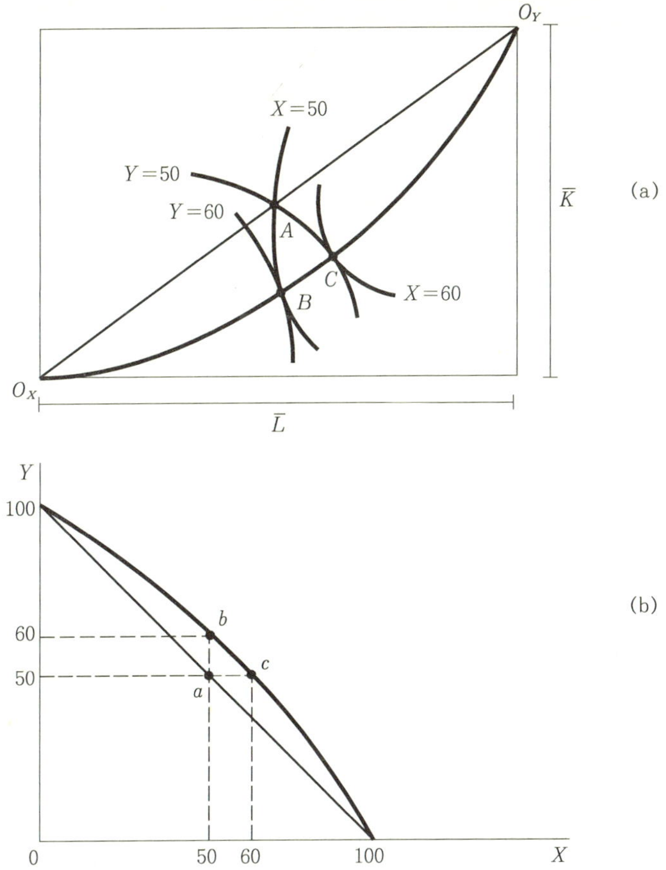

〈그림 4-5〉 요소집약도가 다른 경우

제 3 절 무역개시와 요소가격변동

헥셔-올린은 한 국가가 무역을 개시하면 상대적으로 풍부하게 부존된 요소를 보다 집약적으로 사용하게 된다는 것과, 무역이

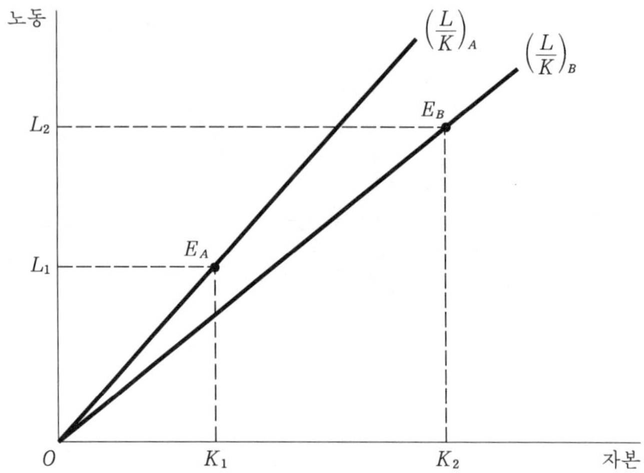

〈그림 4-6〉 요소부존의 상대적 집약도

개시되면서 새로이 결정되는 국제가격에 따라서 국내요소가격이 변동된다는 사실을 지적하였다. 본 절에서는 무역개시 후 국내요소가격이 어떻게 변동되는지 그 과정을 구체적으로 살펴보기로 한다.

헥셔-올린 이론에 있어서 요소부존의 상대적 집약도와 요소사용의 상대적 집약도의 개념이 중요하다. 요소부존이든 요소사용이든 상대적 집약도를 결정짓는 것은 요소비율이다. 〈그림 4-6〉에서 A국과 B국의 요소부존상태는 E_A와 E_B점으로 표시되어 있다. A국은 L_1만큼의 노동과 K_1만큼의 자본을 소유하고 있으며, B국은 L_2만큼의 노동과 K_2만큼의 자본을 소유하고 있다.

그러나 상대적 기준에 의하면 A국의 노동/자본 비율이 B국의 그것보다 크므로, 즉 $(L/K)_A > (L/K)_B$ A국은 B국보다 상대적으로 노동을 더 소유하고 있다고 할 수 있다. 따라서 노동부존의 상대적 집약도가 A국은 B국보다 더 높다고 할 수 있다.

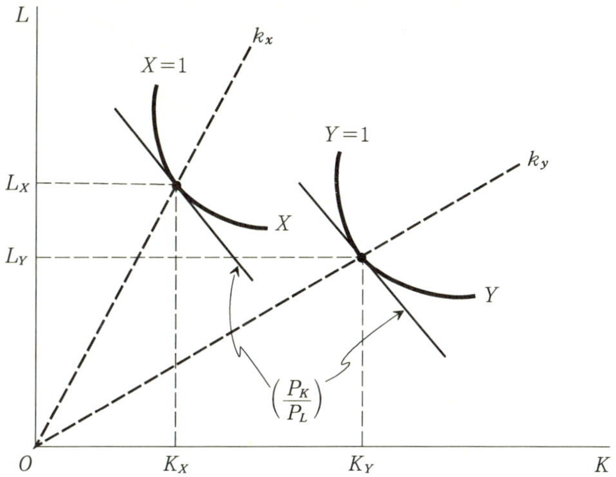

〈그림 4-7〉 요소사용의 상대적 집약도

이제는 재화의 생산에 있어 요소의 집약도를 점검해보자. 〈그림 4-7〉에서 X재와 Y재의 등량선이 각각 그려져 있다. 각 등량선은 단위등량선을 나타내기 때문에 노동과 자본의 가격을 P_L과 P_K라고 했을 때, X재 1단위 생산하는 데 필요한 노동과 자본은 L_X와 K_X이며, Y재 1단위 생산하는 데 필요한 노동과 자본은 L_Y와 K_Y이다. 이것은 미시경제학의 기초이론에서 다루어지듯이 요소사용의 결정은 요소의 가격비율에 달려 있기 때문이다. 여기서 절대적 기준이나 상대적 기준으로 볼 때, X재는 Y재보다 노동을 더 집약적으로 사용하고 있다. 그러나 실제로는 Y재 1단위 생산하는 것이 X재 1단위 생산하는 것보다 절대적으로 더 많은 노동량과 자본량이 투입되는 경우도 있을 경우가 있다. 그러나 X재의 노동/자본 비율이 Y재의 노동/자본 비율보다 높은 한 상대적 노동집약도는 Y재보다 X재가 더 높다고 할 수 있다.

만일 노동가격이 상승함으로써 요소가격비율이 $(P_K/P_L)_0$보

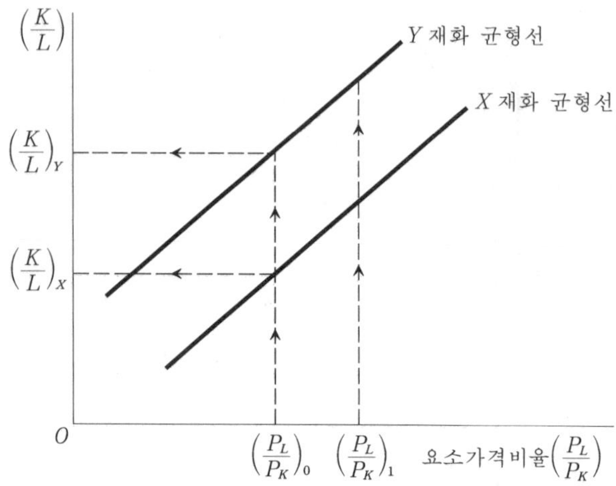

〈그림 4-8〉 요소가격변동과 요소사용비율

다 낮은 수준으로 하락하는 경우 편의상 〈그림 4-7〉에서는 그려져 있지 않으나 요소가격선은 원래보다 완만해진다. 이때 합리적 생산자들은 생산기술상 허용되는 범위 내에서 비싼 요소는 적게 쓰고 싼 요소는 더 쓰고자 하기 때문에 X재 생산이나 Y재 생산에 있어서의 노동/자본 비율은 하락한다.

등량선은 서로 교차하지 않는다고 했는데 〈그림 4-7〉에서 교차하고 있는 것 같은 인상을 주고 있다. 그 이유는 이 두 등량선은 서로 다른 X재와 Y재의 등량선을 한 번에 같이 그렸기 때문이다. 그래서 등량선의 기본성격은 그대로 유지하고 있다.

이제 요소가격의 변동과 요소사용집약도의 관계를 살펴보자. 생산기술상 X재는 Y재보다 노동을 더 집약적으로 필요로 하고 있다고 가정한다면 〈그림 4-8〉에서와 같이 두 개의 균형선을 그려볼 수 있다. 요소가격비율이 $(P_L/P_K)_0$수준에 주어졌을 때 X재와 Y재의 요소사용비율이 $(K/L)_X$와 $(K/L)_Y$수준으로 결정된

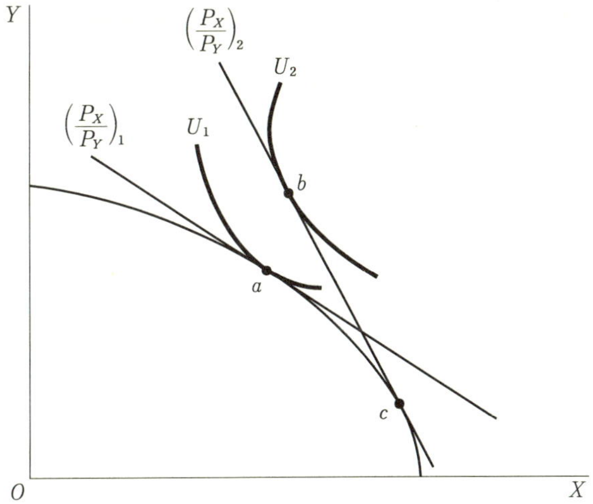

〈그림 4-9〉 무역개시와 재화가격변동

다. 만일 노동가격이 상승하여 요소가격비율이 $(P_L/P_K)_1$ 수준으로 상승하면 X 재와 Y 재 생산 모두 자본을 더 사용하게 됨으로써 요소사용비율 또한 상승하게 된다.

이제 무역개시 후 수반되는 재화가격의 변동과 요소가격의 변동을 살펴보자. 〈그림 4-9〉의 생산가능곡선의 모양을 보아 자원의 부존상태는 Y 재보다 X 재를 더 많이 생산할 수 있게 해준다는 사실을 추측할 수 있다. 그리고 생산기술상 X 재의 생산에 노동의 사용비율이 Y 재보다 높다고 한다면 이 나라는 상대국에 비해서 노동을 상대적으로 풍부하게 소유하고 있음을 알 수 있다.

무역이 개시되기 전 재화의 가격비율은 $(P_X/P_Y)_1$ 이며, 생산과 소비는 모두 a 점에서 이루어지고 후생수준은 U_1 이다. 그런데 무역이 개시되면서 X 재화의 국제가격이 국내가격보다 높게 되고 재화가격비율이 $(P_X/P_Y)_2$ 수준으로 됨으로써 국내에서의 X 재 생산이 증가한다. 따라서 국내후생수준은 U_2 로 상승하고 소비점은

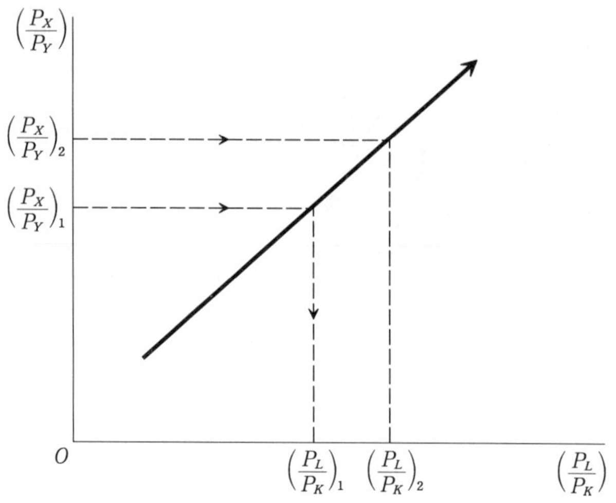

〈그림 4-10〉 재화가격과 요소가격의 관계

b에서, 생산점은 c에서 각각 이루어진다.

이때 단기에 있어서 요소는 국외로부터 수입할 수 없고, 국내에서도 추가적 생산이 가능하지 않다고 가정하자. 그렇다면 노동집약적인 X재를 더 생산하기 위해서 Y재의 생산이 감소되어야 X재 증산에 필요한 요소를 확보할 수 있다. 그런데 Y재는 자본집약적이기 때문에 요소시장에서 노동가격은 상승하고 자본가격은 하락하게 된다. 이렇게 해서 X재의 가격과 노동가격은 서로 같은 방향으로 움직이게 되며, 〈그림 4-10〉에서와 같이 재화의 가격비율과 요소의 가격비율은 正의 관계를 가진다.

제 4 절 수요반전과 요소집약도반전

헥셔-올린의 이론적 주장에도 불구하고 실제로는 그렇게 나타나지 않는 경우도 있다. 헥셔-올린에 의하면 노동을 풍부하게 소유한 나라가 무역개시 후 노동집약적 재화를 증산하고 이를 수출하여야 하는데 오히려 노동집약적 재화를 수입하게 된다면 이를 어떻게 설명할 수 있느냐가 큰 과제가 된다. 이때 실제의 상황과 맞지 않는다고 해서 그 이론을 그대로 무시해버리기보다는 그 이론이 전제로 하고 있는 여러 가정들을 하나씩 점검하여 가정되고 있는 조건상의 하나가 변동이 발생하였는지의 여부를 확인할 필요가 있는 것이다.

1. 수요반전

먼저 수요반전(demand reversal)의 가능성을 논의해보자. 만일 수요반전이 존재하는 경우 상기와 같이 무역개시 후 헥셔-올린의 이론적 예측과 반대결과를 가져오는 수가 있다. 예컨대 노동의 부존이 풍부한 경우라도 노동을 집약적으로 사용하여 만든 재화를 국내사람들이 강력하게 선호한다고 한다면 부족한 양은 수입할 수 있게 됨으로써 무역이 개시된 후 오히려 이 재화의 가격은 하락하게 된다. 따라서 국내생산도 감소하게 되는데, 이런 현상을 〈그림 4-11〉을 통해서 살펴보자.

〈그림 4-11〉에서 생산가능곡선에 의하면 국내요소의 부존상태는 X재를 상대적으로 더 많이 생산할 수 있는 것으로 되어있다. 만일 X재를 Y재에 비하여 노동집약적인 재화라고 할 때, 헥셔-올린 이론에 따르면 무역개시 후 이 나라는 X재를 수출하여야 한다. 그런데도 불구하고 오히려 여기서는 X재를 수입하고 있다.

무역개시 전 국내경제는 두 재화 X_0와 Y_0와 같이 생산되고 소비되는 자급자족의 상태에 있다. X재와 Y재의 상대가격선은

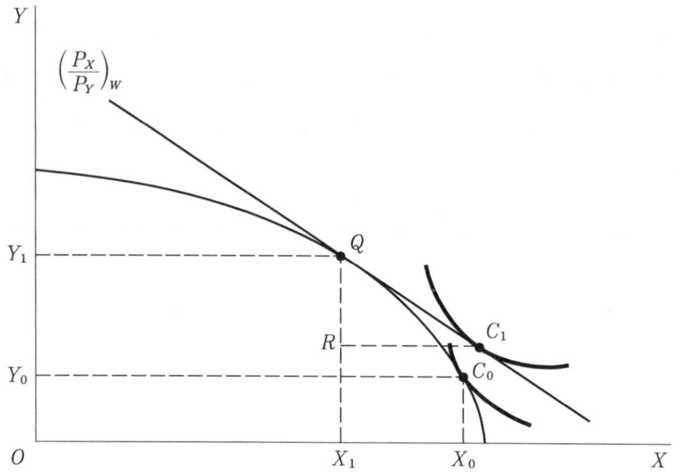

〈그림 4-11〉 수요반전의 경우

여기 그림에서 직접 그려져 있지는 않으나 C_0 소비점을 지나고 있다. 그리고 이 소비점에서 생산가능곡선과 사회무차별곡선과 서로 접하고 있다. 그런데 무역이 있은 후 자국이 국제시장에서 당면하는 가격선은 $\left(\frac{P_X}{P_Y}\right)_W$ 선이 되고 생산은 Q 점에서, 그리고 소비점은 C_1 에서 각각 이루어진다. 이로써 QR 만큼 Y 재는 수출되고 X 재는 C_1R 만큼은 수입된다.

이제 요소집약도반전의 경우를 살펴보기로 한다.

2. 요소집약도반전

헥셔-올린 이론을 성립시키기 위해서는 여러 가지 가정이 필요했다. 그 중의 하나가 바로 앞에서 설명한 수요반전이 일어나지 않는다는 가정이고, 또 하나는 요소집약도반전이 발생하지 않는다는 가정이다. 즉 생산함수의 구조와 특징 때문에 어떠한 요소가

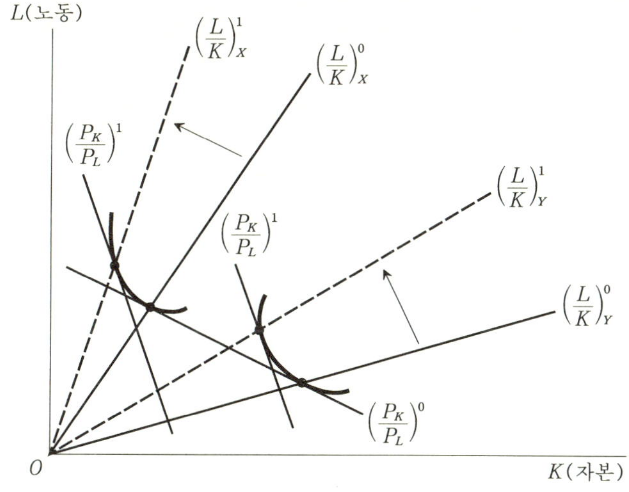

〈그림 4-12〉 요소집약도반전이 없는 경우

격비율에도 불구하고 X재는 Y재보다 항상 노동이 더 많이 투입되어야 생산된다는 가정이다.

〈그림 4-12〉에서처럼 요소가격비율이 $(P_K/P_L)^0$수준에 주어진다면 등량선과 가격선이 맞닿은 점에서 균형요소사용비율이 결정되는데, X재의 균형요소사용비율은 $(L/K)_X^0$이고 Y재에 비해서 노동을 더 많이 사용하므로 X재를 노동집약적 재화라 부른다. 이제 자본의 가격이 상승하여 요소가격비율이 $(P_K/P_L)^1$수준으로 바뀌어지면 X재 산업과 Y재 산업에서 모두 값이 비싸진 자본보다는 노동을 더 사용하고자 할 것이다. 그래서 두 산업의 요소사용비율은 $(L/K)_X^1$과 $(L/K)_Y^1$수준으로 움직인다. 그러나 여전히 X재는 Y재에 비해 노동집약적이라는 사실은 변동되지 않는다. 그러므로 〈그림 4-13〉에서와 같이 요소가격비율인 (P_K/P_L)와 요소사용비율인 (L/K)과는 X재와 Y재 산업에 있어서 모두 정의 관계를 유지하며, X재는 Y재보다 항상 노동집약적이다.

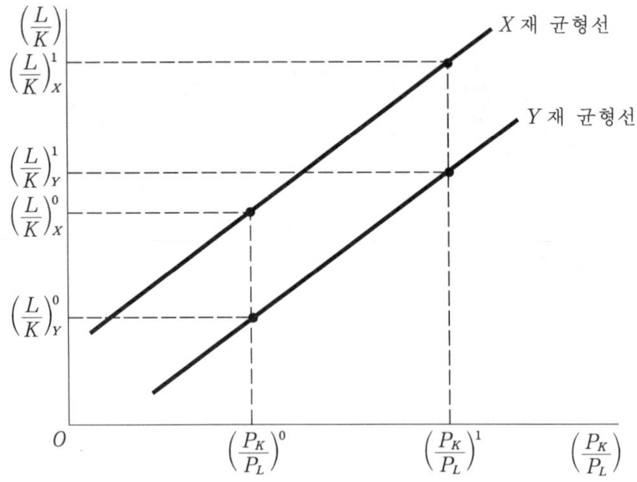

〈그림 4-13〉 요소집약도반전이 없는 경우 요소가격비율과 요소사용비율의 관계

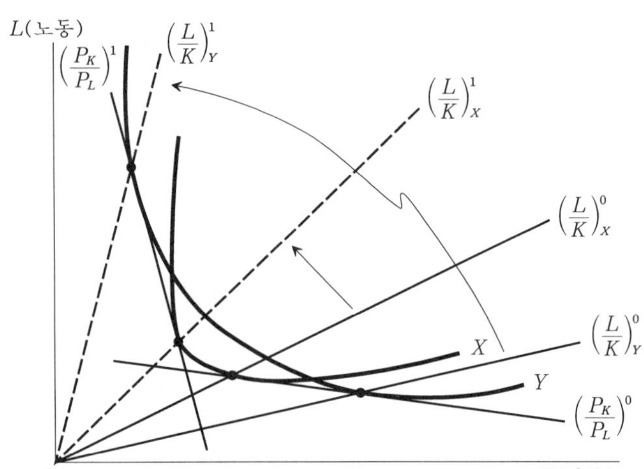

〈그림 4-14〉 요소집약도반전이 발생하는 경우

그러나 〈그림 4-14〉에서와 같이 X재의 등량선과 Y재의 등량선이 특이한 형태를 취하고 있는 경우 요소집약도반전현상이 발생한다. 요소가격의 비율이 $(P_K/P_L)^0$수준에 주어지면 X재와 Y재의 균형요소사용비율은 $(L/K)_X^0$와 $(L/K)_Y^0$로 각각 결정된다. X재는 Y재에 비하여 $(L/K)_X^0 > (L/K)_Y^0$가 성립하므로 노동집약적이다.

그런데 만일 전처럼 자본가격이 상승하여 요소가격비율이 $(P_K/P_L)^1$수준으로 상승하는 경우 두 재화의 생산과정에서 노동사용이 많아진다. 그러나 Y재의 등량선의 특징 때문에 Y재의 노동사용이 급증하게 되어서 새로운 균형요소비율을 비교하여보면 $(L/K)_Y^1 > (L/K)_X^1$이 성립하여 Y재가 X재에 비해 노동집약적 재화로 전환된다.

이처럼 요소가격이 변동되면서 요소의 집약도가 거꾸로 바뀌게 되는 경우를 〈그림 4-15〉를 통해서 분명히 나타낼 수 있다. 즉

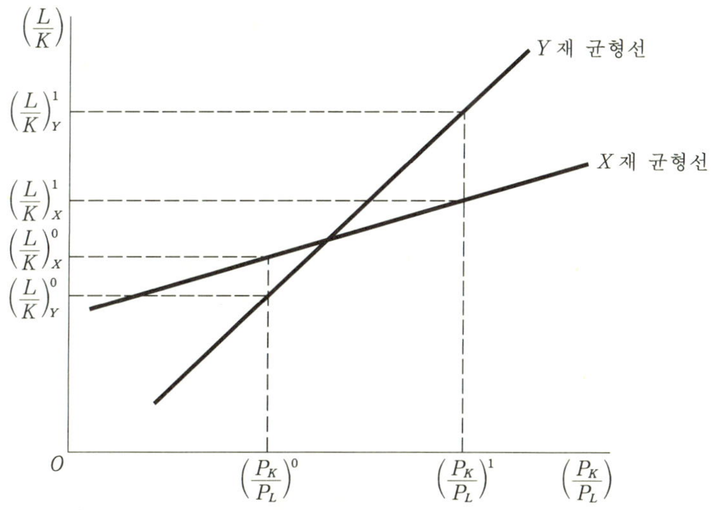

〈그림 4-15〉 요소집약도반전의 경우 요소가격비율과 요소사용비율의 관계

요소가격비율이 $(P_K/P_L)^0$ 수준일 때, $(L/K)_X^0 > (L/K)_Y^0$ 식이 성립하여 X 재가 노동집약적 재화가 된다. 그러나 요소가격비율 $(P_K/P_L)^1$ 수준으로 상승하는 경우 X 재와 Y 재 모두 노동을 그 전보다 더 많이 사용하지만 생산기술상 Y 재 생산은 X 재 생산보다 월등하게 노동을 많이 사용하게 됨으로써 요소의 집약도가 반전되는 현상을 초래한다. 즉 새로운 요소가격비율이 $(P_K/P_L)^1$ 에서 결정되었을 때, 균형요소사용비율에 관하여 $(L/K)_X^1 < (L/K)_Y^1$ 식이 성립함으로써 Y 재가 X 재에 비하여 노동집약적 재화가 되어버린다.

실제에 있어서 헥셔-올린의 이론이 그대로 적용되는지의 여부는 각국의 실제 경험에 달려 있다. 만일 실제에 있어서 헥셔-올린의 이론적 주장이 현실에 부합되지 않는 경우에는 여러 가지 이유가 있을 것이다. 우선 이론에서 전제로 하고 있는 가정이 현실과 거리가 있거나 가정이 틀린 경우, 이론의 적용범위가 크게 줄어들 것이다. 또한 수요반전이 발생하거나 요소집약도반전이 발생하는 경우, 실제 상황은 헥셔-올린 이론이 예측하는 대로 전개되지 않을 것이다. 이에 관한 자세한 내용은 제 5 장 제 6 절에서 다시 논의될 것이다.

참고문헌

Corden, W. M., "Recent Developments in the Theory of International Trade," *Special Papers in International Economics*, No. 7, Chapter Ⅱ, International Finance Section, Princeton University, 1965.

Heckscher, Eli, "The Effects of Foreign Trade on the Distribution of Income," *Economisk Tidskrift*, 1919. Reprinted in *Readings in the Theory of International Trade*, eds. Howard S. Ellis and Lloyd A. Metzler, Philadelphia: The Blakiston Co., 1949, Chap. XIII.

Jones, Ronald W., "Factor Proportions and the Heckscher-Ohlin Theorem," *Review of Economic Studies*, 1956～1957. Reprinted in *International Trade*, ed. Jagdish Bhagwati, Baltimore: Penguin Books, Inc., 1969.

Lancaster, Kelvin, "The Heckscher-Ohlin Trade Model: A Geometric Treatment," *Economica*, 1987. Reprinted in *International Trade*, ed. Jagdish Bhagwati, Baltimore: Penguin Books, Inc., 1969.

Minhas, B. S., "The Homohypallagic Production Function, Factor-intensity Reversals and the Heckscher-Ohlin Theorem," *Journal of Political Economy*, 1962. Reprinted in *International Trade*, ed. Jagdish Bhagwati, Baltimore: Penguin Books, Inc., 1969.

Ohlin, Bertil, *Interregional and International Trade*, Cambridge: Harvard University Press, 1933.

Robinson, Romney, "Factor Proportions and Comparative Advantage," *The Quarterly Journal of Economics*, 1956. Reprinted in AEA, *Readings in International Economics*, eds. Richard Caves and Harry G. Johnson, Homewood, Ill.: Richard D. Irwin, Inc., 1968.

Rybczynski, T. M., "Factor Endowment and Relative Commodity Prices," *Economica*, November 1955.

Savosnick, Kurt, "The Box Diagram and the Production Possibility Curve," *Economisk Tidskrift*, 1958.

제 5 장

요소가격균등화 정리

제 5 장 요소가격균등화 정리

제 1 절 헥셔-올린 이론의 가정

헥셔-올린의 이론체계에서 발전된 이론적 결론으로서 요소가격균등화 정리(factor price equalization theorem)가 논의되었는데 이 정리는 사무엘슨(Paul Samuelson)이 1948년 처음 내놓았다.[1)]

헥셔-올린의 이론체계에 있어서 모든 조건이 충족되면 자유무역이 개시된 후 두 나라의 요소가격은 서로 같아지게 되는 경향이 있다고 하였다.

먼저 헥셔-올린 이론에서의 10가지 가정을 다음과 같이 나열해보자.

(가정 1) 이 세계는 두 나라가 대표한다.
(가정 2) 두 가지 재화와 두 가지 요소만 다룬다.
(가정 3) 완전경쟁을 전제로 한다.
(가정 4) 두 나라에서 사용하는 생산기술은 서로 똑같다.
(가정 5) 등량선체계는 원점을 향해 대칭적이다.
(가정 6) 생산에 있어 수확체감의 법칙이 작용한다.
(가정 7) 불완전특화를 전제로 한다.
(가정 8) 요소의 부존은 일정하게 주어진 것으로 취급한다.
(가정 9) 요소집약도반전의 경우를 배제한다.

1) Paul A. Samuelson, "International Trade and the Equalization of Factor Prices, *Economic Journal*, June 1948.

(가정 10) 관세부과가 없으며 수송비는 무시한다.

제 2 절 무역개시와 재화가격의 변동

앞에서 이미 밝힌 바 있듯이 헥셔-올린 이론체계에서는 무역개시와 함께 재화가격이 변동되면서 국내요소가격이 같이 변동된다고 하였다. X재화가 노동집약적 재화로서 국내에서 노동이 상대적으로 풍부하게 부존되어 있다고 할 때 무역개시 후 국내에서 X재의 가격이 Y재 가격에 비해 수준이 올라가고 따라서 X재의 집약적 요소인 노동가격이 상승한다. 이를 그림으로 다시 나타내면 〈그림 5-1〉과 같다.

국내경제는 상대국에 비해 노동이 풍부하게 부존되어 있으며, X재는 생산기술상 노동집약적 재화이다. 무역이 있기 전 국

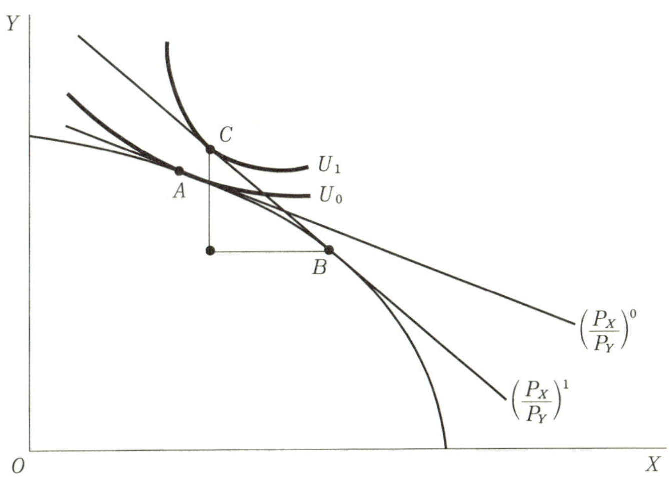

〈그림 5-1〉 X재 가격의 상승 후 X재 수출

내에서의 재화가격비율은 $(P_X/P_Y)^0$ 이고, A 점에서 생산과 소비가 이루어지고 U_0 수준의 후생을 누렸다. 그러나 무역개시 후 X 재의 국제시장가격은 그 전보다 높은 $(P_X/P_Y)^1$ 수준이 되어 X 재의 국내생산은 B 점에서, 소비는 C 점에서 이루어짐으로써 CD 만큼의 Y 재는 수입하고 BD 만큼의 X 재는 수출하게 된다.

제 3 절 재화가격의 변동 후 요소가격의 변동

X 재 가격이 상승한 후 X 재의 생산이 증가함에 따라 X 재의 집약적 요소인 노동가격이 상승한다. 이렇게 하여 재화가격비율과 요소가격비율간 정(正)의 관계가 성립하게 되는데 〈그림 5-2〉의 RR 선분이 이를 반영한다. 두 나라가 똑같은 생산기술을 사용하고 있다면 RR 선분은 국내에서 뿐만 아니라 교역상대국에서도

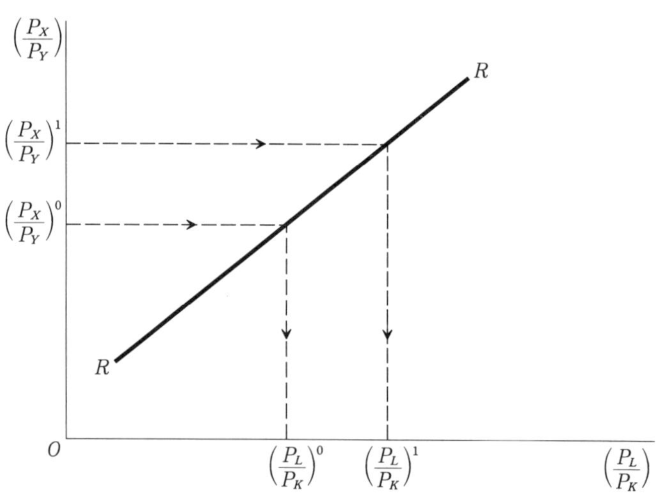

〈그림 5-2〉 재화가격변동이 요소가격에 주는 효과

똑같이 적용될 수 있을 것이다.

제 4 절 요소부존비율과 요소사용비율의 차이

여기서 잠깐 요소의 부존비율과 균형비율의 차이를 지적해 보고자 한다. 〈그림 5-3〉 (a)에는 에지워스 상자모형 안에 요소의 부존비율과 균형비율이 각각 그려져 있다.

우선 원래의 균형점인 A점에서 X재와 Y재의 요소사용비율은 각각 다르며, 크기에 있어서 $(K/L)^0_X < (K/L) < (K/L)^0_Y$ 식이 성립한다. 이것을 〈그림 5-3〉 (b)를 통해서 보면, Y재는 자본집약적 재화로서 a점에, 그리고 X재는 노동집약적 재화로서 a'점에 있으며 요소의 부존비율은 d점에 위치하고 있다. 이때 요소부존비율은 X재의 요소비율과 Y재의 요소비율을 가중평균한 값과 일치한다.[2)]

만일 $\overline{K}$와 $\overline{L}$의 전 요소가 Y재만 생산하는 데 쓰인다고 하면 Y재의 균형요소비율은 c점에서 요소부존비율과 같게 된다. 그리고 이에 맞는 요소가격비율은 $(P_L/P_K)_{\min}$이 되는데 이때의 요소가격비율은 최저수준이 된다. 반면에 전 요소가 X재만 생산하는 데 쓰이면 X재의 균형요소비율은 e점에서 역시 요소부존비율과 같게 되며, 이때의 요소가격비율은 $(P_L/P_K)_{\max}$로서 최대수준이 된다.

---

2) $\dfrac{\overline{K}}{\overline{L}} = \dfrac{K_X+K_Y}{\overline{L}} = \dfrac{K_X}{\overline{L}} + \dfrac{K_Y}{\overline{L}}$

$= \dfrac{L_X}{L}\cdot\dfrac{K_X}{L_X} + \dfrac{L_Y}{L}\cdot\dfrac{K_Y}{L_Y}$

$= w_x\left(\dfrac{K}{L}\right)_x + w_y\left(\dfrac{K}{L}\right)_y$ 단, $w_x+w_y=1$, $w_x=\dfrac{L_x}{L}$, $w_y=\dfrac{L_y}{L}$

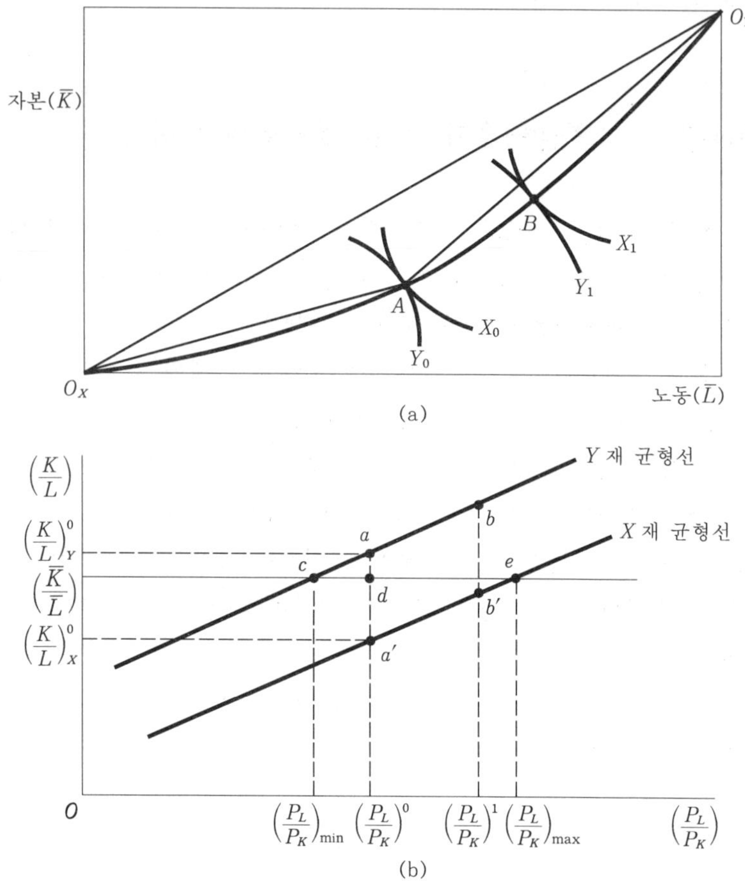

〈그림 5-3〉 요소부존비율과 요소사용비율

제5절 요소가격의 균등화

이제 무역개시 전 두 나라 사이의 상이한 재화가격비율, 상이한 요소부존비율 그리고 상이한 요소가격비율을 비교해보고, 아울러 무역개시 후 두 나라가 동일한 재화가격비율을 당면하면서 두 가지 요소의 요소가격비율뿐만 아니라 요소의 절대가격조차 서로 같아지게 됨을 규명해보자.

무역이 개시된 후 두 나라에서의 노동과 자본의 가격이 똑같아진다는 결론은 두 나라에서 재화의 가격은 한계비용에 의해서 결정된다는 사실과 두 나라 사이 한계비용이 서로 같다는 사실을 근거로 하고 있다. 즉 재화 1단위 생산에 사용되는 요소집약도와 요소수량이 국내에서나 무역상대국에서나 서로 같으면 무역이 개시된 후 두 나라는 하나의 국제가격을 공동으로 당면하게 될 것이며, 따라서 두 나라 사이 요소가격은 일치할 수 있다는 것이다.

이제 두 나라의 생산가능곡선을 비교하고 생산점과 소비점이 어떻게 달라지나 살펴보자. 〈그림 5-4〉에서 BB'는 외국의 생산가능곡선이고, AA'는 자국의 생산가능곡선이다. 이로써 자국은 노동을 풍부하게 소유하고 있으며, X재는 노동집약적 재화임을 우리는 알 수 있다.

두 나라의 사회무차별곡선체계가 동일하다고 한다면 무역개시 전 자국의 생산과 소비는 a점에서, 그리고 외국의 생산과 소비는 c점에서 각각 이루어진다. 이때 a와 c점에서 각국의 생산가능곡선과 사회무차별곡선이 서로 접하고 있으며, 두 나라의 국내가격선은 바로 이 두 점을 접하며 지나간다. 편의상 이 두 가격선은 〈그림 5-4〉에 그려져 있지 않으나 자국의 가격선 $(P_X/P_Y)_H$는 외국의 가격선 $(P_X/P_Y)_F$보다 완만하고, 이것은 곧 X재의 국내가격이 외국에 비해서 싸다는 사실을 의미하며, $(P_X/P_Y)_H < (P_X/P_Y)_F$ 식이 성립한다.

한편 무역이 개시된 후 X재의 국제가격은 무역개시 전의 국내가격보다는 비싸고 무역개시 전의 외국가격보다는 싸지는데, 이로써 $(P_X/P_Y)_H < (P_X/P_Y)_W < (P_X/P_Y)_F$ 식이 성립한다. 국내

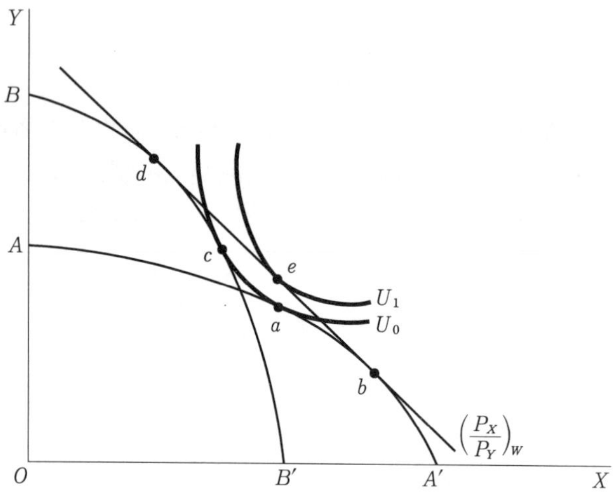

〈그림 5-4〉 무역개시 후 재화가격변동

에서 전보다 가격이 더 비싸진 X재를 증산함으로써 국내생산점은 b점에 옮겨진다.

다른 한편으로 외국에서는 X재보다 Y재의 국내가격이 그 전보다 비싸져서 Y재의 생산을 늘리게 된다. 결과적으로 자국의 집약적 요소인 노동의 가격은 그 전보다 높아지고 외국에서는 그 나라의 집약적 요소인 자본의 가격이 그 전보다 높아진다.

이런 상황을 〈그림 5-5〉 (a)를 통해서 보면 더욱 명료하게 볼 수 있다. RR선분은 재화가격비율과 요소가격비율의 관계를 반영한다. 무역이 개시되면 국제재화가격비율 $(P_X/P_Y)_W$은 $(P_X/P_Y)_H$와 $(P_X/P_Y)_F$ 사이에 있게 된다. 그리고 두 나라는 동일한 국제가격선을 당면하게 되며, 양국이 동일한 생산기술을 소유한다고 가정했기 때문에 결국 두 나라는 〈그림 5-5〉 (a)에서와 같이 동일한 요소가격비율 $(P_L/P_K)_W$를 당면하게 된다.

동일한 생산기술을 사용한다는 것은 요소의 배합비율이 같을

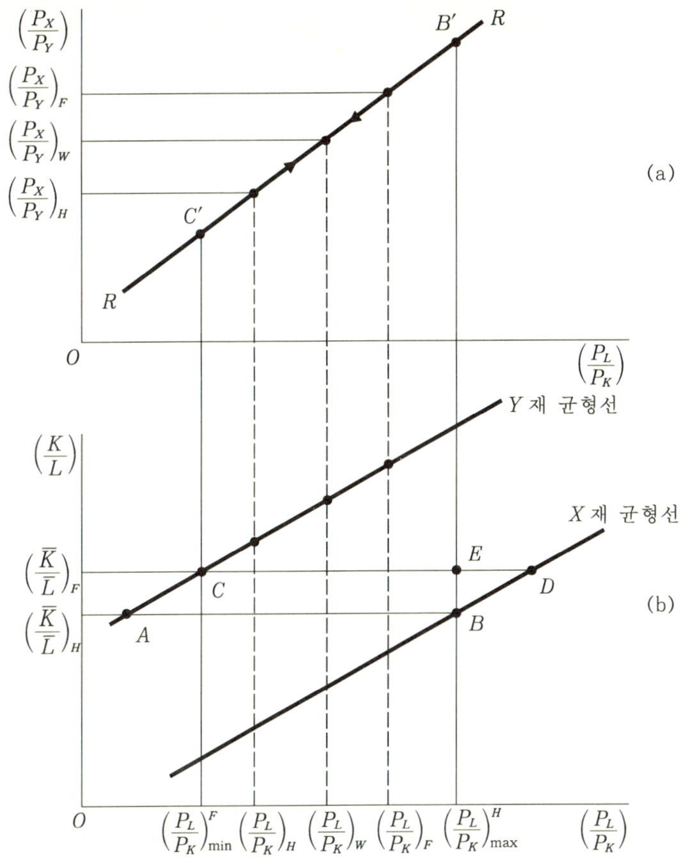

〈그림 5-5〉 2國간 요소비율이 중복되는 경우

뿐만 아니라 단위생산에 투입되는 요소의 수량도 똑같다라는 사실을 의미한다. 따라서 동일한 기술하에 동일한 요소가격비율을 당면한다는 것은 두 나라 사이에 요소가격이 절대적으로도 같아지게 됨을 뜻한다.

〈그림 5-5〉 (b)를 면밀히 살펴보면, $(\bar{K}/\bar{L})_F$는 외국의 요소부존비율, $(\bar{K}/\bar{L})_H$는 자국의 요소부존비율을 나타내는데, 생산기술

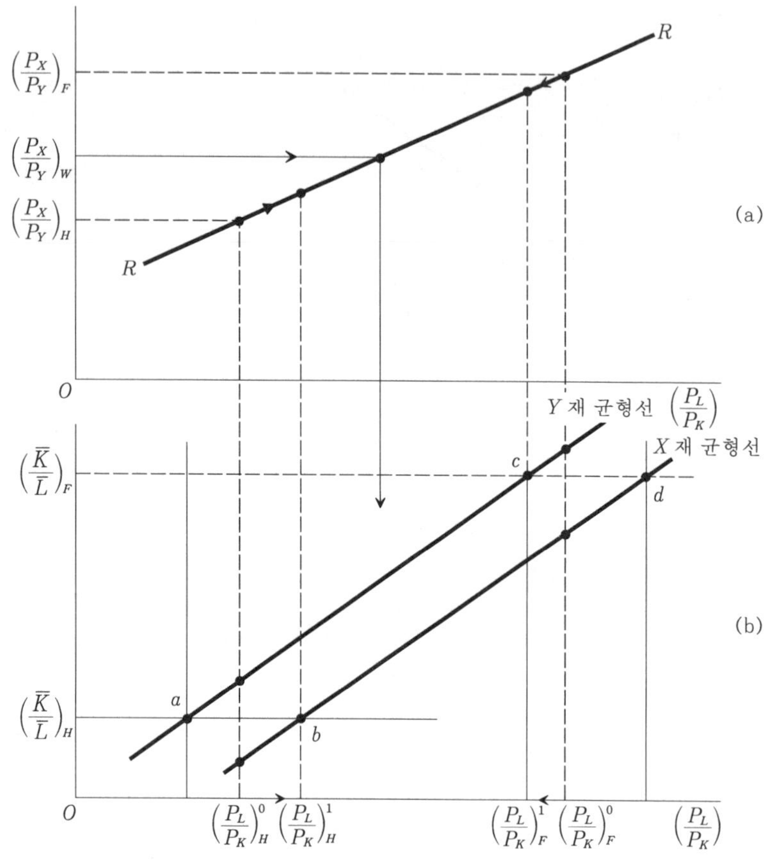

〈그림 5-6〉 2國간 요소비율이 중복되지 않는 경우

상 국내의 요소가격비율의 범위는 〈그림 5-5〉 (b)의 *AB* 선분이며, 외국의 요소가격비율의 범위는 *CD* 선분으로 나타낼 수 있다. 따라서 두 나라가 동시에 포함되는 요소가격비율의 범위는 〈그림 5-5〉 (b)의 *CE* 선분이 된다. 무역개시 후 재화의 국제시장가격이 새로운 수준으로 바뀌고 따라서 요소가격비율도 변하는데, 이것이 *CE* 선분상에 있는 한 무역개시 후 두 나라 사이에 요소가격이 균등해진다고 할 수 있다.

그런데 요소가격비율이 서로 중복되는 범위는 각국의 요소부존비율에 달려 있다. 만일 요소가격비율에 있어서 두 나라가 서로 중복되는 범위가 없다고 한다면 어떻게 될까? 그렇게 되면 무역개시 후 두 나라 사이 요소가격이 완전히 균등하게 되지 않으나 서로 같아지려는 경향은 여전히 있다.

먼저 〈그림 5-6〉 (b)를 보자. 자국의 요소부존비율 $(\overline{K}/\overline{L})_H$ 이기 때문에 요소가격비율의 범위는 ab 선분이 되며, 외국의 요소부존비율 $(\overline{K}/\overline{L})_F$ 이어서 요소가격비율범위는 cd 선분으로 표시된다. 이렇게 두 나라의 요소비율이 중복되는 범위가 없는 경우 만일 무역개시 후 두 나라가 공동으로 당면하는 국제재화가격비율이 자국의 재화가격비율과 외국의 재화가격비율 사이에 있어도 그에 해당하는 요소가격비율이 두 나라간 중복되는 범위에 들지 않으면 두 나라간 요소가격은 균등해지지 않는다. 그러나 자국의 요소가격비율은 원래의 $(P_L/P_K)_H^0$ 수준에서 최대로 가능한 $(P_L/P_K)_H^1$ 수준으로 상향조정되어가며, 외국의 요소가격비율은 원래의 $(P_L/P_K)_F^0$ 수준에서 최저수준인 $(P_L/P_K)_F^1$ 수준으로 하향조정되어감으로써 요소가격의 균등화 방향으로 가고 있다고 할 수 있다.

제 6 절 요소반전과 요소가격균등화

이제 요소집약도의 반전이 있을 경우 두 나라의 생산요소가격이 균등화되지 않음을 살펴보자. 앞서 〈그림 4-15〉에서 이미 다루었듯이 생산기술의 특성 때문에 요소사용비율과 요소가격비율의 관계가 어느 수준을 지나면 역으로 바뀌는 경우도 있다. 그에 따라 재화가격비율과 요소가격비율의 관계도 뒤집어진다. 따라서

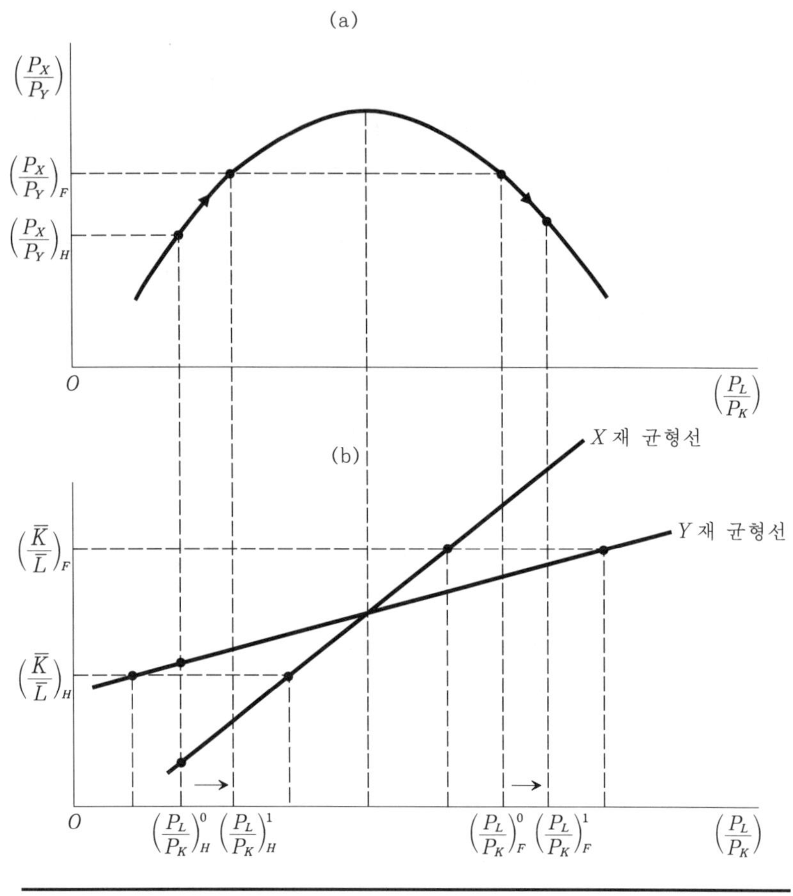

〈그림 5-7〉 요소집약도반전과 요소가격불균등화

〈그림 5-7〉에서와 같이 X재 균형선과 Y재 균형선이 서로 교차하며, 이제 무역을 개시한 후 두 나라의 새로운 재화가격에 당면한다고 하자.

그러면 〈그림 5-7〉의 (a)에서와 같이 自國이 수출하는 X재의 가격과 外國이 수출하는 Y재의 가격이 각각 오르게 되는데, 自國의 입장에서 보면 X재의 상대가격은 상승하고 外國의 입장에서 보면 X재의 상대가격은 하락한다. 이때 생산요소의 가격비율도 변동하는데, 〈그림 5-7〉의 (b)를 보면 自國의 생산요소가격비율은 $(P_L/P_K)^0_H$에서 $(P_L/P_K)^1_H$수준으로 상승한다. 그리고 外國의 생산요소가격비율도 $(P_L/P_K)^0_F$에서 $(P_L/P_K)^1_F$수준으로 상승하기 때문에 두 나라 사이에 요소가격이 서로 가까워지지 않음을 우리는 알 수 있다.

참고문헌

Balassa, Bela, "The Factor Price Equalization Controversy," *Weltwirtschaftliches Archiv*, No. 1, 1961.

Bhagwati, Jagdish, "Protection, Real Wages and Real Incomes," *Economic Journal*, December 1959. Reprinted in *International Trade*, ed. Jagdish Bhagwati, Baltimore: Penguin Books, Inc., 1969.

Heckscher, Eli, "The Effect of Foreign Trade on the Distribution of Income," *Economisk Tidskrift*, 1919. Reprinted in *Readings in the Theory of International Trade*, eds. Howard S. Ellis and Lloyd A. Metzler, Homewood, Ill.: Richard D. Irwin, Inc., 1950. Chap. XIII.

Johnson, Harry G., "Factor Endowments, International Trade, and Factor Prices," *The Manchester School of Economic and Social Studies*, September 1957. Reprinted in AEA, *Readings in International Economics*, eds. Richard Caves and Harry G. Johnson, Homewood, Ill.: Richard D. Irwin Inc., 1968.

Lancaster, Kelvin, "Protection and Real Wages: A Restatement," *Economic Journal*, June 1957.

Ozawa, Terutomo, "The Rybczynski Theorem: A Diagrammatic Note and a Corollay Proposition," *Economica*, August 1970.

Rybczynski, T. M., "Factor Endowment and Relative Commodity Prices," *Economica*, November 1955. Reprinted in AEA, *Readings in International Economics*, eds. Richard Caves and Harry G. Johnson, Homewood, Ill.: Richard D. Irwn, Inc., 1968.

Samuelson, Paul A., "International Trade and the Equalization of Factor Prices," *Economic Journal*, June 1948.

———, "International Factor-Price Equalization Once Again," *The Economic Journal*, June 1949. Reprinted in AEA, *Readings in International Economics*, eds. Richard D. Irwin, Inc., 1968.

Vanek, Jaroslav, "An Alternate Proof of the Factor Price Equalization Theorem," *Quarterly Journal of Economics*, November 1960.

제 6 장

헥셔-올린 이론 이후 무역이론

제 6 장 헥셔-올린 이론 이후 무역이론

제 1 절 레온티에프의 역설

1. 배 경

앞에서 다룬 헥셔-올린 이론이 실제로 어느 정도 타당한가에 대한 검증은 그 동안 여러 학자들에 의해 시도되었다. 그 중에 가장 널리 논의되고 있는 것이 레온티에프(Wassily Leontief)가 1953년에 발표한 그의 검증방법과 결과이다. 그는 그의 실증연구를 통해 헥셔-올린이 이론적으로 주장했던 바와는 정반대의 결과를 얻었는데, 이를 레온티에프의 逆說이라 부른다.[1]

미국과 일본을 비교해본다면 미국은 상대적으로 자본이 풍부한 나라이며, 일본은 노동이 풍부한 나라로 인식된다. 그래서 헥셔-올린 정리에 의하면 일반적으로 미국은 일본에게 자본집약적 상품을 수출해야 된다. 그런데도 불구하고 레온티에프의 조사에 의하면, 미국은 노동집약적 상품을 수출하고 그리고 자본집약적 상품을 수입한 것으로 드러났다. 이것을 레온티에프의 逆說이라 한다.

2. 조사방법

레온티에프는 미국 산업의 요소집약도를 파악하기 위해 미국

1) 레온티에프의 논문 "Domestic Production and Foreign Trade: The American Capital Position Reexamined," *Economica Internationale*, Feb. 1954 참조.

의 1947년도 산업연관표를 이용하였다. 그는 수출산업과 수입대체산업의 자본과 노동의 투입비율을 각각 계산하여 비교하였다. 그는 당시 일본의 산업연관표는 존재하지 않았으므로 일본 수출산업의 요소투입비율을 계산하지 못하고, 그대신 미국의 일본 상품에 대한 수입대체산업의 요소투입비율을 계산하였다.

보다 구체적으로 미국이 수출품 100만 불어치를 생산하는 데 소요되는 자본 對 노동비율과 미국이 수입대체품 100만 불어치를 생산하는 데 소요되는 자본 對 노동비율을 비교해본 결과 수입대체품의 자본비중이 수출품의 자본비중보다 크다는 사실이 밝혀졌다.

3. 역설의 해석

(1) 미국 노동력의 우수성

이와 같이 레온티에프가 헥셔-올린 정리와 반대되는 결과를 얻게 된 데는 몇 가지 이유가 있다. 우선 그 자신이 제시한 이유는 미국의 노동력이 외국의 노동력보다 3배 정도 더 우수하기 때문에 미국은 자본이 풍부한 국가라고 하지만 사실 미국은 노동의 우수성 때문에 상대적으로 노동이 풍부한 나라라고 간주할 수 있다. 따라서 헥셔-올린 정리와 상충되기보다는 서로 부합된다고 설명한다. 그런데 이 같은 그의 설명도 문제가 있다. 미국 노동력의 우수성은 결국 인간자본에 기인하는데, 이와 같은 인간자본을 자본의 개념에 포함시킨다면 여전히 미국은 자본이 풍부한 나라이지 노동이 풍부한 나라라고는 볼 수 없는 것이다.

(2) 수출산업에서의 R & D

미국의 수출산업은 대개 기술집약적이다. 그래서 수출산업에 숙련노동자나 기술자들이 대거 참여한다. 그래서 수출산업에서의 인력이 차지하는 비중이 크게 나타난다. 그러므로 미국의 수출산업이 마치 노동을 많이 사용한 것으로 나타난다.

(3) 미국의 원자재 수입

미국은 수입품목 중 원자재 수입의 비중이 가장 크다. 그리고 수입된 원자재를 사용하여 수입대체품을 만들 때에 대개 자본이 많이 사용된다. 이러한 이유 때문에 미국은 수입대체산업의 자본비중이 크게 나타난다고 할 수 있는 것이다.

(4) 관 세

미국은 국내산업을 보호하기 위해서 관세를 부과하는데, 특히 산업에 대한 관세보호는 결코 무시할 수 없는 정도이다. 그래서 노동집약적 상품의 수입량은 그만큼 적을 것이다. 그리고 수입대체산업 전체에서 노동집약적 수입품목의 비중이 작기 때문에 미국 수입대체산업의 평균요소투입비율은 노동투입이 적은 방향으로 움직인다.

(5) 생산함수의 차이

헥셔-올린의 이론체계에서는 양국이 같은 생산기술을 사용한다고 가정한 것인데, 실제로 미국과 일본은 서로 다른 생산기술을 사용했을 가능성이 높다. 미국이 수입대체산업에서 쓰는 생산기술이 일본이 자기나라의 수출산업에서 쓰는 생산기술과 다른 경우 헥셔-올린 정리는 성립하지 않을 수 있다. 즉 미국이 만일 국내에서 수입대체상품을 만들 때 일본보다 자본을 더 많이 쓰는 생산기술을 택한다면 당연히 미국의 수입대체산업의 자본비중은 상대적으로 커질 수 있다.

제 2 절 대표적 수요이론(representative demand theory of international trade)

대표적 수요이론(representative demand theory of international trade)은 근대 무역패턴의 일부를 설명하기 위해 린더(S. Linder)가 주장한 이론이다.[2)] 한 국가의 비교우위는 그 나라의 대표적 수요에 의해 결정된다는 것이 본 이론의 핵심이다. 대표적 수요란 평균수요의 의미를 지닌다. 외국시장에서의 불확실성과 위험성을 감안하면 아무래도 국내시장에서의 수요가 튼튼해야만 수출하는 데 유리한 품목이 될 것이다. 수입품목 역시 국내수요에 의해 결정된다. 따라서 한 국가의 수출과 수입은 국내수요가 결정짓는다고 할 수 있다.

린더의 이론에 의하면 상대국의 수출은 상대국의 대표적 수요에 의해 결정되므로 자국의 수요유형과 상대국의 수요유형이 서로 비슷할수록 두 나라간의 무역가능성이 더 커진다. 바꾸어 말하면 두 나라의 소득수준이 비슷할수록 소비유형이 비슷할 것이고, 그렇게 되면 같은 산업에 속하는 재화라도 서로 교역될 수 있게 된다.

이 같은 린더의 思考는 그 후 제품주기설이나 產業內 무역이론의 생성에 큰 영향을 끼쳤다. 즉, 이러한 유사선호(Preference similarity)가설과 중복수요(Overlapping demands)가설에 입각해서 제조업에 있어서 국제간 산업내 무역이 선호와 소득수준이 유사한 국가들간에 가장 활발하게 발생하게 된다는 이론이 바로 린더 가설의 핵심이다.

이에 대한 구체적 예는 다음의 그림을 통해 제시되고 있다.

---

2) S. Linder, *An Essay on Trade and Transformation*, New York: Jhon Wiley & Sons, 1961. Ch. 3.

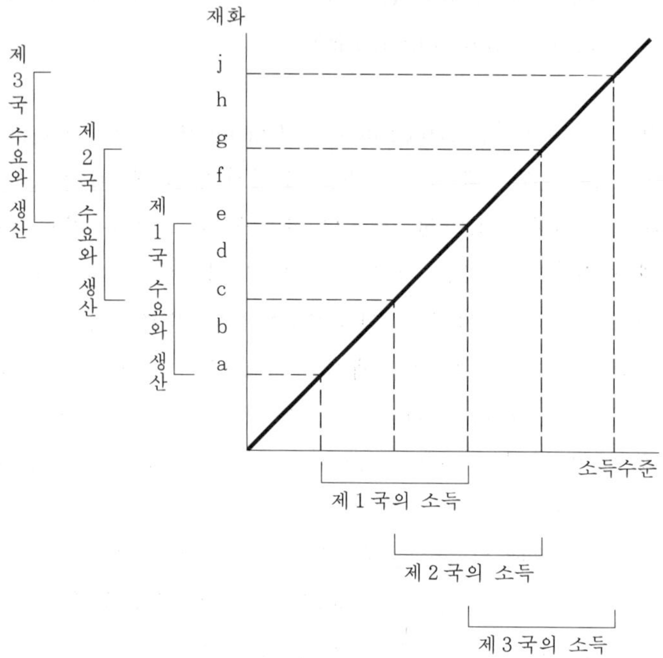

〈그림 6-1〉 린더모형에 있어서의 중복수요

〈그림 6-1〉과 같이 린더의 가설에 의하면, 각 국가들간에는 상품 수요와 소득수준에 있어서 서로 유사한 패턴을 보여주는 부분이 존재하게 된다. 그래서 제 1 국과 제 2 국간에는 재화 c, d, e가 서로 거래되게 되고, 제 2 국과 제 3 국간에는 재화 e, f, g가 거래되게 된다. 그리고 제 1 국과 제 3 국간에는 소득수준 e에서만 서로 동일한 수요를 나타내게 되어 e재화에 대해서만 무역이 이루어지게 된다.

이러한 린더의 이론은 유사(중복)선호를 가진 나라들간에 산업내 무역이 발생하게 된다는 것을 잘 설명해 주고 있으나, 구체적으로 어떤 나라가 어떤 제품을 수출하게 되는지에 대해서는 분명한 설명을 하지 못하고 있는 약점을 가지고 있다. 그러나 무엇보다 이 이론은 유사 선호와 유사 소득수준에 의한 산업내 무역의 발생에 대한 설명력 있는 이론이 되어주고 있다.

제 3 절 산업내 무역이론(intra-industry trade theory)

국가간 상품무역은 크게 산업간 무역(inter-industry trade)과 산업내 무역(intra-industry trade)으로 구분된다. 두 나라 사이에 교역되는 재화가 섬유와 자동차라면 이것은 섬유산업과 자동차산업이라는 다른 두 산업간의 재화교류이므로 산업간 무역으로 구분된다. 그러나 같은 자동차라도 만일 고급승용차와 소형승용차가 두 나라 사이에 교역된다면 이것은 같은 자동차산업내에 속하는 재화의 교역이므로 산업내 무역으로 분류된다.

산업내 무역에 대한 이론적 접근은 비교적 최근에 있은 일이지만 사실 현실적 문제로 부각된 것은 이미 오래 전의 일이라 할 수 있다. 무역이론이 처음 생성되는 때에는 단순한 모형부터 시작되므로 수많은 재화와 수많은 산업이 존재하는 가운데 두 가지 대표적 산업을 택할 때 두 가지 異種산업을 택하는 것은 당연한 일이다.

산업내 무역의 범주에 속하는 재화와 거래당사국을 면밀히 관찰하면 두 가지 사실이 지적될 수 있다. 첫째, 같은 산업이라 하더라도 재화의 특성을 구체적으로 살펴보면 소형승용차와 벤츠와 같은 고급승용차는 말이야 같은 자동차라 하지만 이 두 산업은 다른 산업으로 간주될 수 있다. 그래서 분류하는 사람이나 분류의 목적에 따라 산업내 무역일 수도 있고 산업간 무역일 수도 있다.

또 하나의 사실은 다음과 같다. 즉 산업내 무역이 발생하는 필요조건으로서 교역국의 소비구조가 서로 비슷해야 된다는 주장이 있는데 결국 두 나라의 소득수준이 비슷하면 두 나라의 소비구조도 서로 비슷하게 되는 경우가 많다. 그래서 산업내 무역은 선진국과 후진국간에 발생하기보다는 선진국간이거나 후진국간에 발생하는 경우가 많다고 할 수 있다.

이제 산업내 무역을 발생케 하는 구체적 요인들을 살펴보자.

상품차별화, 시간차별화, 기술격차, 국경무역, 국가별 소득분포의 차이가 산업내 무역을 결정짓는 5가지 요인으로 분류될 수 있다.

1. 상품차별화(product differentiation)

상품을 생산해내는 데 사용되는 기본요소는 같다고 할 수 있으나 최종수요자의 취향에 따라 모양이 달라질 수 있다. 즉 생산자는 소비자의 구매의욕을 북돋우기 위해 상품차별화를 시도한다. 이렇게 되면 근본적으로 同質상품이라도 두 나라 사이에 무역이 발생한다.

소형승용차와 대형고급승용차가 서로 오가고 하는 경우가 아니라도 고급승용차 중에서 독일은 벤츠를 미국에 수출하고, 미국은 캐딜락을 독일에 수출하는 산업내 무역이 발생한다.

상품차별화는 독점적 경쟁(monopolistic competition)의 시장구조하에서 일어나는 것으로 챔벌린(Chamberlin) 등이 일찍이 지적하기도 했다. 여기서 우리는 독점적 경쟁이 국내시장뿐 아니라 외국시장에도 적용되는 경우 산업내 무역이 발생하게 됨을 알 수 있다.

2. 시간차별화

시간이 경과함에 따라 소비행태가 달라지는 경우가 있다. 에어컨 등의 냉방기가 좋은 예가 된다. 비성수기 때는 수출하던 냉방기기를 성수기 때는 외국으로부터 수입하게 됨으로써 결국 산업내 무역이 발생하게 된다.

시간이 경과함에 따라 생산조건이 달라지는 경우도 있다. 농산품이 그 좋은 예다. 겨울에 농산품생산이 부족하여 외국으로부터 수입하는 경우가 있다. 따라서 연간무역통계에는 똑같은 상품의 수입과 수출이 동시에 나타나는 것이다. 따라서 산업내 무역이 일어나는 것이다.

이와 같은 상품의 기능이 기본적으로 같지만 시간에 의해 차별화되기 때문에 발생하는 산업내 무역을 週期性貿易(periodic trade)이라 부른다.

3. 기술격차

처음에는 국내생산기술이 우위에 있어서 어떤 상품을 생산하고 수출했으나 생대국이 보다 나은 생산기술을 개발함으로써 결국 자국이 수입하게 되는 경우가 발생한다. 이때 생산기술의 우위가 새로운 기술이나 혁신을 통해 가능할 수 있으며, 또 한편으로는 대량생산에 의한 규모의 경제로 인하여 가능해지기도 한다.

전형적인 기술의 격차는 선진국과 후진국간에 존재하기도 한다. 선진국에서 새로운 기술집약적 상품을 개발하여 수출을 시도하나 조만간 그 기술이 후진국으로 이전되어 보다 싼 값으로 생산되는 경우 무역의 흐름은 달라진다. 뒤에 설명되지만 버논(R. Vernon)의 제품주기설이 이 범주에 해당한다.

4. 국경무역

소비자의 거주지에 따라 상품의 수송비가 달라진다. 특히 소비자가 국경근처에서 거주하는 경우 교역의 흐름은 수송비 여하에 따라 결정된다. 예컨대 캐나다 국경에서 가까운 곳에 사는 미국인은 미국이 캐나다에 수출하는 미국 상품을 사지 않고 값이 훨씬 저렴한 캐나다 상품을 살 수도 있다. 단 캐나다 제품의 기능은 기본적으로 미국 제품의 것과 거의 같아야 한다. 이것은 미국 국경과 가까운 곳에 사는 캐나다 사람에게도 그대로 적용된다. 이와 같이 기능적으로 동질성을 가진 상품이 지리적 위치에 따라 차별화되기 때문에 발생하는 산업내 무역을 국경무역(border trade)이라고 한다.

5. 국가별 소득분포의 차이

산업내 무역에 대한 설명으로 Grubel 가설은 동종산업내 차별화된 제품이 교환되는 이유에 대해서 설명하고 있다. 그것은 각국의 생산자들은 자국의 '다수'의 기호에 맞추어 제품을 생산하게 되고, '소수'의 특정 계층의 기호를 충족시키기 위해서는 수입을 하는 것이 보다 더 효과적이고 능률적이기 때문이다.

〈그림 6-2〉를 통해 설명해 보면, 자본단위당 소득이 유사한 두 국가에서 총소득의 분포의 차이는 산업내 무역을 발생시킬 수 있다는 점이다. 즉 Ⅰ국은 보다 낮은 소득을 갖는 가계들에 보다 더 집중되어 있는 분포를 갖고 있고, Ⅱ국은 보다 더 보편적인 또는 한쪽으로 덜 치우친 분포를 갖고 있다. 이때 Ⅰ국에 있는 생산자들은 우선 Ⅰ국의 국민들의 소득규모를 고려하여 만족할 만한 제품의 종류를 생산할 것이다. 그래서 예를 들면 y_1과 y_2 사이의

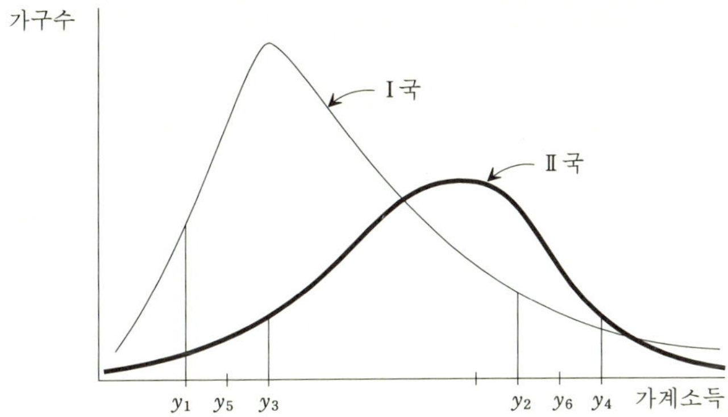

〈그림 6-2〉 소득분포차이에서 오는 산업내 무역

소득을 갖는 소비자들을 만족시키는 제품의 종류를 생산할 것이다. II국도 마찬가지로 y_3와 y_4 사이에 가장 많이 분포해 있는 소비자들을 고려하여 그들을 만족시킬 수 있는 제품의 종류를 생산하게 된다. 그렇다면 이때 I국의 소비자들 중 소수에 해당되는 고소득 계층 예컨데 y_6와 II국의 소수의 저소득 계층 y_5의 수요는 어떻게 충족되어질 수 있을까?

이 소수의 소비자들은 그들의 기호를 충족시키기 위해서 결국 다른 나라에서 생산된 재화를 구매하게 되는데, 이는 자국의 기업들은 이 소수의 소비자를 만족시킬 재화를 생산하지 않기 때문이다. 따라서 이 두 국가간에는 산업내 무역이 발생하게 된다.

〈참고 6-1〉 H.G. Grubel 가설의 산업내 무역측정지수

그루벌과 로이드 두 경제학자는 선진공업국간에 이루어지는 무역량의 50% 정도는 동종산업내에서 차별화된 제품의 교역이 차지하고 있다고 추정한 바 있다. 그리고 제품차별화가 일반화 되지않은 개발도상국과 농산물의 경우에는 이 추정치가 더 작게 나타났음을 실증분석했다. 이들은 일정 산업에서의 산업내 무역의 정도를 파악할 수 있는 지수를 제시하고 있는데, 그 지수는 다음과 같다.

$$B_i = \left[1 - \frac{|X_i - M_i|}{X_i + M_i}\right]$$

여기서 B_i는 특정산업의 산업내 무역지수를 가리킨다. 그래서 만약 $X_i = M_i$이면, 결국 $B_i = 1$이 되어서 이 산업의 모든 무역은 산업내 무역이 차지하고 있는 것을 의미하게 된다.

M_i만 0이거나 X_i만 0인 경우에는 $B_i = 0$이 되어서, 이 산업내에서는 산업내 무역이 전혀 존재하지 않게 되고, 산업간 무역만이 존재하게 됨을 의미하게 된다. 그리고 수출, 수입이 모두 존재하는 경우에는 수출액과 수입액 중 어느 것이 많은가에 따라서 $0 < B_i < 1$이 된다. 따라서, 수출액과 수입액의 격차가 클수록 B_i의 수치는 작게 되고, 그만큼 산업내 무역의 비중도 적어지게 된다. 이렇듯 그루벌과 로이드의 지수를 이용하면 국가간의 산업내 무역의 정도를 파악할 수 있다.

6. 틴버겐의 무역중력의 법칙

산업 내 무역지수는 특정재화의 산업 내 무역의 정도를 나타내지만 막상 전체무역에 대해서는 아무런 정보를 주지 못한다. 그러나 중력방정식(gravity equation)은 이 문제를 해결해 준다. 중력방정식은 노벨경제학상을 받은 네덜란드 경제학자 틴버겐(Tinbergen)이 처음 제시하였다. 물리학에도 조예가 깊은 틴버겐은 뉴턴(Newton)의 만유인력의 법칙을 국가 간 무역에 적용하였다. 두 물체가 서로 가까이 있을수록 또는 두 물체의 질량이 무거울수록 두 물체 간의 끌어당김이 더 강하게 작용한다는 것이다. 이런 법칙을 양국간의 무역에 적용하여 양국 간 거리가 가까울수록 그리고 양국의 경제규모가 클수록 양국 간의 무역규모가 커진다고 틴버겐은 주장한 것이다.

뉴턴의 만유인력의 법칙은 (1)식과 같이 나타낼 수 있다.

$$F = A\left(\frac{M_1 \cdot M_2}{d^2}\right) \quad \cdots\cdots\cdots (1)$$

여기서 F는 두 물체 간 작용하는 중력의 힘을 가리키며 M_1과 M_2는 두 물체를 가리킨다. 그리고 d는 두 물체 간 거리를 나타내며 A는 상수이다. (1)식을 근거로 틴버겐의 무역중력의 법칙은 (2)식으로 나타낼 수 있다.

$$T = B\left(\frac{GDP_1 \cdot GDP_2}{d^2}\right) \quad \cdots\cdots\cdots (2)$$

여기서 B는 상수, GDP_1과 GDP_2는 두 나라의 경제규모를 가리키며 d는 두 나라 사이의 거리를 나타낸다. 그러므로 틴버겐의 무역중력법칙은 두 나라 간 거리가 가까울수록 교역량이 많을 것이며 두 나라의 GNP 규모가 클수록 교역량이 늘어날 것이라는 사실을 가리킨다.

참고문헌

Baldwin, Robert E., "Determinants of the Commodity Structure of U. S. Trade," *American Economic Review*, March 1971.

Grubel, H. G. and P. J. Lloyd, "Intra-Industry Trade: The Theory and Measurement of International Trade in Differentiated Products," 1975.

Harkness, Jon and John F. Kyle, "Factors Influencing United States Comparative Advantage," *Journal of International Economics*, May 1975.

Leontief, Wassily W., "Domestic Production and Foreign Trade: The American Capital Position Reexamined," *Economic International*, February 1954.

제 7 장

기술과 무역패턴

제 7 장 기술과 무역패턴

제 1 절 배 경

여태껏 헥셔-올린 모형에서는 생산기술은 쉽게 그리고 비용없이 국경을 넘을 수 있어서 무역을 하는 두 나라는 원한다면 언제든지 동일한 기술에 접할 수 있을 뿐만 아니라 이 기술을 자국의 요소부존의 사정에 따라 적절히 사용할 수 있다고 전제하였다. 그러나 실제에 있어서는 기술을 습득하거나 기술을 도입하는 것은 엄청난 비용이 들 뿐 아니라 비용의 유무에 관계없이 기술도입이 불가능한 경우도 많다. 그럼에도 불구하고 두 나라가 동일한 기술을 습득하거나 도입할 수 있다고 가정한 것은 요소부존의 차이를 부각시켜 무역패턴, 즉 어느 국가가 무슨 재화를 수출하는가를 규명하기 위해 분석편의의 목적으로 가정한 것이었다.

이제는 우리의 분석을 좀더 현실상황에 맞추어 전개해보고자 한다. 만일 두 나라의 기술수준이 서로 다르다면 무역패턴이 어떻게 달라질까? 다시 말해서 국가간의 상이한 생산기술이 실제의 무역패턴을 어느 정도 설득력 있게 설명할 수 있는지 알아보자.

우선 기술이 무역패턴에 영향을 주는 데는 두 가지 요소가 있다. 하나는 생산에 있어 규모의 경제성 존재 여부이며, 또 하나는 두 나라 사이 기술격차의 존재 여부이다.

제 2 절 규모의 경제와 비교우위

생산규모가 확대됨에 따라 평균비용과 한계비용이 점점 줄어드는 현상을 규모의 경제(economies of scale)라 한다. 규모의 경제를 누리는 산업은 그만큼 국제경쟁력을 향유할 수 있게 되며, 또 그 산업이 생산해내는 상품이 해외로 수출된다. 규모의 경제성을 초래하는 데는 두 가지 요소가 있는데, 하나는 대형상품의 생산과 관련하여 대규모 시설이나 공장으로 인한 고정비용이 클 때 생산량이 많아질수록 평균비용이 감소하게 된다. 또 하나는 생산기술상 같은 규모의 생산요소를 투입해도 보다 많은 수량의 상품을 생산해내는 경우가 있다.

〈그림 7-1〉 (a)에서 A, B, C 세 점을 통과하는 곡선은 총비용곡선이다. 생산이 전혀 없어도 OA만큼의 총비용이 든다는 것은 공장이나 시설물 등으로 인한 고정비용 때문이라는 사실을 의미한다. 생산량이 OQ_1수준일 때, 총비용이 BQ_1이므로 평균비용은 삼각형 BOQ_1의 기울기 $\alpha+\beta$로 나타내진다. 그러나 생산량이 OQ_1에서 OQ_2로 증가하면 평균비용은 기울기 β로 나타나는데, 그림에서 기울기 β는 $\alpha+\beta$보다 작다.

이와 같이 총비용곡선에서 평균비용곡선이 도출될 수 있는데 〈그림 7-1〉 (b)가 이를 보여준다. 〈그림 7-1〉 (b)에서 생산량이 OQ_1일 때 평균비용은 bQ_1인데, 이것이 바로 〈그림 7-1〉 (a)의 $\alpha+\beta$에 해당한다. 같은 방식으로 〈그림 7-1〉 (a)에서 OQ_2일 때 평균비용은 CQ_2이며, 이것은 〈그림 7-1〉 (a)의 β에 해당한다. 이로써 생산규모가 증가하면서 평균비용이 감소하게 되는 경우 이를 규모의 경제라고 부른다. 〈그림 7-1〉 (b)에서 한계비용곡선은 그려져 있지 않으나 평균비용곡선이 하향할 때는 특징상 평균비용곡선

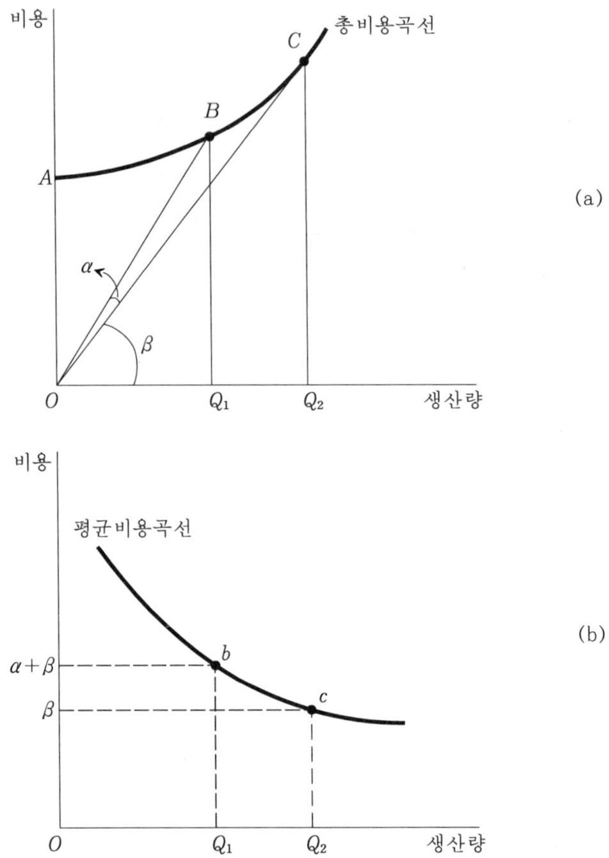

〈그림 7-1〉 총비용곡선과 평균비용곡선

아래에 위치한다. 그 이유는 미시경제학의 기초이론에서 다루어지므로 여기서는 되풀이하지 않기로 한다.

이제는 생산기술의 차원에서 생산요소와 생산물의 관계를 통해 규모의 경제 여부를 확인해보자. 〈그림 7-2〉 (a)에서 세 개의 등량선이 그려져 있다. A점은 10단위의 자본과 20단위의 노동으로 100단위 X재를 생산하고 있음을 보여준다. 이제 B점은 자본

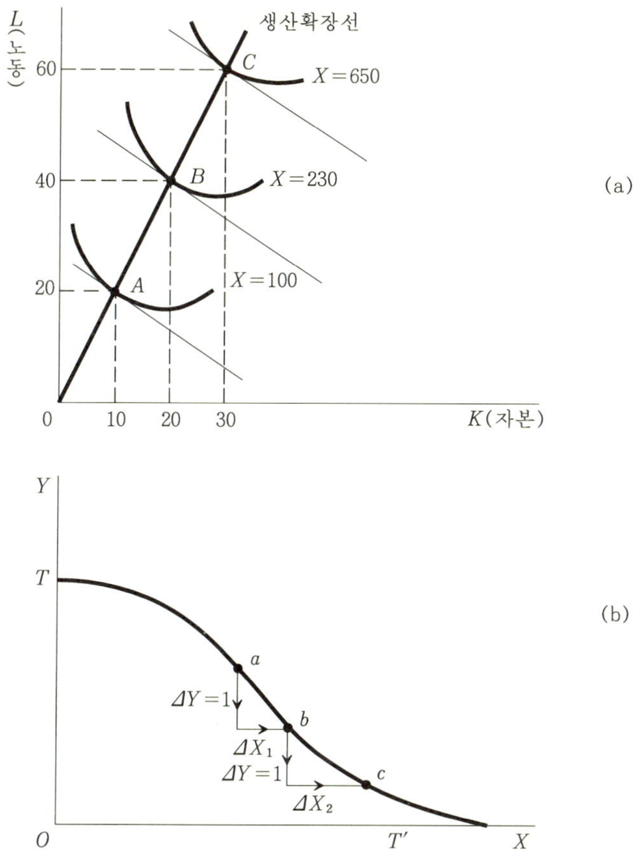

〈그림 7-2〉 규모의 경제와 생산가능곡선

과 노동의 투입량을 각각 2배로 증가하여 X재를 230단위 생산하고 있음을 보여준다. 이것은 생산요소는 2배 증가한 데 비해 생산량은 2배 이상으로 증가하였다는 사실을 의미한다. 만일 A점에서 C점으로 생산량을 증가시킬 때, 역시 생산요소는 3배로 증가하는 데 비해 생산량은 650단위로서 6배 이상 증가하는 사실을 보여준다. 이런 현상이 발생할 때 규모의 경제성이 작용한다고 말

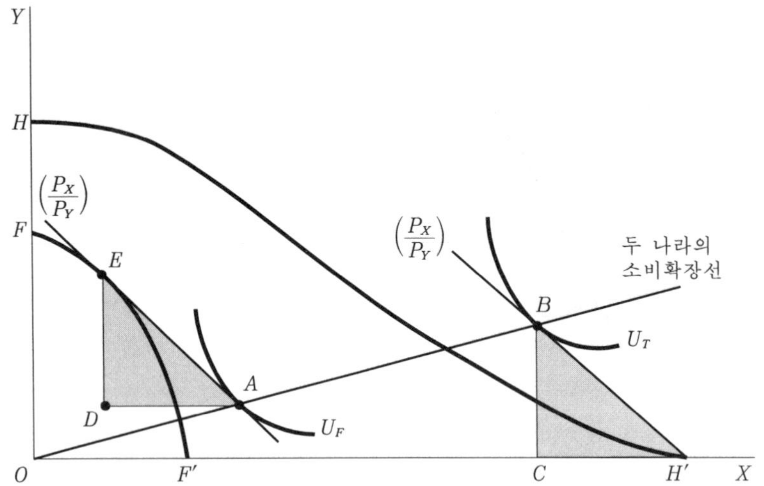

〈그림 7-3〉 규모의 경제와 무역패턴

한다.

이같이 X재의 생산에 있어 규모의 경제가 존재한다고 할 때 X재와 Y재의 생산가능곡선은 〈그림 7-2〉 (b)에서 TT'곡선으로 주어져 있다. a점에서 b점으로 생산점이 옮겨가는 과정에서 Y재 생산을 줄여야만 X재의 증산이 가능하다는 사실을 우리는 알 수 있다. 즉 Y재 1단위 줄일 때 X재 ΔX_1의 증산이 가능하다. 그런데 b점에서 c점으로 계속 X재를 증산하고자 할 경우 또한 Y재 1단위를 추가적으로 감소시킬 때 X재의 추가적 생산은 ΔX_2인데, 이 그림에서 $\Delta X_2 > \Delta X_1$이 성립함을 우리는 알 수 있다. 즉 같은 양의 요소를 사용해도 생산기술상 이렇게 되면 평균비용이 생산규모의 확대와 함께 줄어든다는 결론이 나온다.

이제 〈그림 7-3〉을 통해서 X재 생산에 규모의 경제를 누리는 자국과 Y재 생산에 비교우위가 있는 외국과의 무역관계를 알아보자. 두 나라는 국제시장에서 (P_X/P_Y)의 가격비율에 당면하며, 자국은 CH'만큼 X재를 외국에 수출하고 BC만큼의 Y재를 외국으로부터 수입한다. 한편 외국은 AD만큼 X재를 자국으로부터 수입하고 DE만큼 Y재를 수출한다. 이때 무역삼각형 ADE와 BCH'는 서로 일치한다.

자국은 X재에 규모의 경제가 작용함으로써 생산가능곡선은 HH'곡선이 되며, 외국의 생산가능곡선은 FF'가 된다. X재와 Y재의 상대가격선이 그림에서처럼 주어지면 다른 조건은 변함이 없다고 할 때 자국은 H'점에서 완전특화하게 된다. 분석편의상 두 나라의 기호가 일치한다고 가정할 경우 두 나라의 소비확장선은 원점으로부터 A점과 B점을 연결하는 선분으로 나타나고 두 개의 가격선은 서로 평행하다. 그래서 두 나라의 소비확장선은 서로 일치한다. 따라서 자국과 외국은 U_T와 U_F의 후생수준을 각각 누리게 된다.

제 3 절 기술격차와 무역패턴

헥셔-올린 모형에서 가정하는 것과는 달리 두 나라 사이에 기술격차가 존재하는 경우 어떤 나라든 기술이 우월한 분야에 대해 비교우위를 갖게 된다. 그런데 기술격차는 시간이 경과해도 간격이 좁혀지지 않는 경우가 있는가 하면 시간이 경과함에 따라 기술이전이 활발하여 수출입구조가 크게 변동하는 경우도 있다.

예컨대 기술선진국에서 새로운 상품을 개발하였을 때 자국정부는 기술특허법 등에 의해 자국기술이 해외에 유출되는 것을 방지하고자 한다. 이런 경우는 후진국이 웬만큼 기술용역대금을 지불할 의사가 있어도 신기술을 습득하기가 힘들다.

〈그림 7-4〉에서 우선 선진국인 A국과 후진국 B국의 생산가

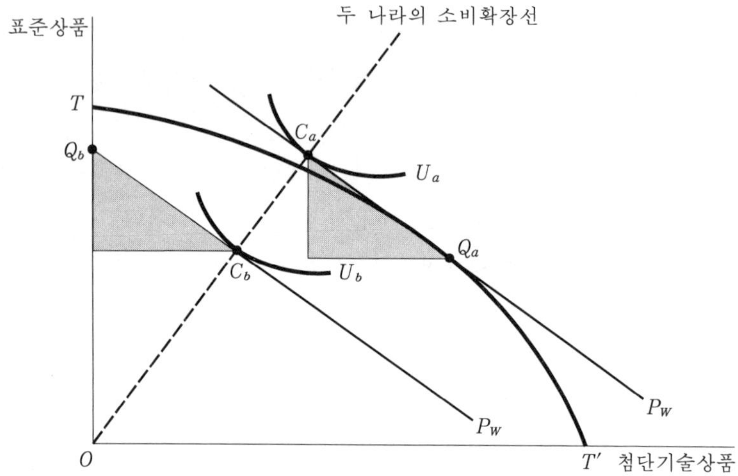

〈그림 7-4〉 첨단기술의 개발과 무역패턴

능곡선부터 먼저 확인해보자. 모든 재화를 첨단기술상품과 표준상품으로 구별한다면 TT'는 선진국의 생산가능곡선을 나타낸다. 즉 선진국의 모든 가용자원을 첨단기술상품만 제조하는 데 사용한다면 OT'가, 그리고 표준상품만 제조한다면 OT 단위가 각각 가능한 최대생산단위가 된다. 이에 반해 후진국은 모든 자원을 동원하면 OQ_b 만큼의 표준상품은 제조할 수 있어도 첨단기술상품은 전혀 생산할 수 없다고 가정했을 때 후진국의 생산가능곡선은 한 개의 점으로 나타나게 되는데 Q_b 점이 바로 후진국의 생산가능점이 된다.

두 나라가 국제가격선 P_W를 당면하게 되는 경우 선진국은 Q_a 점에서 생산하고 C_a 점에서 소비하여 U_a 수준의 후생을 누린다. 한편 후진국은 모든 자원을 사용하여 OQ_b 단위의 표준상품을 생산하고 C_b 점에서 소비하여 U_b 수준의 후생을 즐긴다. 이로써 비록 후진국의 생산가능곡선이 Q_b 에 불과하더라도 두 나라간의 무역삼각형이 존재하여 두 나라 모두 무역의 이점을 누릴 수 있다.

그런데 선진국과 후진국 사람들간의 기호는 일치한다고 가정하고 있다. 〈그림 7-4〉에서 두 나라 국민의 기호는 일치한다고 가정하고 있다. 왜냐하면 원래 두 나라 국민의 기호가 다르면 그 자체만으로도 교역이 생겨날 조건이 성립하기 때문이다. 그래서 여기서는 설사 두 나라 국민의 기호가 같다 하더라도 생산가능곡선의 차이점에 의해 교역의 이점이 존재하고 있음을 나타내고 있다. 〈그림 7-4〉는 두 무역삼각형의 크기를 같게 함으로써 두 나라는 무역균형을 이루고 있음을 보여주고 있다.

이제는 일단 기술격차가 존재하더라도 시간의 경과에 따라 이 격차가 없어지면서 양국간의 무역구조가 변동되는 경우를 고찰해보자. 이 경우를 문헌에서는 제품수명주기설(product life cycle theory)로 통한다.

〈그림 7-5〉에서 t_0시점 조금 전 미국에서 특정 X재화가 처음으로 발명되었고, t_0시점부터는 대량생산을 시작하였다고 하자. 미국에서의 X재 생산은 a점까지 점점 늘어나다가 a점을 지나고부터는 생산은 급격히 줄어들게 된다. 그 이유는 무역상대국인 일본이 t_2시점부터 X재의 생산기술을 모방하여 대량생산에 돌입하기 때문이다. 그리하여 t_3시점부터 일본은 오히려 X상품을 미국으로 수출하게 된다.

t_0at_4곡선은 미국의 생산곡선을 나타내며 여기서 미국의 국내소비를 除한 t_1bt_3곡선은 미국의 수출곡선을 나타낸다. 한편 일본의 생산가능곡선은 t_2d곡선이 되며, 일본의 생산에서 일본인의 소비를 除한 t_3c곡선이 일본의 수출곡선이 된다. 여기서 빗금친 영역이 일본인의 수출을 나타낸다.

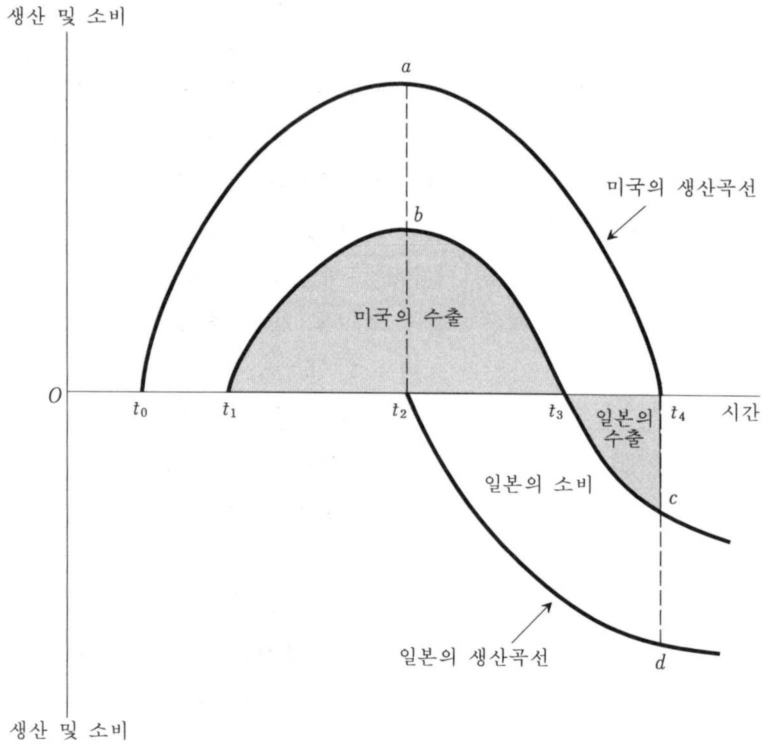

〈그림 7-5〉 제품주기

제 4 절 이종기술과 다재화생산

핵셔-올린 모형에서는 2國, 2財貨, 2要素의 틀 속에서 세계 어느 나라든지 원하기만 한다면 똑같은 생산기술에 접할 수 있다고 가정하였다. 그러나 실제로는 정보의 상품화와 학습효과 등으로 인하여 교역당사국들간에 사용되는 생산기술은 모두 다르다고 간주하는 것이 안전하다. 그리고 재화의 수도 2개 재화에 한정시

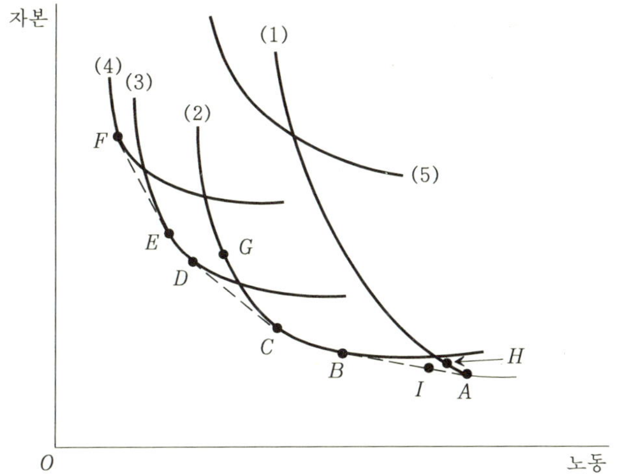

〈그림 7-6〉 단위가치등량선과 생산패턴

키는 것보다 3개 이상의 재화를 고려하는 것이 보다 현실적이다.

그래서 본 절에서는 각국마다 기술수준이 조금씩 다르고 또 재화의 수도 3개 이상을 전제로 하여 요소가격의 변동이 무역패턴에 어떤 영향을 주는지 살펴보기로 한다. 이를 위해 우선 단위가치등량선(unit-value isoquants)의 개념을 도입하기로 한다. 단위가치등량선이란 1달러가치 또는 1원가치만큼의 재화를 생산하는데 필요한 자본과 노동의 모든 가능한 조합점들을 나타낸다.

〈그림 7-6〉에서 괄호 안의 아라비아숫자는 각기 다른 재화의 종류를 나타낸다. 같은 재화의 등량선은 서로 교차할 수 없으나 다른 재화의 등량선끼리는 교차해도 상관없다. 그런데 단위가치등량선의 특징의 하나는 재화의 시장가치 변동이 등량선의 위치를 바꾼다는 점이다. 예컨대 개방된 시장에서 제3재화의 국제가격이 2배로 상승하였다고 한다면 단위가치등량선은 원래의 위치에서 원점을 향하여 정확하게 중간지점의 위치로 움직인다.

〈그림 7-6〉은 다음 몇 가지 사실을 보여준다.

첫째, 어떤 재화들은 저급한 생산기술 때문에 요소가격의 변동에 관계없이 세계 어디서든지 생산되지 않는다. 예컨대 제 1 재화나 제 5 재화는 다른 재화에 비하여 1달러가치의 생산을 위해 너무나 많은 노동과 자본을 사용해야 하므로 실제 생산으로 연결되지 않게 마련이다.

둘째, 어떤 요소와 배합은 전혀 가능하지 않기도 한다. 예컨대 제 2 재화의 등량선상에 있는 G점이나 제 1 재화 등량선상의 H점은 실제요소의 배합점으로 선택되지 않는다.

만일 자본과 노동의 상대가격비율이 선분 AB보다 완만할 경우 요소부존이 허용하는 범위에서 제 1 재화만이 생산된다. 그러나 노동의 상대가격이 선분 AB로 나타나는 경우 제 1 재화뿐만 아니라 제 2 재화도 동시에 생산될 수 있다. 단 요소부존상태가 이를 허용할 수 있어야 한다. 어쨌든 노동의 상대가격이 CD, EF 순서로 상승할 때 생산은 제 3 재화, 제 4 재화 순으로 달라진다. 그러나 H점이나 G점 같은 요소조합은 가능한 생산점이 못 된다.

자국의 요소의 평균부존비율이 I점으로 나타난다면 제 1 재화와 제 2 재화의 동시생산이 가능하다. 만일 노동 1단위당 평균자본부존비율이 증가하면 이에 따라 생산패턴이 달라지는데 이런 현상을 〈그림 7-7〉을 통해서 살펴보자. 〈그림 7-7〉은 〈그림 7-6〉을 근거로 하며, 노동의 상대가격이 상승함에 따라 단위노동당 자본비율이 높아지는 것을 보여준다. 등량선이 한 개인 경우 요소가격비율과 요소사용비율의 관계를 나타내는 곡선은 대개 우상향하나 〈그림 7-7〉에서처럼 재화의 단위가치등량선이 여러 개 있을 경우에는 몇 개의 수평선이 사이사이에 존재하게 된다.

예컨대 요소가격선이 〈그림 7-6〉의 AB선분으로 나타나는 경우 요소의 평균부존비율이 선분 AB상에 있는 한 제 1 재화와 제

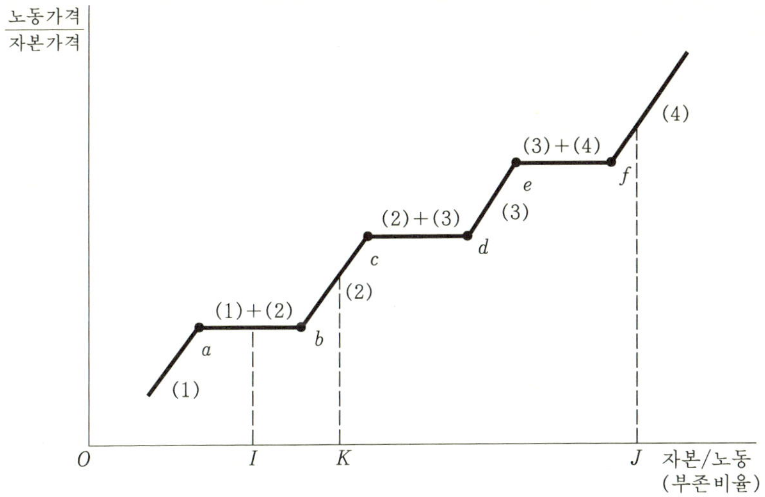

〈그림 7-7〉 요소의 평균부존비율과 생산패턴

2 재화의 동시생산이 가능하다. 따라서 〈그림 7-7〉의 수평선 *ab* 선분이 이에 해당한다. 마찬가지로 〈그림 7-6〉에서 요소의 상대가격선분이 *CD*와 *EF*일 때 〈그림 7-7〉에서는 *cd*와 *ef*의 두 개의 수평선부분이 존재하는 것이다.

실제로 어떤 재화가 생산되느냐의 문제는 자국의 요소부존에 달려 있는데, 특히 여기서는 요소의 평균부존비율이 결정적인 역할을 한다. 예컨대 〈그림 7-7〉에서 자국의 단위노동당 자본부존비율이 *I*인 경우 자국은 제 1 재화와 제 2 재화를 동시에 생산할 수 있다. 그러나 자본부존비율이 *J*로 증가하면 제 4 재화를 생산하게 되는 것이다.

이와 같은 3개 이상의 재화를 놓고 어떤 나라가 어떤 재화를 생산하며 수출할 것인가는 각국의 소비패턴에 달려 있지만 동시에 생산기술에 있어서의 요소집합도와 요소의 평균부존비율에도 달려 있다.

앞서 제 5 장에서 자유무역은 양국간 재화가격을 균등하게 하며 이것은 또한 생산요소가격을 균등하게 한다고 설명하였다. 그러나 양국간 기술이 다르거나 요소반전이 있는 경우 생산요소가격은 균등화 될 수 없음도 지적하였다.

그런데 다재화생산의 경우 비록 기술이 양국간 동일하다 하더라도 요소가격이 반드시 균등화되지 않는 경우가 있는데 왜 그러한지 알아보자. 〈그림 7-7〉에서 I 점은 자국의 요소부존비율을 K 점은 외국의 요소부존비율을 나타낸다고 가정하자. 그러면 자국은 제 1 재화와 제 2 재화를 생산하고 외국은 제 2 재화만 생산하게 된다. 이렇게 하여 자국과 외국은 공통적으로 제 2 재화를 생산하지만 외국은 자국보다 좀더 자본집약적인 방법으로 제 2 재화를 생산한다. 따라서 외국의 임금은 자국의 임금보다 높은 것으로 나타나서 요소가격의 균등화는 이루어지지 않는다.

제 5 절 다재화생산과 비교우위

앞 절에서는 여러 재화가 존재하는 경우 단위가치등량선의 개념을 빌어 자본·노동의 부존비율에 따라 한 나라에서 생산특화가 이루어진다는 사실을 설명하였다.

본절에서는 역시 여러 재화가 존재하는 경우 두 나라의 무역패턴이 어떻게 결정되는가를 설명한다. 즉 두 나라의 임금비율 여하에 따라 양국의 수입과 수출이 결정되고 있음을 보여준다.

내용은 조금 복잡하지만 그러나 독자가 조금의 인내심을 가지면 그 과정을 이해하는 것은 그리 어렵지 않다. 여전히 여기서도 2개 나라만 대상으로 하여 이 세계에는 자국(自國)과 외국(外國)이 존재한다고 가정한다. 그리고 이 두 나라는 상품 1부터 상품 N까지의 N개의 다른 재화를 놓고 어떤 상품을 생산하고 수출할 것인가를 결정한다고 가정한다.

앞서 리카르도(D. Ricardo)모형에서는 무역의 이익을 논할 때 분석을 단순하게 하기 위해 1개의 생산요소를 가정하였다. 그러나 실제로는 노동, 자본, 토지 등 여러 가지 생산요소가 있다. 그래서 노동이라는 1개의 생산요소만 다루는 모형을 리카르도 모형이라 불리운다. 국내에서 1개의 재화를 생산하는 데 필요한 노동단위를 a_i로 표시하자. 여기서 i는 1부터 N까지의 상품을 나타낸다. 그래서 예컨대 a_7은 국내에서 상품 7을 1개 생산하는 데 들어가는 노동량을 나타낸다. 마찬가지로 a_7^*은 같은 상품 7을 외국에서 생산하는 데 투입되는 외국의 노동량을 나타낸다.

이제 자국과 외국의 노동 질이 우선 같다고 가정한다. 그런데 이 가정은 문제가 조금 있을 수 있다. 노동의 질은 나라마다 일률적으로 같다고 보기 힘들기 때문이다. 그럼에도 불구하고 그런 가정을 하는데에는 그만큼 이점이 있기 때문이다. 간단한 가정을 사용하나 결국에는 여러 가지 중대한 결론을 끌어낼 수 있는 분석상의 이점이 있기 때문이다. 두 나라간의 노동의 질이 다른 경우 자국의 노동과 외국의 노동간에 일정한 비례관계가 성립한다고 하면 두 나라간의 노동의 질이 서로 다르다 하더라도 체계적인 분석은 여전히 가능해진다.

상품 1부터 상품 N까지 각 상품을 자국과 외국에서 생산하는 데 투입되는 노동량이 얼마인가에 대한 정보를 우리가 가지고 있다고 가정한다.

이때 자국의 입장에서 보면 외국보다 각 상품을 생산하는 데 들어가는 노동량이 적을수록 유리하다. 이렇게 되면 생산기술에 있어 $a_i < a_i^*$가 성립하는 범위 내에서 자국은 상대국에 비해 경쟁력을 지니게 된다.

이제 생산기술에 대한 정보를 이용하여 상품 1부터 상품 N까지 상품의 번호를 정함에 있어 하나의 쉬운 방법을 택하도록 한다. 그것은 각 상품에 대해 두 나라의 노동사용량 비율을 계산하여 순서대로 나열하는 것이다. 자국의 노동사용량을 분모로 하고, 외국의 노동사용량을 분자로 한 a^*/a 비율을 이 가장 큰 것부터 순서대로 나열하고 그 비율이 가장 큰 상품이 상품 1, 그리고 그 비율이 가장 작은 상품을 상품 N이라고 결정한다. 그러면 다음과 같이 식 (1)이 성립한다.

$$a_1^*/a_1 > a_2^*/a_2 > \cdots > a_N^*/a_N \qquad \cdots\cdots\cdots (1)$$

〈그림 7-8〉에서와 같이 다수재화의 존재의 경우 자국과 외국의 노동사용량비율과 임금비율이 주어지면 양국이 생산하고 수출하는 상품의 종류가 결정된다. 만일 $\frac{w}{w^*} = \frac{a_7^*}{a_7}$이 성립하면 자국은 상품 1부터, 상품 7까지 생산할 수 있으며, 외국은 상품 7부터 상품 N까지 생산할 수 있다.

〈그림 7-8〉에서 보는대로 노동사용량비율이 가장 큰 a_1^*/a_1 비율은 상품 1과 연결되고 노동사용량비율이 가장 작은 a_N^*/a_N 비율은 상품 N과 연결되며 〈그림 7-8〉의 D곡선을 통해 상품 1은 자국이 생산하고 상품 N은 외국이 생산함이 좋다는 사실을 우리는 직관적으로 알 수 있다. 그러나 구체적으로 그 가운데 어느 상품까지 자국이 그리고 나머지 상품은 외국이 생산하게 되는지 알기 쉽지 않다.

그것을 알기 위해서는 더 많은 정보가 필요하다. 즉 생산기술 이외에 생산비용에 대한 정보가 추가적으로 더 필요하다는 것이다. 여기서 우리는 노동만이 유일한 생산요소라고 일단 가정하였으므로 노동에 지급한 임금비용이 총생산비용을 대신한다고 볼 수 있다.

이제 상품 1을 생산하는 데 있어 자국과 외국의 생산비용은 각각 wa_1과 $w^*a_1^*$가 된다. 이때 만일 자국의 생산비용이 외국보다 싸면, 즉 式 (2)가 성립하면 상품 1은 자국이 생산하게 된다.

$$wa_1 < w^*a_1^* \qquad \cdots\cdots\cdots (2)$$

式 (2)를 다시 정리하면, 式 (3)이 된다.

$$\frac{w}{w^*} < \frac{a_1^*}{a_1} \qquad \cdots\cdots\cdots (3)$$

式 (3)에서 보는 바와 같이 자국과 외국의 임금비율이 양국의 노동사용량비율보다 작으면 자국이 상품 1을 생산한다. 이제 양국의 임금이 일정수준에 있다고 가정하고 양국의 임금비율이 상품 2의 노동사용량비율 보다 작으면, 즉 式 (4)가 성립하면 역시 상품 2는 자국이 생산하게 된다.

$$\frac{w}{w^*} < \frac{a_2^*}{a_2} \qquad \cdots\cdots\cdots (4)$$

이런 식으로 계속 임금비율을 각 상품의 노동량비율과 비교하다가 마침내 임금비율이 상품 7의 노동사용량비율과 같아지고 상품 8부터는 임금비율이 오히려 상품의 노동사용량 비율을 능가하게 되면 자국은 상품 1부터 상품 7까지만 생산하게 된다. 나머지 상품 7부터 상품 N까지는 외국이 생산하게 된다. 상품 7은 한계점에 해당되는 상품으로서 자국이나 외국 모두 생산할 수 있다.

〈그림 7-8〉에서 보는 바와 같이 만일 임금비율인 w/w^*가 노동사용량비율인 a_7^*/a_7과 같아지면 자국은 상품 1에서 상품 7까지 7개 종류의 상품을 생산하고 수출할 수 있게 된다.

이제 외국의 노동생산성이 자국보다 모든 상품생산에 있어서 일률적으로 높아졌다고 가정하자. 그러면 〈그림 7-9〉에서와 같이

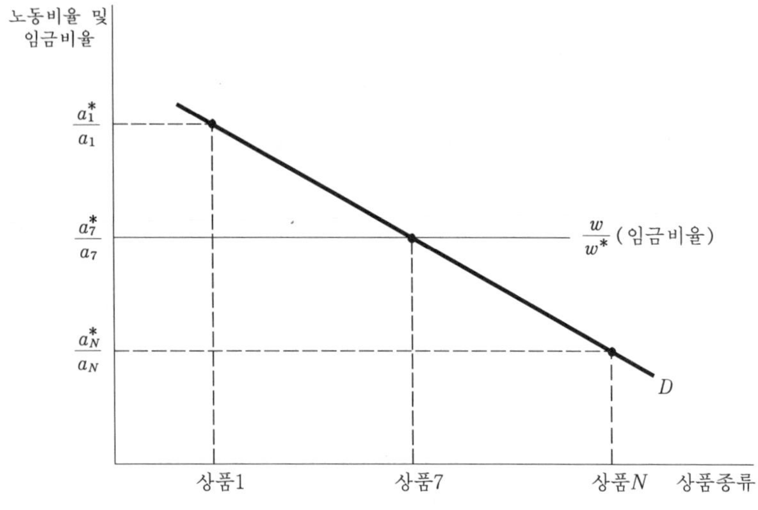

〈그림 7-8〉 다수재화의 경우 특화상품의 결정

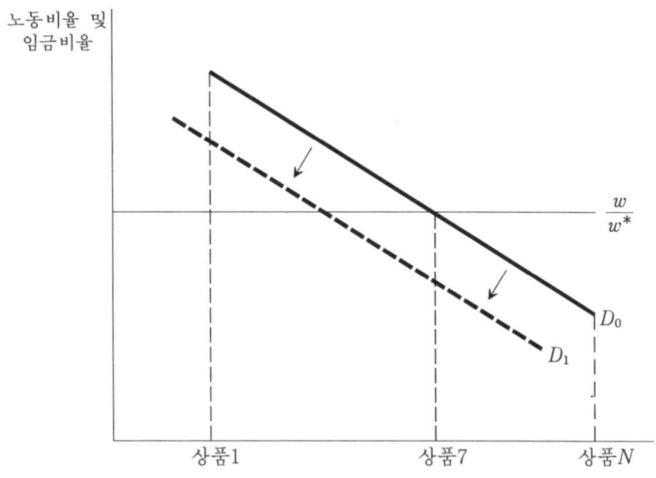

〈그림 7-9〉 외국노동생산성 증가의 무역패턴효과

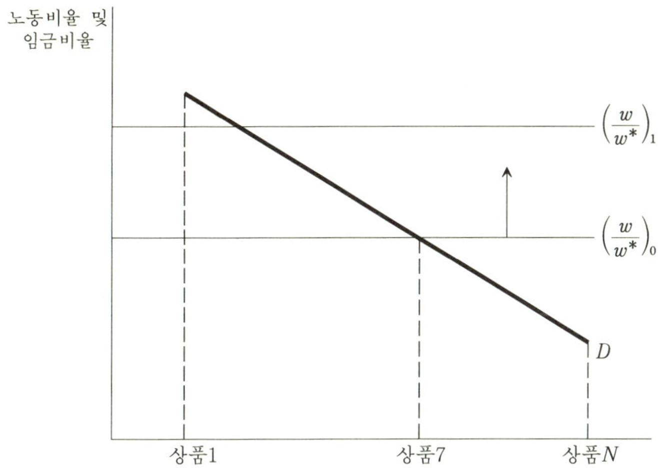

〈그림 7-10〉 自國임금비용상승의 무역패턴효과

D곡선은 D_0에서 D_1로 이동한다. 이렇게 되면 자국이 국내에서 생산하는 상품의 종류는 7가지보다 작게 된다. 이같은 결과는 직관적으로도 옳다는 사실을 우리는 알 수 있다. 구체적으로 어떤 상품이 경계선에 있게 될지는 임금비율과 노동사용량비율에 달려 있다.

그러면 이제 임금비율이 달라지는 경우를 분석해 보자. 자국의 임금이 갑자기 높아졌다고 가정하자. 이것은 곧 자국의 임금비율인 $\frac{w}{w^*}$을 높이는 결과를 가져온다. 따라서 〈그림 7-10〉에서와 같이 국내에서 생산되는 상품의 수는 줄어들게 된다. 임금은 여러 가지 요인에 의해 영향을 받는다. 그러나 어떤 요인의 영향을 받든 양국간의 임금비율과 노동사용량비율이 무역의 패턴을 결정짓는다는 결론을 본 모형을 통해 우리는 도출할 수 있다.

참고문헌

Caves, Richard E. and Ronald W. Jones, *World Trade and Payments*, Fourth Edition, 1985, Chapter 7.

Jones, Ronald W., "The Small Country in a Many-Commodity World," *Australian Economic Papers*, December 1974.

Krugman, Paul R. and Maurice Obstfeld, International Economics, second Edition, 1991, Chapter 2 부록.

Richard, J., *Understanding International Economic: Theory and Practice*, 1981, Chapter 12.

제 8 장

성장과 무역패턴

제 8 장 성장과 무역패턴

지금까지 헥셔-올린 모형에서는 생산요소의 부존은 주어진 것으로 간주되었다. 그러나 실제 노동인구는 지속적으로 증가하고 자연자원과 인간자본을 포함한 자본은 계속 증가하는 것이 일반적 현상이다. 이와 같이 생산요소의 부존이 증가하면 무역패턴도 달라질 수 있을 것이다. 이와 관련하여 본 장에서는 립친스키(T. M. Rybczynski) 定理와 궁핍화 성장(immizerizing growth)의 경우를 다루기로 한다.

제 1 절 립친스키 정리

두 생산요소 중 한 생산요소가 증가할 때 이것이 생산가능곡선에 미치는 효과를 제일 먼저 분석한 이는 립친스키였다. 그는 여전히 헥셔-올린의 틀 속에서 생산요소의 증대효과를 분석하여 다음과 같은 결론을 도출하였다. 즉 그는 노동과 자본 중에서 만일 노동은 그대로 있고 자본만이 증대한다고 하면 자본집약적 재화의 생산은 증가하되 노동집약적 재화의 생산은 오히려 감소한다는 이론적 결론을 얻었는데 이를 「립친스키 定理」라고 부른다.

립친스키 정리의 경제학적 근거는 다음과 같다. 립친스키 정리가 성립하기 위해서는 우선 재화의 시장가격이 일단 고정되어 있다는 가정이 필요하다. 그런데 자국경제의 규모가 충분히 작으며, 국내시장이 완전히 개방되어 있어서 자국시장에서의 수요·공급 사정이 재화의 국제시장가격을 변동시키지 못한다고 한다면 同 가정은 정당화될 수 없다.

이제 X재는 Y재에 비해 노동집약적이라는 전제하에 노동의 부존이 증가한다고 하자. 재화가격은 고정되어 있으므로 X와 Y의 상대가격은 불변이다. 그런데 갑자기 노동인구가 증가하면 X산업과 Y산업에서 노동가격이 하락할 조짐이 발생할 것이다. 이때 노동을 집약적으로 사용하는 X산업은 노동을 더 많이 사용하고자 할 것이며, 따라서 X재화의 생산은 증가하게 된다. X재의 생산은 적은 비율이지만 자본도 함께 필요하므로 이것은 Y산업에서 빠져나와야 한다. 그래서 단기에 있어서, 즉 노동인구가 증가한 직후에는 노동가격은 하락하고 자본가격은 증가한다.

그러나 자본이 Y산업에서 X산업으로 이동하면서 X산업에서의 노동의 한계생산성은 급등한다. 한편 Y산업에서는 자본의 유출로 노동의 한계생산성은 하락한다. 그러나 X산업에서 필요한 자본량은 상대적으로 적기 때문에 유출되는 자본의 규모도 작아서 노동의 한계생산성은 그만큼 적게 하락한다. 그리하여 결국 두 산업에서의 임금은 노동이 증가하기 이전의 수준으로 환원되어 새로운 균형이 이루어진다. 이 과정에서 X재화는 증가하고 Y재화는 감소하게 될 것이다. 이상의 조정과정을 〈그림 8-1〉을 통해서 확인할 수 있다.

〈그림 8-1〉을 살펴보면 노동이 증가하기 전에는 자본량이 일정한 수준에 주어진 상태에서 X산업의 노동의 한계수입곡선 $P^0MPL_X(K_X^0)$와 Y산업의 노동의 한계수입곡선 $MPL_Y(K_Y^0)$가 만나는 A점에서 균형이 이루어지고 있으며, 그 때의 노동임금은 W_0수준에 있다. 여기서 P는 X재화의 가격을 Y재화로 환산하여 나타낸 것이다. 달리 말하면 P는 X재 가격인 P_X를 Y재 가격인

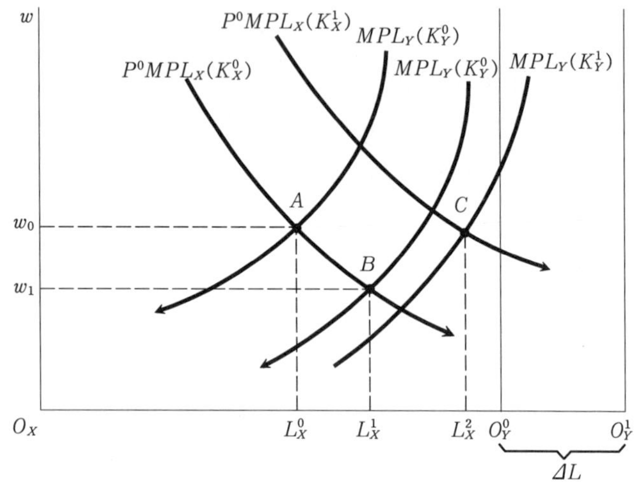

〈그림 8-1〉 노동증가 후 새로운 균형의 결정

P_Y로 나누어 준 것이며 X재의 상대가격이 된다. 분석 편의상 P_Y를 1로 잡으면 $PMPL_X$는 X산업에서의 노동의 한계수입이 되며, MPL_Y는 Y산업에서의 노동의 한계수입이 된다.

이제 노동이 ΔL만큼 증가하게 된다면 Y산업의 원점은 O_Y^0에서 O_Y^1점으로 옮겨가며 이때 잠정적 균형은 B점에서 이루어진다. 그래서 임금수준은 W_0에서 W_1으로 떨어진다. 그러나 Y산업으로부터의 자본이 X산업으로 유입되면서 재화가격의 상승이 없어도 X산업에서의 노동의 한계수입곡선은 $P^0MPL_X(K_X^0)$에서 $P^0MPL_X(K_X^1)$으로 상향이동된다. 한편 Y산업에서는 자본의 유출 때문에 노동의 한계수입곡선은 $MPL_Y(K_Y^0)$에서 $MPL_Y(K_Y^1)$로 하향이동한다. 그래서 결국 C점에서 새로운 균형이 이루어지면 임금은 원래의 수준으로 환원된다.

부존자원의 변동이 생산구조에 끼치는 영향을 분명하게 확인하기 위해 〈그림 8-2〉 (a)를 살펴보자. 우선 임금과 자본수익률의

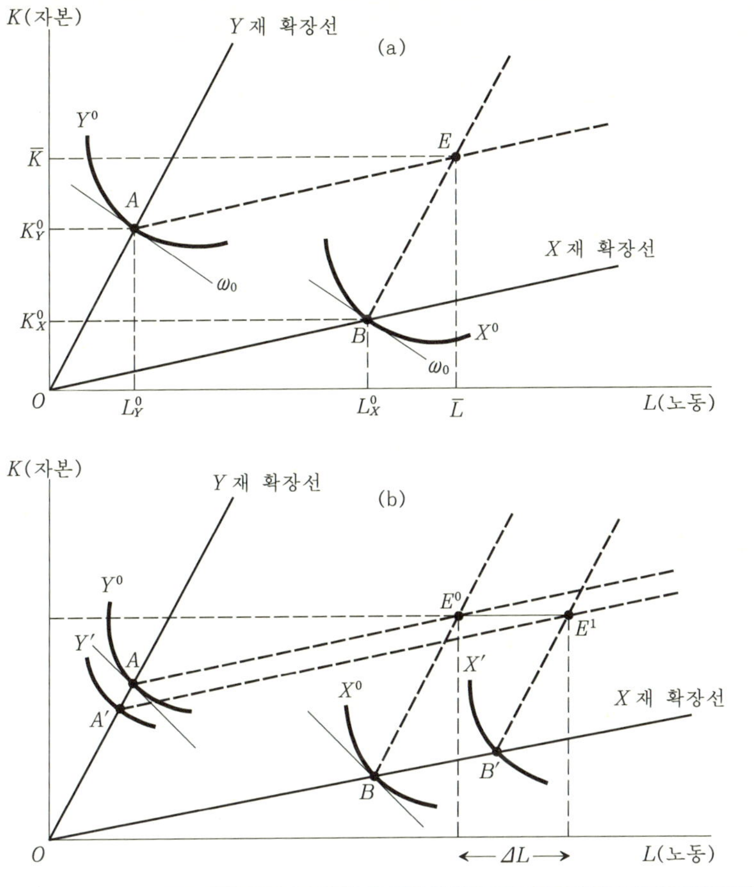

〈그림 8-2〉 노동량증가의 생산효과

비율인 $\omega=w/r$가 ω_0수준에 고정되어 있을 때 두 산업의 균형은 A점과 B점에 각각 이루어지며, X재 생산은 X_0수준이고 Y재 생산은 Y_0수준이 된다. 어디까지나 요소가격이 변동하지 않는다면 Y재와 X재의 증산은 〈그림 8-2〉 (a)에서처럼 각 산업의 확장선상에 놓이게 된다. 이때 Y산업에서 사용되는 노동과 자본은 L_Y^0와 K_Y^0이며, X산업에서 사용되는 노동과 자본은 L_X^0와 K_X^0이다. 이때 총자본량과 총노동량을 보여주는 부존점을 찾아보자. A점에서부터 X재 확장선에 평행하게 직선을, 그리고 B점에서부터 Y재 확장선에 평행하게 직선을 그은 후, 이 두 직선이 만나는 점이 바로 부존점이 된다. 즉 〈그림 8-2〉 (a)에서 기하학적으로 $L_X^0+L_Y^0=\overline{L}$가 성립하고, $K_X^0+K_Y^0=\overline{K}$가 성립한다.

이제 부존요소 중 노동이 증가한 후 X와 Y의 생산이 어떻게 달라지는지는 〈그림 8-2〉 (b)를 통해서 쉽게 알아볼 수 있다. 원래의 부존점은 E^0점이었으나 노동이 증가함에 따라서 새로운 부존점은 E'가 된다. E'점에서부터 X재 확장선과 Y재 확장선에 평행하게 두 직선을 그으면 X재 생산점은 B점에서 B'점으로 옮겨가고 Y재 생산은 A점에서 A'점으로 옮겨간다. 따라서 X재 생산은 X^0에서 X'수준으로 확대되는 반면에 Y재 생산은 Y^0수준에서 Y'수준으로 축소된다. 이로써 노동이 증가한 후 노동집약적 재화인 X재는 증산되고 자본집약적인 Y재는 감산된다는 정리가 확인된다.

노동이 증가한 후 생산가능곡선이 변동되는 과정은 〈그림 8-3〉을 통해 살펴볼 수 있다. 만일 처음부터 자국이 자본보다 노동을 더 많이 가지고 있다고 한다면 자국의 생산가능곡선은 노동집약적인 X재 산업에 더 유리하게 그려지게 된다. 그래서 노동이 증가하면 Y재보다 X재의 최대가능생산점이 더 크게 증가하므로 생산가능곡선은 〈그림 8-3〉에서와 같이 T_0T_0에서 T_1T_1으로 확장된다.

그리고 재화가격과 요소가격에 변동이 없는 경우를 전제하고 있으므로 가격선과 생산가능곡선이 접하는 생산점은 A점에서 B점으로 이동된다. 이로써 X재 생산은 ΔX만큼 증가하는 반면에 Y재 생산은 ΔY만큼 감소된다. 노동이 증가하기 이전에는 소비점이 C점이었으며, 후생은 U^0수준에 있었다. 그러나 노동증가 후

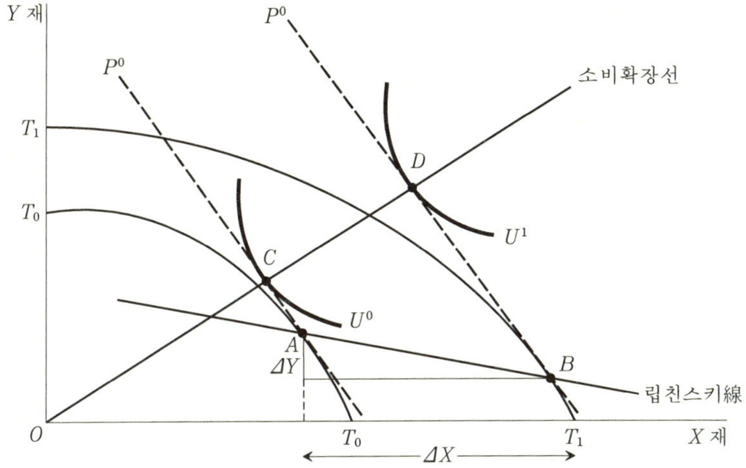

〈그림 8-3〉 노동의 증가와 생산가능곡선의 확대

소비점은 D점으로 이동되고, 후생은 U^1수준으로 향상한다.

제 2 절 궁핍화 성장(immizerizing growth)

앞에서는 생산요소가 증가할 때 재화의 가격에 아무런 변동이 없다는 사실을 전제로 하고, 증가되는 요소를 집약적으로 사용하는 재화의 생산은 증가하되 다른 재화의 생산은 감소한다는 사실을 규명하였으며, 결과적으로 자국의 후생수준이 향상되는 경우를 보여주었다.

그런데 사실은 자국의 경제규모가 충분히 크다는 이유 때문에 가격구조도 달라질 수 있다. 생산요소의 변동 이후 가격의 변동을 허용하는 경우 자국의 수출상품이 너무 많이 생산되어 국제시장에 나옴에 따라 그 가격이 크게 하락하는 경우가 발생할 수

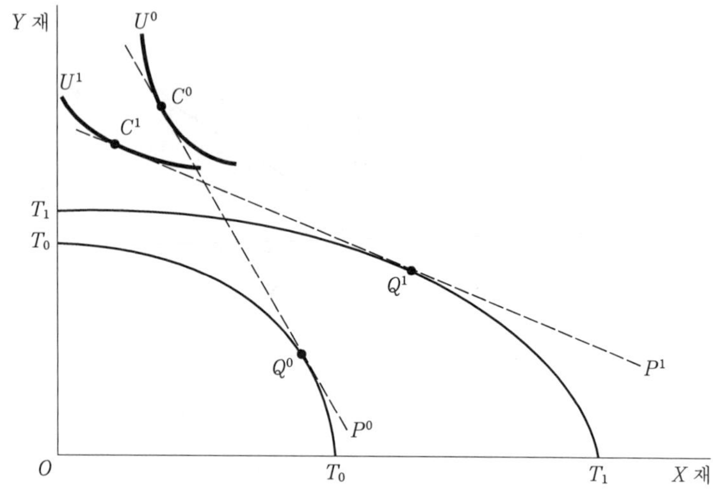

〈그림 8-4〉 궁핍화 성장

있다. 그로 인해 자국의 후생수준이 오히려 감소될 수도 있는데 이런 경우를 궁핍화 성장이라 부른다.

〈그림 8-4〉에서 X 산업에서 집약적으로 사용하는 노동이 증가하였을 때 생산가능곡선은 T_0T_0 에서 T_1T_1 으로 확대된다. 그림을 통해서 자국경제는 처음부터 자본보다 노동을 상대적으로 더 많이 소유하고 있음을 우리는 알 수 있다. 처음 X 재의 상대가격이 국제시장에서 P^0 수준에 주어져 있을 때 생산은 Q^0 점에서, 소비는 C^0 점에서 이루어지며, X 재가 수출되고 Y 재가 수입된다. 그런데 노동이 증가하여 X 재의 생산이 충분히 증가함으로써 국제시장에서 X 재의 상대가격이 P^0 에서 P^1 수준으로 하락하는 경우 생산은 Q^1 에서 소비는 C^1 에서 각각 이루어진다. 그러나 수출재의 국제가격이 하락함으로써 자국의 후생은 U^0 수준에서 U^1 수준으로 오히려 낮아지게 된다. 물론 모든 경우 생산요소의 증가 후 수출재와 수입재의 상대가격구조, 즉 교역조건이 반드시 나빠

지는 것은 아니다. 다만 일정한 조건이 충족되면 생산요소의 증가로 인한 경제성장에도 불구하고 후생수준이 낮아지는 경우를 고려해본 것이며, 이런 경우를 궁핍화 성장이라고 부르는 것이다.

제 3 절 중간재의 교역과 생산가능곡선

지금까지의 논의는 노동과 자본이라는 두 생산요소를 국제적으로 이동하지 않는 것으로 간주하고 부존상태의 여하에 따라 최종재화의 무역패턴을 살펴보았다. 그러나 실제로 생산요소는 노동과 자본 이외에 原油나 기타 원자재를 포함하는 중간재가 교역되는 경우도 많다.

그래서 여기서는 노동과 자본은 여전히 국제적 이동을 하지 않는 것으로 하되 추가적 생산요소인 중간재가 교역되는 경우에 생산가능곡선이 어떻게 달라지는가를 살펴보고자 한다.

상황을 보다 구체적으로 설명하기 위하여 최종재화는 옷과 농산품으로 구분하고 옷생산은 노동과 자본 이외에 원면을 필요로 하며 농산품생산은 노동과 자본 이외에 비료를 추가로 필요로 한다고 가정한다. 그리고 비료와 원면은 국제시장을 통해 교역되며 교역조건은 일정하다고 가정한다. 이제 자국은 원면에 비해 비료를 더 풍부하게 소유하고 있다면 자국의 생산가능곡선은 〈그림 8-5〉에서 T_1T_1으로 표시된다. 원래의 균형점은 T_1T_1의 A점에서 이루어진다고 가정하자. 이제 외국으로부터 원면을 수입하는 대가로 어느 정도의 국내비료가 수출된다고 한다면 국내에서 비료요소는 감소하고 원면요소는 증가하게 되는 것이며, 생산가능곡선은 T_2T_2 모양으로 전환될 것이다.

이런 식으로 자국의 비료와 외국의 원면이 일정 비율로 거래

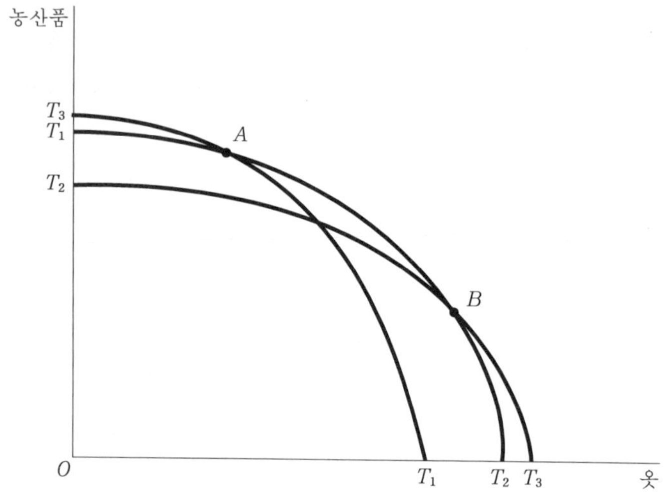

〈그림 8-5〉 중간재교역과 생산가능곡선

되는 경우는 거래수량에 따라 무한히 존재할 수 있다. 물론 자국은 비료만 수출할 수 있는 것이 아니라 원면도 수출할 수 있다. 다만 중간재의 교역에 따라 생산가능곡선의 모양이 달라지는 것이다.

〈그림 8-5〉에서는 두 개의 생산가능곡선만 그려져 있으나 실제로는 무한히 많은 생산가능곡선이 존재한다. 이런 사실을 반영시킨 새로운 생산가능곡선이 도출될 수 있는데, 〈그림 8-5〉에서 A와 B 두 점을 포함시킨 T_3T_3곡선이 이에 해당한다. 즉 T_3T_3곡선은 T_1T_1곡선과 T_2T_2곡선을 포함한 모든 생산가능곡선의 바깥부분을 연결시킨 포괄적인 생산가능곡선을 나타낸다. 생산가능곡선의 모양이 농산품에 비해 옷생산에 유리하게 변동되어간다는 것은 옷생산에 집약적으로 사용되는 원면의 수입량이 점점 많아진다는 사실을 의미한다.

여기서 한 가지 지적될 수 있는 사실은 〈그림 8-5〉에서 비료와 원면의 국제간 거래가 노동과 자본 이외의 생산요소의 사용을 필요로 하지 않는다는 것을 전제로 하고 생산가능곡선이 그려진 것인데, 만일 어느 정도 다른 생산요소가 사용되어야만 비료와 원면의 교역이 가능해진다고 한다면 그만큼 생산가능곡선의 모양은 다르게 조정되어야 한다는 사실이다. 즉 새로운 생산가능곡선은 원점을 향해 어느 정도 이동함으로써 그 전보다 수축된 모양을 취하게 된다.

제 4 절 「트란스퍼」 논쟁

실제에 있어서 한 나라의 실질소득이 다른 나라로 이동하는 경우가 많다. 외국원조, 다국적기업에 의한 이윤송금, 외국인 노동자에 의한 근로소득의 송금, 그리고 전쟁을 수행한 후 패전국이 승전국에게 전쟁배상비를 지불하는 것 등이 이러한 범주에 속한다. 그래서 본 절에서는 실질소득의 국가간 이동이 교역조건에 어떤 영향을 줄 수 있는지 살펴보기로 한다.

우선 실질소득의 국가간 이동에 있어서 두 나라의 생산에는 어떤 변동이 없다고 가정한다. 다만 실질구매력이 A국에서 B국으로 옮겨갈 때 X재와 Y재의 상대가격이 어떻게 변동하는가에 초점을 맞추기로 한다. A국은 X재가 수입재이고, B국은 Y재가 수입재라고 가정한다. 그리고 Y재에 대한 X재의 상대가격, 즉 P_X/P_Y를 P로 표시하기로 한다. 그래서 실질소득이 이동한 후 P가 오르면 A국의 교역조건은 악화된다.

이제 A국의 소득의 일부가 B국으로 가면 그만큼 A국의 후생은 감소한다. 그런데 다행이 A국의 수입재인 X재의 상대가격 P가 하락하면 그만큼 후생이 덜 감소하게 된다. 실질소득이 이동된 후 P가 움직이는 방향은 A국과 B국의 총수요에 달려 있다. A국의 한계수입성향은 m_x이고, B국의 한계수입성향은 m_{y^*}라고 하자. T만큼의 실질소득이 A국에서 B국으로 옮겨가면 X재에 대한 A국의 수요감소는 m_xT이다. 한편 X재에 대한 B국의 수요 증가는 $(1-m_{y^*})T$가 된다. 그러므로 B국의 수요증가분이 A국의 수요감소분보다 크게 되는 한 세계시장에서의 X재의 상대가격은 상승할 것이다. 즉 $1-m_{y^*}>m_x$式이 성립하면 P값은 상승하며, $m_x+m_{y^*}>1$式이 성립하면 P값은 하락한다. 그러니까 두 나라의 한계수입성향의 합이 1보다 커야 실질소득을 제공하는 국가의 교역조건이 개선되며 그만큼 후생수준도 높아진다.

실질소득의 이동과 관련하여 「트란스퍼」 논쟁이 유명하다. 제1차 세계대전 후 독일이 연합국에게 전쟁배상비를 지불하면 독일의 경제가 어떻게 될 것인가에 대해 국제경제학자간에 의견이 분분하였다. 일부 학자들은 독일의 한계수입성향과 여타국의 한계수입성향의 합이 1보다 크지 않아서 교역조건이 더욱 나빠질 것이라 우려하였다.

특히 영국의 케인즈(J. Keynes)는 독일이 전쟁배상비를 조달하기 위해서는 독일의 무역수지가 개선되어야 하며, 그러기 위해서는 수입가격은 오르고 수출가격은 내려야 하기 때문에 교역조건은 독일에게 불리하게 전개될 것이라고 주장하였다.

이에 대해 올린(Bertil Ohlin)은 교역조건이 불리하게 변동되지 않더라도 전쟁배상비 지불 후 독일의 실질소득감소와 승전국의 실질소득증가가 곧 독일의 무역수지를 개선시킬 수 있으리라고 하였다.

어쨌든 이와 같은 논쟁은 양측의 생산조건은 그대로 두고 실질소득의 이동으로 인한 수요구조의 변동이 교역조건에 영향을 준다는 사실에 초점을 두었다. 그러나 완전한 분석을 위해서는 생산의 반응도 함께 고려하여야 한다.

A국은 Y재만 생산하고 B국은 X재만 생산한다고 가정하자. 이제 A국은 생산된 Y재의 일부를 B국에게 전쟁배상비조로 지불한다고 하고, B국은 A국으로부터 Y재를 받아 국내에서 X재를 더 생산하는 데 사용한다고 하자. 이렇게 되면 세계시장에서 Y재의 총공급은 그 전보다 줄어들고 X재의 총공급은 늘어나게 된다. 따라서 이 경우에는 A국의 수입재인 X재의 상대가격이 하락함으로써 교역조건은 전쟁배상비를 지불하는 나라를 위해 유리하게 변동된다.

다음은 전쟁배상비가 패전국에서 승전국으로 이동될 때 패전국에서는 소비와 생산이 비례적으로 감소하고 승전국에서는 소비와 생산이 비례적으로 증가되는 경우를 분석해보자. 〈그림 8-6〉 (a)에서 패전국의 생산가능곡선은 전쟁배상비를 지불하면서 TT에서 $T'T'$로 축소된다. 그리고 소비점은 B점에서 D점으로, 생산점은 A점에서 C점으로 옮겨간다. 이때 식품이 패전국의 수입재가 된다.

한편 승전국은 실질소득이 증가하면서 생산가능곡선은 〈그림 8-6〉 (b)의 T^*T^*에서 $T^{*\prime}T^{*\prime}$로 확대되며, 생산점은 A^*에서 C^*로 소비점은 B^*에서 D^*로 옮겨간다. 여기서 한 가지 지적되어야 할 중요한 조건 중의 하나는 처음 패전국과 승전국의 무역수지는 균형을 이루고 있다는 점이다. 그래서 〈그림 8-6〉 (a)의 선분 AB와 〈그림 8-6〉 (b)의 선분 A^*B^*는 동일하다.

실질소득이 패전국에서 승전국으로 이동된 후 패전국의 무역삼각형은 C와 D 두 점을 포함하며, 승전국의 무역삼각형은 C^*와 D^* 두 점을 포함한다. 그림에서는 직접 나타나 있지는 않으나 두 나라의 새로운 무역삼각형을 비교하면 세계시장에서 식품은 초과공급이며, 의복은 초과수요가 발생하게 됨을 알 수 있다. 따라서

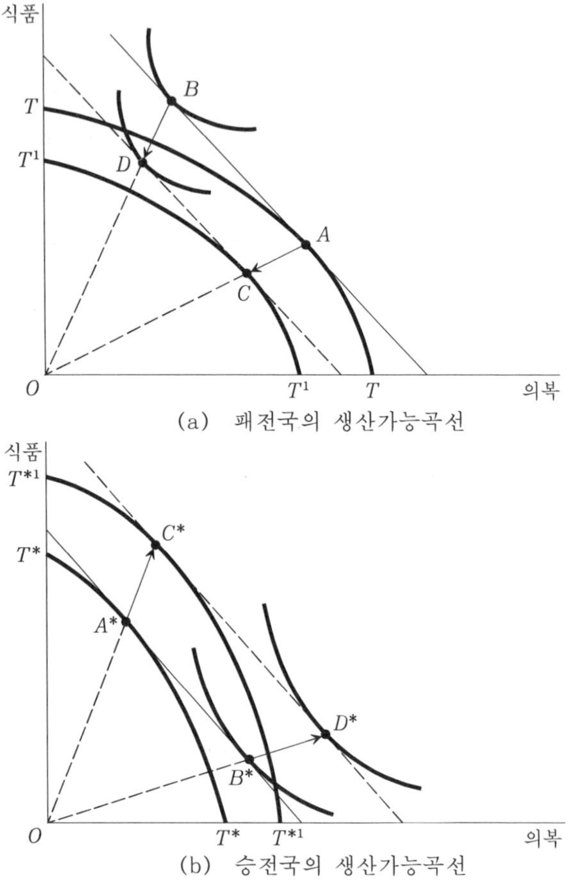

〈그림 8-6〉 전쟁배상비 지불과 생산가능곡선

패전국의 교역조건이 개선되는 결론이 유도된다. 패전국이 승전국에게 전쟁배상비를 지불하는 경우, 지불하는 방법 여하에 따라서도 결과가 달라질 수 있다. 패전국의 화폐발행, 외국으로부터의 차관, 채권발행, 영토매각, 금수송, 외국인투자유치 등 여러 가지 방법이 있으며, 이에 따른 교역조건 변동효과도 조금씩 다르게 된다.

제 5 절 화란병(Dutch Disease)

1973~74년 그리고 1979~80년 2차에 걸친 석유가격의 폭등은 세계경제에 큰 주름살을 내었다. 엄청난 규모의 실질소득이 석유수입국에서 석유수출국으로 이동하였기 때문에 석유수입에 의존하던 공업국가들은 큰 시련을 겪어야 했다. 개도국 외채문제도 이것과 깊은 관계가 있다.

한편 석유가격의 폭등으로 횡재를 한 석유수출국가는 국제금융시장에서 오일달러를 이용하여 많은 돈을 벌어들이는 한편 국가 경제발전을 위해 여러 가지 건설사업을 전개하였다.

그런데 같은 석유수출국이라 하더라도 아주 최근에 해저유전이나 지하유전을 발견하여 경제적 번영을 누리는 나라들도 있다. 그러나 이들 나라 중 화란은 에너지자원의 급속한 개발 때문에 오히려 경제가 병이 들게 되었는데 이를 화란병이라 부른다. 북해유전(North Sea oil deposits)을 개발한 노르웨이와 영국도 이와 같은 범주에 속한다고 할 수 있는데, 석유호황 때문에 경제가 망쳐지는 논리는 다음과 같다.

기존의 산업이 전통적 수출산업과 비교역재산업으로 구분되던 중 에너지산업이 새로운 수출산업으로 급속히 신장될 때 다른 수출산업보다 국제시장에서 빠르게 오른 수출가격 덕분에 이 산업에 종사하는 노동자의 임금도 급격히 상승한다. 그런데 같은 국가 내에서는 생산성이 낮은 산업이라도 노동임금은 같아지는 경향이 있으므로 여타 수출산업의 이윤은 급격히 감소되면서 결과적으로 나라 전체의 경제를 냉각시키고 경기침체를 가져올 수 있는데 이런 현상을 화란병이라 부른다.

이 현상은 〈그림 8-7〉을 통해서 우리는 쉽게 알 수 있다. 석

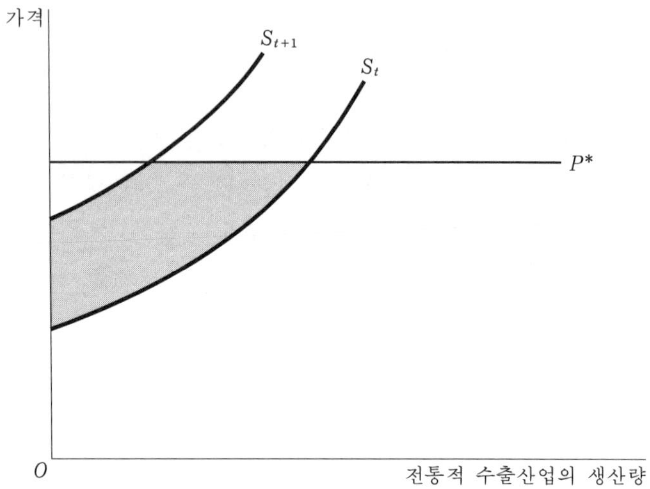

〈그림 8-7〉 임금의 급상승과 전통적 수출산업의 위축

유자원의 급속한 개발로 에너지산업이 새로운 수출산업으로 부상하면서 이 산업에 종사하는 노동자의 임금이 급격히 상승하고 이것은 곧 여타 수출산업의 임금을 인상시키는 결과를 초래한다. 따라서 전통적 수출산업의 생산비가 S_t에서 S_{t+1}로 상향이동하면서 산업활동이 급감하고 산업이윤은 빗금친 영역만큼 줄어든다.

새로운 수출산업의 급격한 팽창으로 전 노동시장에서 임금체계가 상향조정되는 경우 〈그림 8-8〉에서와 같이 공급곡선이 S_N에서 S_N^1수준으로 상향이동한다. 수출산업의 경우 자국경제의 규모가 작아서 국제시장에 나가는 수출품의 가격은 일정 수준에 정해져 있지만 국내에서 생산·교환되는 비교역재의 상대가격은 시장에서의 수요와 공급에 의해 결정된다. 그래서 비교역재산업의 생산비곡선이 상향이동하면서 국내가격도 따라서 오르게 된다. 그래서 균형점은 A점에서 B점으로 옮겨감으로써 비교역재의 생산수준도 그만큼 감소한다.

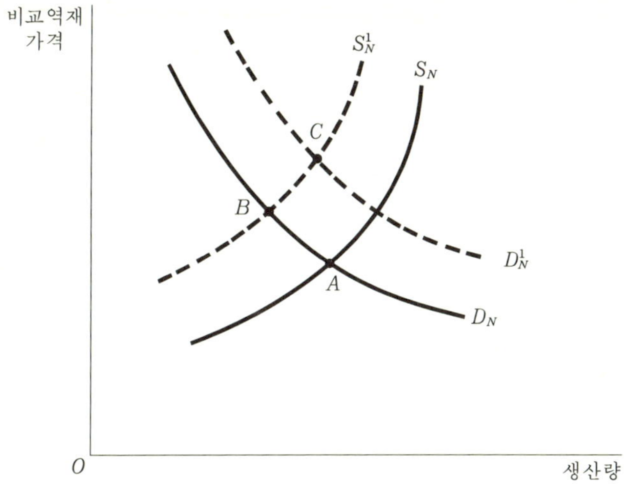

〈그림 8-8〉 임금상승과 비교역재산업

그런데 국내임금수준이 전반적으로 향상되었기 때문에 교역재든 비교역재든 상품에 대한 수요가 증가할 수 있다. 그 경우 수요곡선은 D_N에서 D_N^1로 이동하고 균형점은 다시 C점으로 옮긴다. 그래서 비교역재산업의 가격은 상승하므로 그 전에 비하여 非교역재의 생산과 고용이 늘었는지 줄었는지가 확실하지 않고 다만 수요와 공급곡선 위치와 임금수준의 증대효과에 달려 있다고 할 수 있다.

여기서 우리가 지적할 수 있는 사실은 화란병을 앓기 위해서는 꼭 새로운 산업의 등장이 에너지산업에 국한될 필요가 없다는 것이다. 예컨대 1990~91년 우리 나라의 건설산업에서와 같이 주택 200만 호 건설붐에 관련하여 국내임금수준이 급격히 높아짐으로써 경제 전체가 활력을 잃고 국제경쟁력이 약화되었는데 이것도 한국판 화란병이라 할 수 있다.

참고문헌

Bhagwati, Jagdish, "Immiserizing Growth: A Geometrical Note," *Review of Economic Studies*, June 1958. Reprinted in AEA, *Readings in International Economics*, eds. Richard Caves and Harry G. Johnson, Homewood, Ill.: Richard D. Irwin, Inc., 1968.

———, "Optimal Policies and Immizerizing Growth," *American Economic Review*, December 1969.

Corden W. M. and Peter Neary, "Booming Sector and De-Industrialization in a Small Open Economy," *Economic Journal*, December 1982.

Findlay, R. and H. Grubert, "Factor Intensities, Technological Progress, and International Trade," *Oxford Economic Papers*, February 1959. Reprinted in *International Trade*, ed. Jagdish Bhagwati, Baltimore: Penguin Books, Inc., 1969.

Kindleberger, Charles, *Foreign Trade and the National Economy*, especially Chap. XI, New Haven: Yale University Press, 1962.

Mundell, Robert, "International Trade and Factor Mobility," *American Economic Review*, June 1957.

Rybczynski, T. M., "Factor Endowments and Relative Commodity Prices," *Economica*, November 1955.

Samuelson, Paul A., "The Transfer Problem and Transfer Costs: The Terms of Trade When Impediments are Absent," *Economic Journal*, June 1952.

제 9 장

생산요소의 국제적 이동

제 9 장 생산요소의 국제적 이동

국제무역의 거래대상은 최종생산재뿐만 아니라 중간재 및 생산요소 자체가 되기도 한다. 그래서 중간재가 서로 교환되는 경우는 이미 앞에서 살펴보았다. 본 장에서는 생산요소의 소유권은 그대로 두고 생산요소가 사용되는 장소만을 바꾸었을 때 국내 및 해외경제에 미치는 영향을 살펴보고자 한다.

제 1 절 세계경제의 효율성제고

세계 어느 나라에서든지 자본수익률이 낮은 데서 높은 곳으로 자본이 이동되고, 또한 임금이 낮은 곳에서 높은 곳으로 노동이 자유로이 움직이게 된다면 세계경제의 전체 효율성이 높아질 것은 틀림없다. 여기서는 노동이 국제적으로 이동되는 경우를 살펴보기로 한다.

A국과 B국 두 나라가 세계경제를 구성하고 있다고 가정한다면 〈그림 9-1〉에서와 같이 세계 전체의 노동은 O_aO_b에 해당한다. O_a는 A국의 원점이며, O_b는 B국의 원점이다. 처음 A국의 임금은 W_a로서 B국의 임금 W_b보다 낮은 수준에 있다. 이에 부합되는 A국의 노동량은 O_aL_0이며 B국의 노동량은 L_0O_b이다. 또한 A국의 총생산량은 A국의 노동의 한계생산곡선 아래의 영역에 해당하는 AO_aL_0C이며, B국의 총생산량은 BO_bL_0D이다. 따라

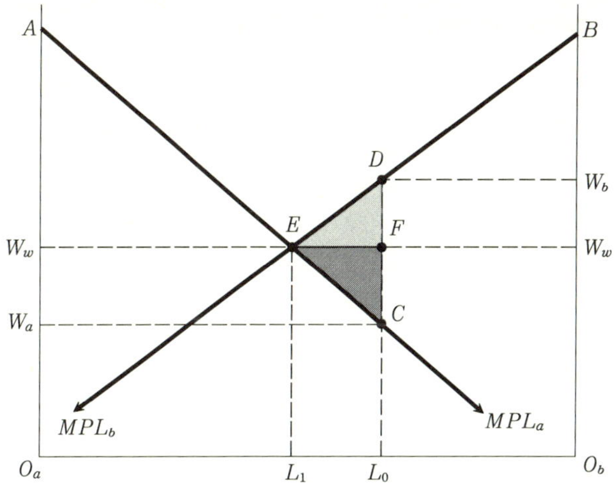

〈그림 9-1〉 노동의 국제적 이동과 세계 생산의 증가

서 세계 생산은 〈그림 9-1〉의 전체 영역에서 빗금친 삼각형 ECD를 제외한 영역이 된다.

이제 L_1L_0에 해당하는 A국의 노동이 B국의 높은 임금을 쫓아 B국으로 이동할 수만 있다면 결국 A국의 임금과 B국의 임금은 같아지게 된다. L_1L_0의 노동이 B국에서 일함으로써 B국이 추가적으로 얻는 생산은 EL_1L_0D이나 A국은 EL_1L_0C만큼 생산의 손실을 맞게 된다. 그러나 세계 총생산의 기준에서 보면 ECD만큼 생산이 증가한다.

만일 A국의 노동이 B국에 가서 귀화하여 B국의 시민이 되어서 A국 경제에 아무런 도움을 주지 않는다면 노동의 이동 후 세계 생산은 증가할지 몰라도 A국은 경제적 손실을 입는다. 그러나 B국으로 건너간 A국의 노동자가 B국에서 받는 임금 전체를 본국으로 보낸다면 오히려 A국은 그 전보다 CEF만큼의 경제적 이익을 보며, B국도 여전히 DEF만큼 경제적 이익을 누리게 된다.

제 2 절 국내소득분배의 변동

A국에서 B국으로 일부 노동이 움직임에 따라 두 나라의 임금수준이 달라지며 따라서 국내 자본수익도 달라지게 된다. 우선 A국의 국내소득분배의 구조에 초점을 맞추어보자.

L_1L_0만큼의 A국 노동이 B국으로 이동되기 전 A국 노동자들이 받는 임금소득은 $W_aO_aL_0C$이며, A국 자본가들의 자본소득은 AW_aC이다. 그러나 노동이 이동된 후 A국에 남아 있는 노동자들은 W_w의 높은 임금을 받는 반면에 A국의 자본소득은 명백히 줄어든다. 그래서 A국의 자본가들은 A국의 저임금노동력이 B국으로 가는 것을 좋아하지 않는다.

한편 B국은 A국과 그 반대 경우에 해당한다. B국의 노동자들은 그 전보다 낮은 임금을 받아야 하나, 자본가들은 DEW_wW_b만큼 자본소득을 추가적으로 얻기 때문에 저임금노동자들의 입국을 환영하게 된다.

제 3 절 생산요소의 이동과 무역패턴

헥셔-올린 이론에 의하면 자본이 풍부한 나라는 자본의 가격이 싸며, 따라서 자본을 집약적으로 사용하여 만든 상품을 수출하게 된다. 일단 자본은 국제적으로 이동하지 않고 상품만 자유로이 교역된다고 가정하자. 자본이 풍부한 나라에서 자본을 집중적으로 사용하면 결국 자본이 소진되어 국가간 요소부존의 차이가 작아진다. 그렇게 되면 요소가격의 차도 작아지기 때문에 요소의 국제적 이동이 줄어든다. 이와 같이 상품교역의 확대는 요소의 국제적 이동을 감소시키게 된다.

국가간 요소부존의 차이는 곧 요소가격의 차를 의미한다. 그런데 요소가격의 차에 따른 요소의 국제간 이동은 요소부존의 차이를 줄인다. 예컨대 자본수익률이 낮은 곳에서 높은 곳으로 자본이 자유로이 움직이게 되면 자본이 풍부한 나라로부터 자본이 부족한 나라로 자본은 흐르게 된다. 따라서 요소부존의 차를 좁히게 되어 상품교역의 기회를 축소시킨다. 이렇게 하여 상품교역과 요소의 국제간 이동은 서로 대체관계에 있다고 볼 수 있다.

그렇다고 해서 생산요소의 국제간 이동과 상품교역은 항상 대체관계에 있는 것이 아니다. 핵셔-올린의 경우가 아니고 기술우위가 무역패턴을 지배할 경우를 예로 들어보자. 자국은 노동집약적 상품을 생산하여 수출한다고 하자. 노동집약적 상품을 생산하여 수출할수록 국내의 노동임금은 높아지게 된다. 그러면 자국의 높은 임금 때문에 외국으로부터의 노동이 유입될 것이며, 따라서 노동집약적 상품의 수출을 더욱 확대시킨다. 그러므로 이 경우에는 상품교역과 요소의 국제적 이동은 명백히 서로 보완관계에 있다고 볼 수 있다.

어떤 경우에는 상품교역과 요소의 국제적 이동이 대체관계나 보완관계에 있는 것이 아니고 요소의 국제적 이동이 상품교역의 선결조건이 되기도 한다. 예컨대 자본과 숙련노동이 외국인 직접투자라는 형태로 중요한 원자재가 있는 나라에 먼저 들어간 후 그것을 거점으로 하여 상품을 만들어 모국이나 제 3 국으로 수출하는 경우가 있다.

끝으로 상품시장에서의 관세 및 비관세장벽이 높은 경우 이를 극복하기 위해 외국인 직접투자가 활발해지는 경우도 있다. 즉 상대국의 보호무역주의를 극복하면서 현지법인투자를 시행한다. 자국기업이 현지법인의 형태를 취하면서 현지국의 고용증대와 무역수지 개선을 도와주면서 모국기업의 이윤극대화를 추구하는 경우가 있다. 이 경우에는 상품의 보호무역이 요소의 국제적 이동을 초래함으로써 이 둘은 서로 인과관계에 있게 된다.

참고문헌

Balassa, Bela, "The Changing Pattern of Comparative Advantage in Manufactured Goods," *Review of Economic and Statistics*, May 1979.

Blejer, Mario, "Income Per Capita and the Structure of Industrial Export: An Empirical Study," *Review of Economics and Statistics*, November 1978.

Caves, Richard E. and R. Jones, *World Trade and Payments* 1985, Chap. 8.

McMenzie, Lionel, "Specialization and Efficiency in World Production," *Review of Economic Studies*, June 1954.

Mundell, Robert, "International Trade and Factor Mobility," *American Economic Review*, June 1957.

Sanyal, K. and R. W. Jones, "The Theory of Trade Middle Products," *American Economic Review*, 73, 1982 pp. 16~31, *Develops the View that Intermediares and Processed Raw Materials Loom Large in International Trade.*

Vanek, Jaroslav, "The Natural Resource Content of Foreign Trade, 1870~1955, and the Relative Abundance of Natural Resource in the U. S.," *Review of Economics and Statistics*, 41, May 1959 pp. 146~53. *Trace the Decline in Relative Abundance of Natural Resource in the U. S.*.

Vernon, Raymond, "International Investment and International Trade in the Product Cycle," *Quarterly Journal of Economics 80*, May 1966 pp. 190~207, *Original Statement of the Product-resources in U. S.*.

제10장

외국인 직접투자

제10장 외국인 직접투자(foreign direct investment)

외국인 직접투자(foreign direct investment)는 국가간 자본이동의 범주에 속하지만 자본뿐만 아니라 생산기술, 경영기법, 판촉, 상표 등과 같은 무형재의 이동이 함께 발생한다. 따라서 외국인 직접투자는 당사국의 생산요소의 부존상태와 시장경제에 큰 영향을 미친다. 그러므로 이에 대한 기본이해는 매우 중요하다. 본 장에서는 외국인 직접투자의 주요 형태와 외국인 직접투자의 발생원인에 대해 간략히 살펴보고, 투자국(source country)과 투자대상국(host country) 전체에 미치는 국민경제적 효과에 대해 논하고자 한다.

제 1 절 성 격

외국인 직접투자는 형태가 매우 다양하기 때문에 이에 대한 이론적 접근도 다양하다. 외국인 직접투자에 대한 이론적 접근은 크게 기업이나 산업차원의 미시경제적 접근과 국가경제 전체의 거시적 접근 두 가지가 있다. 외국인 직접투자를 기업단위로 분석할 때 다국적기업의 개념이 적용된다.

외국인 적접투자가 일반 자본이동과 크게 다른 점은 외국인 적접투자는 자본의 이동과 함께 기업가정신, 전문적 경영기법 및 정보 등의 서비스재화가 함께 이동하는 것이며, 또한 이러한 서비스의 공급을 가능케 하기 위해 투자대상국에 자회사나 지점을 설립할 필요가 발생한다는 것이다.

외국인 직접투자는 자본이 단순히 투자국에서 투자대상국으로 옮겨가는 것이 아니라 보다 구체적으로 투자국의 X 산업에서 투자대상국의 Y 산업으로 옮겨가는 경우가 대부분이다.

제 2 절 형 태

외국인 직접투자가 투자대상국의 특정 산업에 연관시켜 이루어질 때 여러 가지 형태가 가능하다. 그 몇 가지를 소개하면 다음과 같다.

1. 수평적 투자(horizontal investment)

원래 투자국에서 생산하던 상품을 투자대상국에서 생산하게 되는 경우를 가리키는데, 이때는 대개 투자국은 투자대상국에 子회사나 현지법인을 세운다. 이를 다국적기업이라 부른다.

2. 수직적 투자(vertical investment)

본국에서 만든 상품을 가지고 투자대상국에서 다음 단계의 상품을 생산하든가(next stage forward) 본국에서 최종재를 만드는데 필요한 前단계 상품을 투자대상국에서 생산하는 경우(next stage backward)를 가리킨다.

3. 전방수직적 결합(forward vertical integration)

투자국에서 생산된 母회사의 상품을 단순히 투자대상국에서 파는 경우를 가리키는데, 모국상품의 판촉을 담당하는 것은 모회사에서 파견된 작은 규모의 子회사들이다.

4. 후방수직적 결합(backward vertical integration)

본국에서 상품을 생산하는 데 필요한 생산요소나 원자재를 투자대상국에서 생산하는 경우를 가리킨다.

제 3 절 원　　인

다국적기업이 외국에서 그 나라의 법, 언어, 문화, 관습에 대해 익숙하지 않으면서 굳이 그 나라에서 생산라인을 구축하고 시장판촉을 하는 데는 자본력 이외에 분명히 다른 이유가 있을 것이다. 이미 제 2 절에서 외국인 직접투자의 형태를 다룰 때 그 발생원인을 어느 정도 감지할 수 있겠지만 여기서는 좀더 구체적으로 살펴보기로 한다.

1. 자본이동 외 무형자산의 활동

자국상품을 수출하기 위해서는 생산비가 될수록 싸야 하지만 광고를 포함한 판촉기법, 특허, 상표, 정보통신기술에 있어 우위를 가지고 있는 부분을 적극적으로 활용할 수 있는 곳에 다국적기업이 발을 붙이게 된다. 애프터 서비스 등 사후관리에 중점을 두는 것은 판촉에 큰 영향을 주는데, 이를 위해 현지에 자회사나 지점을 설립하는 것이 매우 합리적이다. 그리고 세계 곳곳에 연결되어 있는 정보통신망을 통해 장래의 불투명성을 감지할 때는 용이하게 제3국으로 옮겨갈 수 있는 장점이 된다.

2. 유리한 생산조건

모국에서 수출품을 생산하는 데 있어 꼭 필요한 원자재를 다른 경쟁국보다 쉽게 확보하기 위해서 자국기업이 외국에 진출한다. 전방수직투자(vertical next stage forward investment)와 본국에서 만든 상품을 가지고 다음 단계의 상품을 생산하거나 본국에서 최종단계의 생산을 위해 전단계의 생산을 투자대상국에서 실시하는 후방수직투자(vertical next stage backward investment)가 있다.

또한 국내에 유휴생산시설이 있고 또 규모의 경제성이 존재하고 있는 데 반해 국내수요가 충분하지 않은 경우, 해외시장을 공략목표로 삼고 해외시장에 임할 수 있다. 〈그림 10-1〉에서처럼 국제가격이 P^*수준에 주어졌을 때 기업의 평균비용곡선이 점점 줄어드는 경우, 본 기업에 의한 Q_1생산은 *abcd* 영역만큼의 이윤이 발생한다. 그러나 생산량을 Q_1에서 Q_2까지 늘리게 되면 이윤도 *aefg* 영역으로 증대한다. 그러므로 국내기업은 생산증대를 위해 외국에 생산라인을 구축할 동기를 강하게 가지게 된다.

3. 수출비용과 현지생산비의 차이

국내기업이 외국시장에서 독점이나 과점형태의 시장력을 지니고 있을 때 두 가지 선택이 있다. 하나는 국내에서 생산하여 외국시장으로 수출하는 것이며, 또 하나는 외국에서 직접 생산하는

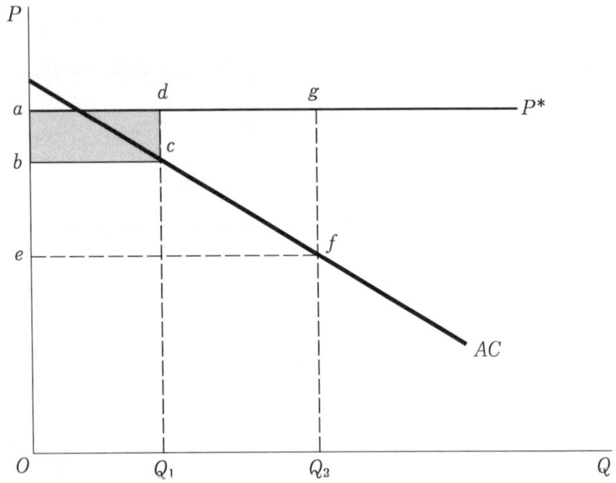

〈그림 10-1〉 기업의 평균비용이 점점 줄어드는 경우

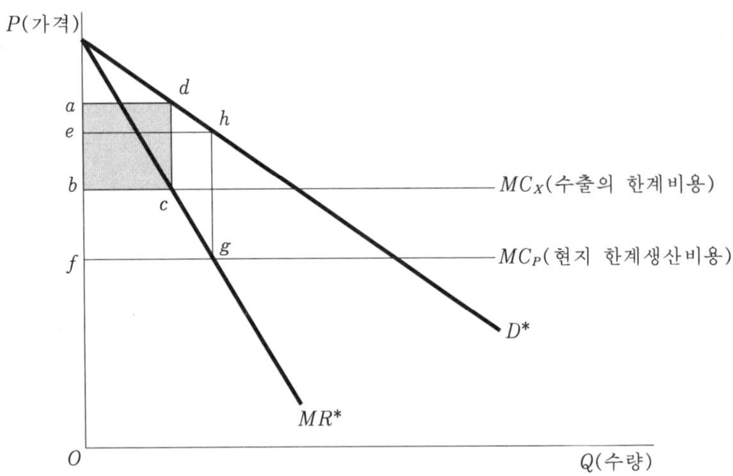

〈그림 10-2〉 독점력 여부와 생산비 차이

경우가 될 것이다. 만일 이때 국내기업의 수출품에 대한 수송비와 통관세를 합한 것이 현지 외국에서 생산하는 비용보다 비쌀 경우 기업은 외국에서 생산하기를 원할 것이다.

〈그림 10-2〉에서와 같이 모국기업이 해외시장에서 D^*수요곡선을 MR^*한계수입곡선에 당면하여 독점력을 지니고 있다고 했을 때 국내에서 생산하여 외국에 수출하는 한계비용이 MC_X라면 독점이윤은 빗금친 $abcd$ 영역이 된다. 그러나 외국에서 생산하는 한계비용이 MC_P라고 한다면 이때의 독점이윤은 $efgh$ 영역이 되므로 국내 독점기업은 당연히 해외에서 생산하고자 할 것이다.

4. 법인세 차이 및 이윤송금 규제

다국적기업의 해외진출은 모국과 외국의 법인세율의 차이에 영향을 많이 받는다. 요즘은 대부분의 국가들이 양국간 이중과세 방지협정을 맺고 있으므로 현지국에서 일단 과세되면 모국에서의 세금납부의무는 면제된다. 마찬가지로 다국적기업이 모국정부에 세금을 내겠다고 의사를 표하면 현지국에서 세금을 낼 필요가 없다. 따라서 다국적기업은 양국간의 법인세 및 기타 납부해야 할 세금을 서로 비교하여 세금부담을 최소화하는 범위 내에서 생산활동 무대를 결정할 것이다.

그리고 이윤을 모기업에 송금할 때 규제가 까다로우면 그만큼 외국인 직접투자에 대한 매력은 감소하게 된다.

제 4 절 자본이동의 국민경제적 효과

자본이 수익률이 낮은 나라에서 높은 나라로 자유로이 흘러

가게 허용되면 두 나라 모두 경제적 이익을 본다는 논리는 쉽게 성립한다. 그런데 외국인 직접투자를 수용하는 국가의 입장에서 보면 외국자본이 국내에 들어와 국내경제를 교란시킬 가능성에 대해 우려가 있으며, 자본수익의 본국송금으로 투자수용국의 富가 외국으로 유출될 우려도 있는 것이다.

이러한 우려가 있음에도 불구하고 선진국이든 후진국이든 외국인 직접투자를 유치하거나 장려하는 나라가 많은 것이 지금의 실정이다. 그것은 앞서 지적한대로 단순한 자본유입뿐만 아니라 경영기법, 정보통신의 세계적 연계, 신생산기술 등이 자본유입과 더불어 투자수용국으로 이전되는 효과를 얻을 수 있기 때문이다.

한편 외국자본의 유입으로 국내에 계층간 이해마찰이 발생하고, 이것이 바로 국내정치문제화되기도 하여서 외국인 직접투자의 향방이 달라지게 되므로 이에 대한 고려도 하기로 한다. 〈그림 10-3〉 (a)를 외국인 직접투자를 수용하는 국가의 입장에서 보면 외국으로부터의 자본유입은 국내의 자본사용량을 K_0에서 K_1수준으로 높이는 반면 자본수익률은 r_0에서 r_1수준으로 낮아진다. 그런데 국내 고용수준이 항상 완전고용수준인 $\overline{L}$를 유지한다고 가정한다면 노동자의 수익은 abr_0에서 acr_1으로 증대하며, 그 증가분은 빗금친 영역인 r_0r_1cb가 된다. 그러나 국내 자본가는 r_0r_1db만큼 자본수익이 감소한다. 한편 국내에서 〈그림 10-3〉 (b)에서처럼 실업이 존재해 있다가 외국자본의 유입으로 인해 고용이 L_0에서 L_1수준으로 증가하면 자본의 한계생산곡선은 $MPK_0(L_0)$에서 $MPK_1(L_1)$으로 상향이동되어 사정은 조금 다르게 발전될 수 있다. 우선 K_0K_1만큼 외국자본이 국내에 유입되면 노동자 수익은 ar_0b에서 er_1d로 커지게 된다. 그리고 국내자본가도 자본소득이 r_0OK_0b에서 r_1OK_1c수준으로 확대된다.

여기에서 새로운 생산기술, 경영이념, 상표, 판촉기술 등이

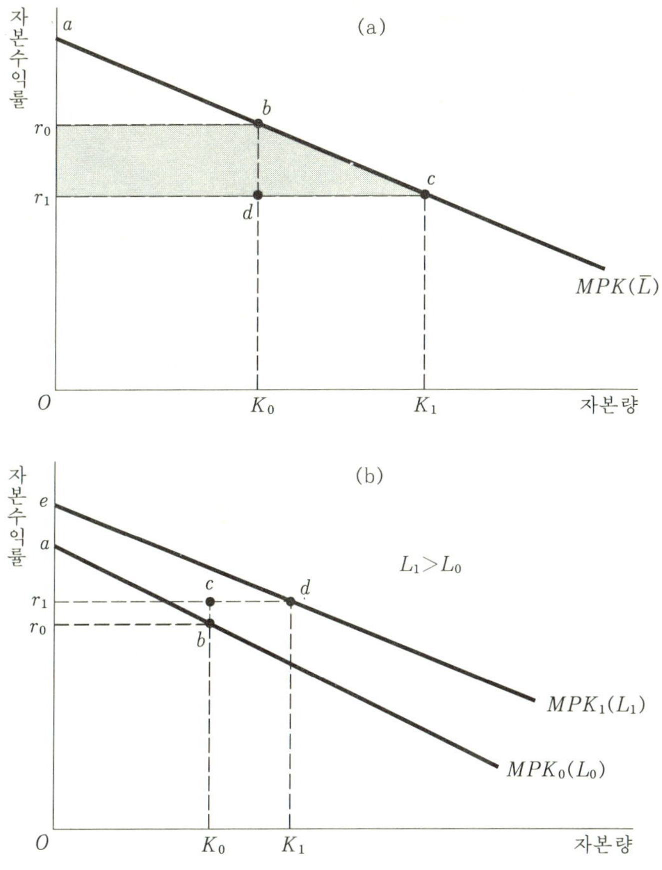

〈그림 10-3〉 자본유입의 소득분배효과

자본과 같이 포함되어서 외국으로부터 국내시장에 유입되면 〈그림 10-3〉 (b)의 *MPK* 곡선은 더욱 확대될 것이다. 여기서 *MPK* 곡선이 이동하는 속도와 규모에 따라 자본수익률이 전보다 낮을 수도, 높을 수도 있음을 주지할 필요가 있다.

제 5 절 국제무역투자자유지역

1. 개 념

특정 국가나 어떤 국가 內 특정 지역을 가리키는바, 이 지역에서는 상품의 수출입이 자유로울 뿐만 아니라 이 지역 內의 외국인투자를 유치하고 촉진시키기 위하여 필요한 각종 세제상의 혜택이 주어지는 지역을 뜻한다.

경제발전 초기단계에 있는 개도국들은 국내산업에 충격을 주지 않는 범위 내에서 외국의 자본과 기술을 도입하여 상품을 생산하고 이를 수출하기 위해 무역투자자유지역을 설치한다. 이 지역에서 생산·가공된 상품은 국내로 반입되지 않고 수출되기 때문에 수출용 원자재의 수입에는 관세가 전혀 부과되지 않으며 통관절차도 지극히 간소하다. 그러나 경제가 발전하면서 이 지역에서 만들어진 상품과 어느 정도 국내반입이 허용됨으로써 결국 무역투자자유지역에서의 생산활동이 국내산업에 자연스럽게 영향을 미치게 된다.

2. 형 태

개발국가의 설치목적에 따라 국제무역투자자유지역의 형태는 조금씩 다르다. 전량수출을 조건으로 수출자유지역(export processing zone)이 있으며, 생산품의 내수판매를 조건으로 하는 수입가공지역(import processing zone)형태도 있다. 그리고 이 두 가지의 中間형태로서 내수판매를 어느 정도 허용해 주는 무역투자자유지역 형태도 가능하다.

수출자유지역 가운데도 특정 工團型 수출자유지역(fenced export processing zone)이 있다. 이 지역은 수출진흥, 고용확대, 선진기술 습득의 목적을 달성하기 위해 설치되는데, 이곳에서는 외국으로부터 수입되는 기계 · 설비 · 원자재 등의 수입에 대해 관세면제, 통관절차 간소, 관련 행정서비스 지원 등이 일괄적으로 제공된다.

이러한 수출자유지역은 개도국들이 경제개발 초기단계에서 주요한 경제정책수단으로 간주되고 있으며, 대개 국제공항이나 항만에 근접한 中小규모의 공업단지형태로 운영되고 있다. 실례로는 1960년대에 우리 나라 항구도시인 마산에 설치되어 지금까지 운영되고 있는 마산수출자유지역과 대만의 까오숑수출자유지역 등이 있는데, 그 동안의 역할은 비교적 성공적인 것으로 평가되고 있다. 보다 자세한 논의는 다른 연구(金準東, 94. 5)에서 찾아볼 수 있다.

수출자유지역의 다른 형태로 廣域型 수출자유지역(unfenced export processing zone)이 있다. 설치목적은 工團型과 같으나 대상지역이 조금 다르다. 이러한 형태는 국경이나 항만인근의 광역지역에 생산거점을 가진 외국인투자기업에서 수입관세 면제, 통관절차 간소화 등의 인센티브를 부여하는 제도이다. 광역형 수출자유지역은 공단형 수출자유지역처럼 좁은 공간이 아니기 때문에 이 지역 內에서의 규제완화나 특별한 영업환경특혜를 제공하기 어렵다. 그래서 불시점검 등을 실시함으로써 서류상에 등재된 무관세수입품목이 구역 이외로 반출되는 것을 억제하기도 한다. 실제로는 멕시코의 마킬라도라(Maquiladoras)가 이 類型에 속한다.

이 밖에 국제무역투자자유都市型이 있다. 이것은 싱가포르와 홍콩과 같이 무역과 생산뿐만 아니라 금융까지 포함하는 경제활동에 대해 폭넓은 자유를 보장하는 도시를 가리킨다. 이러한 국제무역투자자유도시는 몇 가지 특징이 두드러진다. 모든 수입관세의 폐지, 외환자유와 금융자본이동의 자유, 외국인투자에 규제완화 내지 세제상의 특혜 등을 보장한다. 그리고 이들 도시국가들은 국제공항, 국제항구, 국제비즈니스센터 등을 완비함으로써 국제기업활동을 적극 지원한다.

참고문헌

金準東, 「主要國의 投資自由地域 運營現況과 우리 制度의 改善方案」, 對外經濟政策硏究院, 1994, 정책자료 94-08.

Bergern, C. Fred, Thomas Horst, and Theodore H. Moran, *American Multinational and American Interests*, Washington: The Brookings Institution, 1978, *Treats Many Issues of Behavior and Public Policy.*

Brash, Donald T., *American Investment in Australian Industry*, Canverra: Australian National University Press, 1966, *Survey of Effects on One Host Country.*

Caves, Richard E. and Ronald W. Jones, "Internation Factor Movements and Multinational Companies," *World Trade and Payments*, Fourth Edition, 1985, Chapter 10.

John, Harry G., "The Efficiency and Welfare Implications of the International Corporation," *The International Corporation*, MIT Press, 1970, Chapter 2.

Reuber, Grant L. et al., *Private Foreign Investment in Development*, Oxford: Ciarendon Press, 1973, *Behavior of Multinational Companies in Less-development Countries.*

Vernon, Raymond, *Sovereignty at Bay: The Multinational Spread of U. S. Enterprise*, New York and London: Basic Books, 1971, *Survey of Evidence on Behavior of U. S. Subsides Abroad.*

제11장

불완전경쟁과 무역패턴

제11장 불완전경쟁과 무역패턴

지금까지 우리는 생산요소시장과 재화시장이 모두 완전경쟁하에서 기능하고 있다는 전제하에서의 무역패턴을 분석하였다. 그러나 두 시장 모두 불완전경쟁하에서 기능하고 있다고 해야 보다 현실적인 분석이 될 수 있을 것 같다. 그래서 여기서는 만일 요소시장과 재화시장이 불완전경쟁을 경험하고 있다면 이것이 무역패턴과 후생수준에 어떤 영향을 줄 것인지 알아보고자 한다.

제 1 절 재화시장의 불완전경쟁

미시경제학의 기초이론에서 독점기업의 경우 한계비용과 한계수입이 같을 때 독점이윤이 극대화된다는 사실이 다루어지는데, 이것을 〈그림 11-1〉을 통해서 간략히 고찰해 보기로 하자.

독점기업은 완전경쟁기업과는 달리 독점이윤을 극대화하기 위해 가격과 수량을 조절할 수 있다. 즉 수리적으로나 기하학적으로 한계비용과 한계수입이 같아지도록 가격과 수량이 결정되면 독점이윤이 극대화된다는 결론을 유도할 수 있다.

〈그림 11-1〉에서 X재 산업이 만일 완전경쟁산업이라면 한계비용곡선인 MC와 시장수요곡선인 D가 만나는 A점에서 가격은 P^c, 수량은 Q^c수준으로 결정된다. 그리고 개별기업은 판매량의 규모에 관계없이 P^c를 주어진 것으로 받아들이기 때문에 개별기

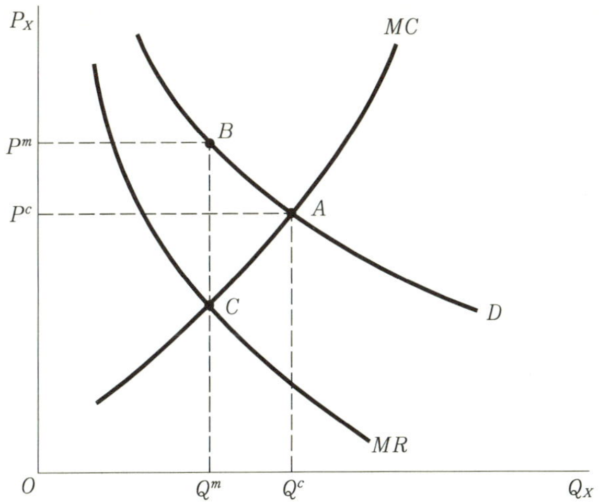

〈그림 11-1〉 독점시장에서의 가격과 수량결정

업의 한계수입은 P^c와 항상 동일하다.

그러나 X재 산업이 독점산업이라면 X재 산업이 곧 하나의 기업 자체이므로, 그 기업의 수량규모에 따라 가격수준이 달라지며, 한계수입은 〈그림 11-1〉의 MR곡선상에서 움직인다. 따라서 이윤을 극대화시키는 수량은 MR곡선과 MC곡선이 만나는 C점과 부합되는 Q^m이 되며, 가격은 수요곡선상의 B점과 부합되는 P^m이 된다. 이로써 독점산업과 완전경쟁산업의 균형을 비교해 보면 균형가격은 독점가격이 경쟁가격보다 높으며, 균형수량은 경쟁산업이 독점산업보다 많다는 결론이 도출된다.

이와 같이 〈그림 11-1〉에서는 X재라는 한 개 산업의 틀 속에서 독점산업의 균형이 도출되었다. 그러나 〈그림 11-2〉에서는 일반균형의 차원에서 X재 산업과 Y재 산업의 두 개 산업의 틀 속에서 독점산업과 완전경쟁산업의 경우를 비교해 보자.

무역이 개시되기 전, 만일 X재 산업과 Y재 산업이 모두 완

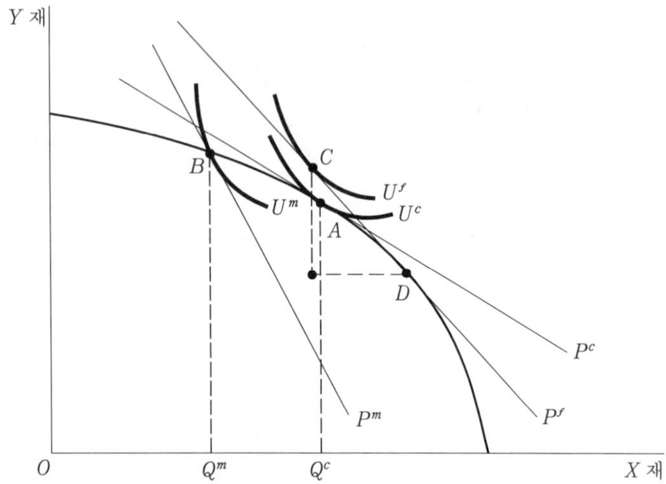

〈그림 11-2〉 2재화모형에서의 독점산업과 경쟁산업의 비교

전경쟁산업이라고 한다면 자국의 균형은 생산가능곡선과 가격선 P^c가 접하는 A점에서 이루어지고, X재의 상대가격과 수량은 P^c와 Q^c가 된다. 그러나 만일 Y재 산업은 완전경쟁이나 X재 산업은 독점이라고 한다면 B점에서 균형이 이루어진다. 따라서 X재의 상대가격은 P^m으로서 P^c보다 높으며, X재의 수량은 Q^m으로서 Q^c보다 적다. 그리고 자국의 후생수준은 독점의 경우보다 완전경쟁의 경우가 더 높은 것으로 나타난다.

이제 자국시장이 개방되어 자유무역이 시작되는 경우 상대가격이 국제시장가격인 P^f수준으로 변동된다고 하자. 이 경우 자국의 소비점과 생산점은 각각 C점과 D점이 되며, X재를 수출하고 Y재를 수입하게 되어 자국의 후생은 U^f수준으로 향상된다. 여기서 우리가 지적할 수 있는 사실은 독점산업을 개방하면 자국의 후생은 U^m에서 U^f수준으로 향상되는데, 이것은 자국경제가 독점체제에서 경쟁체제로 전환될 때 증가되는 후생(U^c-U^m)과 경쟁체제에서 자유무역체세로 전환될 때 증가되는 후생($U^f - U^c$)의 합과 같다.

제 2 절 요소시장의 불완전경쟁

앞 절에서는 재화시장이 불완전한 경우를 다루었으나, 여기서는 요소시장이 불완전한 경우를 다루고자 한다. X재 산업과 Y재 산업의 생산요소는 노동과 자본이라고 하고, 자본시장은 완전경쟁이나 노동시장은 불완전경쟁이라고 전제한다. 나라마다 상황이 다르므로 오히려 자본시장은 불완전하나 노동시장이 완전한 경우도 있다. 그러나 여기서는 노동조합의 존재나 불완전한 정보 때문에 노동시장이 불완전하다고 가정한다. 보다 구체적으로 X재 산업은 노동조합이 결성되어 있어서 X재 산업에서 일하는 노동자의 임금은 Y재 산업의 노동임금보다 높다고 가정해 보자.

〈그림 11-3〉에서 총노동공급은 $\bar{L}$이고, 각 산업의 노동수요는 노동의 한계생산곡선으로 나타낼 수 있다. 그런데 X재 산업의 임금은 노동조합 덕택으로 Y재 산업의 임금보다 높다. 그래서 $W_X > W_Y$ 식이 성립한다. 그러나 노동의 흡수량은 그만큼 적다. 이 때 자국경제의 총생산량은 X재 산업의 총생산량인 ADO_XE와 Y재 산업의 총생산량인 BDO_YF의 습이 된다.

그런데 만일 X재 산업의 임금과 Y재 산업의 임금이 노동의 한계생산물과 일치하게 결정된다면 Y재 산업으로부터 X재 산업으로 노동이동이 일어나며, 결과적으로 두 산업의 총생산량은 CEO_XO_YF 크기가 됨으로써 그 전보다 ABC 만큼 증가한다. 따라서 요소시장의 불완전경쟁은 생산의 비효율을 수반하여, 특히 〈그림 11-3〉에서는 노동은 완전고용상태에 있으나 노동의 산업적 배분이 잘못됨으로써 총생산에 손실이 발생한다는 사실을 우리는

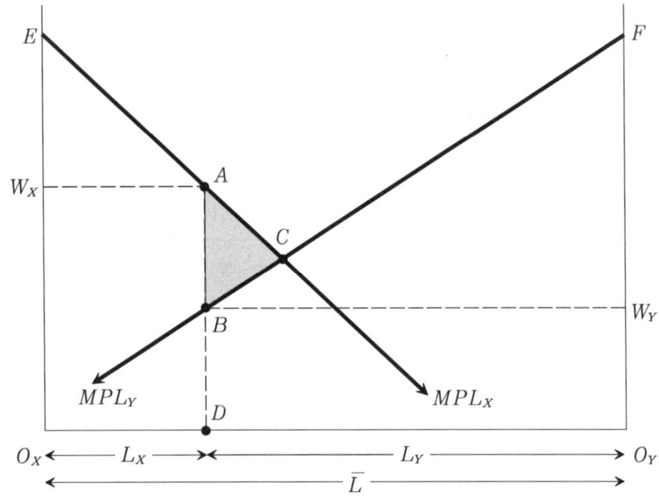

〈그림 11-3〉 ***X*** 재 산업에서의 노동조합 결성과 경제적 손실

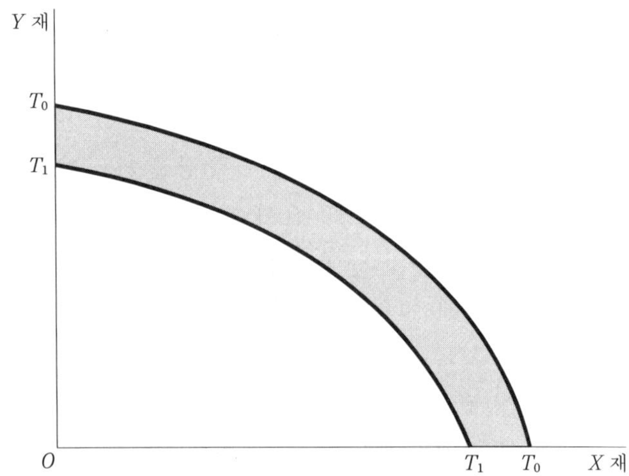

〈그림 11-4〉 요소시장의 불완전경쟁과 생산가능곡선

알 수 있다.

이렇게 하여 노동시장이든 자본시장이든간에 요소시장이 불완전경쟁하에서 생산가능곡선이 안쪽으로 축소된다는 경제적 논리는 쉽게 이해가 된다.

주어진 요소부존을 전량 활용한다 하더라도 생산요소의 이동을 인위적으로 금지시키면 생산가능영역은 그만큼 축소된다. 그러나 X재 산업이든 Y재 산업이든 완전특화인 경우에는 노동임금이 시장임금수준보다 높게 책정된다면 실업문제를 피할 수 없게 된다. 따라서 생산가능곡선은 〈그림 11-4〉에서 처럼 T_0T_0에서 T_1T_1으로 축소된다.

이제 X재와 Y재 산업에서 자본시장은 완전경쟁하에 있으나 노동시장은 불완전경쟁하에 있다고 가정한다. 즉 두 산업 모두 최저임금제를 실시하고 있어서 노동임금은 일정 수준 이하로 하락할 수 없는 경우 생산가능곡선은 어떻게 달라지는지 살펴보자. 〈그림 11-5〉 (a)에서 부존요소를 모두 활용하는 경우 X재의 최대생산량은 X^m, Y재의 최대생산량은 Y^m이며, 현재의 균형점에서 X재는 X^0수량, Y재는 Y^0수량만큼 생산됨을 우리는 알 수 있다. 생산가능곡선은 〈그림 11-5〉 (b)의 X^maY^m곡선으로 나타나 있으며 가격선은 P^0로서 현재의 균형점은 a점에서 이루어진다.

이제 a점에서 X재 생산을 줄이고 Y재 생산을 늘린다면 그에 부합되는 Y재로 표시한 X재의 상대가격은 P_0에서 P_1으로 하락하게 된다. 여기서 상대가격은 X재 한 단위를 얻기 위해 포기해야 하는 Y재의 단위를 나타내므로, 자본집약적인 Y재의 생산이 늘어남에 따라 Y재의 집약적 요소인 자본의 가격은 상승하고, X재의 집약적 요소인 노동의 가격은 하락하게 된다. 그러나 최저임금제 때문에 노동임금이 하락할 수 없으므로 실업이 발생하게 되고, 생산점도 원래의 생산가능곡선상에 있을 수 없게 된다.

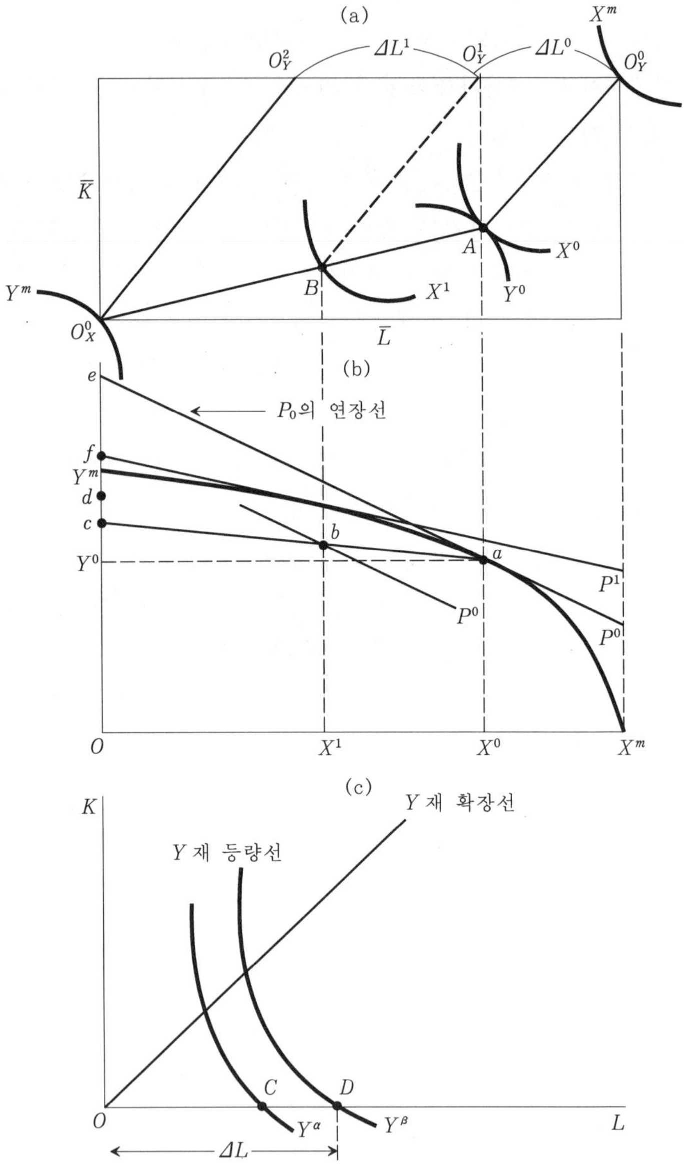

〈그림 11-5〉 최저임금제와 생산가능곡선

그래서 재화가격의 변동 없이 X재 생산은 줄이고 Y재 생산을 늘리게 되면 실업이 발생하며 이것은 립친스키 정리에 의한 부존요소의 감소효과를 가지는 것과 같다. 〈그림 11-5〉 (a)에서 노동의 감축이 ΔL^0만큼 생긴다면 Y재 생산의 원점은 O_Y^0에서 O_Y^1로 옮기게 되면서 생산점은 A점에서 B점으로 옮겨간다. 그래서 Y재 생산은 증가하는 반면 X재 생산은 X^0에서 X^1수준으로 감소한다. 이때 생산점은 〈그림 11-5〉 (b)의 b점이 된다.

이런 과정을 계속하면 결국 X재는 전혀 생산하지 않고 Y재만 생산하게 되는데, 이때 〈그림 11-5〉 (a)에서 Y재 산업의 원점은 O_Y^2점으로 옮겨온다. 이때 생산점은 〈그림 11-5〉 (b)의 c점이 되며, 〈그림 11-5〉 (b)의 a, b, c점을 연결시킨 선분은 바로 립친스키線이 된다.

〈그림 11-5〉 (b)의 c점에서는 〈그림 11-5〉 (a)의 ΔL^0와 ΔL^1을 합한 ΔL만큼의 실업이 존재한다. 이렇게 남은 노동을 활용하면 어떤 가격에서든지 어느 정도의 Y재 생산이 가능하다. 〈그림 11-5〉 (c)에서와 같이 자본을 전혀 사용하지 않더라도 ΔL만큼의 노동을 이용하면 Y^β만큼의 Y재를 추가적으로 생산할 수 있다. 만일 Y재가 Y^α만큼만 추가적으로 생산되면 여전히 CD만큼 실업이 존재하게 되며, 〈그림 11-5〉 (b)의 선분 cd상에 생산점이 놓이게 된다. X재 산업과 Y재 산업에서 최저임금제가 실시되는 한 생산가능곡선은 〈그림 11-5〉 (b)에서 $X^m aY^m$곡선이 아니라 $X^m abcd$곡선이 된다.

이제 자유무역을 도입한 후 무역패턴과 후생의 변동을 살펴보자. 〈그림 11-6〉에서 생산가능곡선은 $X^m DEG$가 되며, 무역개시 전 자국의 생산과 소비는 A점에서 이루어지고 후생수준은 U^0가 되며, X재의 상대가격은 〈그림 11-6〉에는 그려져 있지 않으나 A점을 통과하는 가격선 P^0가 된다. 그러나 무역이 개시된 후 X재

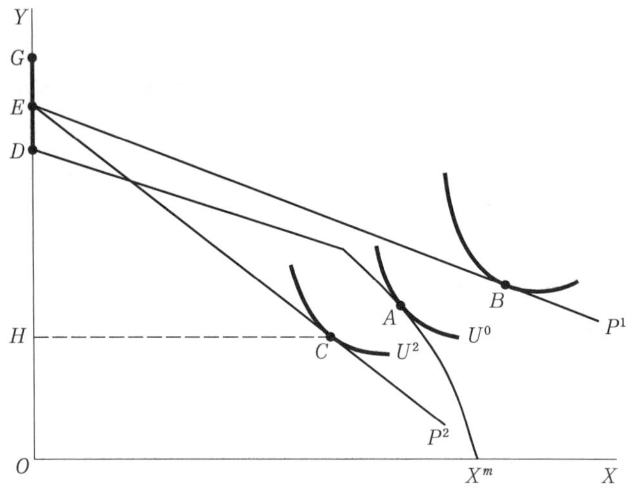

〈그림 11-6〉 최저임금제와 자유무역

의 상대가격은 P^0보다 낮아지는데, 두 가지 경우가 발생한다.

첫째 경우는 가격선이 P^1이 되고 생산점이 E점이 되는 경우이다. 이때의 후생수준은 U^1으로서 무역개시 이전의 후생보다 높다. 그러나 최저임금제의 실시 때문에 GE 선분에 해당하는 실업이 존재한다. 두 번째 경우는 자유무역이 개시된 후 생산점은 첫째 경우처럼 E점이 되나 가격선이 P^2가 되는 경우이다. 이때의 후생수준은 U^2로서 무역개시 전의 후생보다 낮다. 이와 같이 최저임금제를 실시하는 한 자유무역을 도입한 후의 후생수준은 자유무역개시 전보다 좋을 수도 있고 나쁠 수도 있음이 지적된다.

제 3 절 생산요소의 산업간 불완전이동

기존의 헥셔-올린 모형에서 여러 가지 가정을 전제하였는데 그 중 하나는 국제간 요소의 이동은 자유롭지 못하지만 국내산업간 요소의 이동은 자유롭다고 한 것이었다. 여기서는 두 요소 중 한 개 요소는 국내 산업간이라도 자유스럽지 못한 경우를 살펴보기로 한다.

재화의 상대가격이 변동하면 생산요소가 이동하게 된다. 예컨대 X재화의 상대가격이 상승하면 X재화의 생산이 증가하는데, 이에 필요한 생산요소는 Y재 산업에서 빼오게 된다. 따라서 Y재 생산은 감소한다. 그런데 노동과 자본의 두 요소가 모두 즉각적으로 Y재 산업에서 유출될 수 없는 경우도 있다.

예컨대 자본은 Y재 생산을 위해 특별히 설치되어 있었던 것인데, 이를 단기에 그대로 X재 생산에 쓸 수 있다고 간주하는 것은 아무래도 무리한 가정일 수 있다. 그래서 단기에는 전 노동력의 산업간 이동은 용이하나 자본은 그렇지 못하고 오로지 일정시간이 경과한 후에라야 X재 생산에 자본 전량이 사용된다고 할 수 있다. 다시 말해서 단기에는 일부 자본만이 사용되다가 시간이 경과하면서 전 자본량이 효율적으로 사용된다고 할 수 있다.

이렇게 되면 생산가능곡선이 단기와 장기에 따라 구별되며, 따라서 무역삼각형의 모양이 달라진다. 이런 경우를 단계적으로 분석해 보자.

자본량이 K_0수준에 주어졌을 때 노동의 한계생산성은 감소한다는 가정하에 〈그림 11-7〉의 노동의 한계생산곡선은 우하향한다. 그러나 일인당 자본사용비율이 높아지면 노동의 한계생산성은 증가한다. 同 그림에서 자국의 자본과 노동이 K_0와 L_0수준에 있다고 한다면 노동의 한계생산성은 W_0이다. 그러나 자본량이 K_1수준으로 증가하면 노동의 한계생산성은 W_1수준으로 높아진다.

이제 X재화는 노동집약적이고, 노동은 X재 산업과 Y재 산업간에 자유로이 이동하는 반면에 자본은 국내 산업간에 자유로

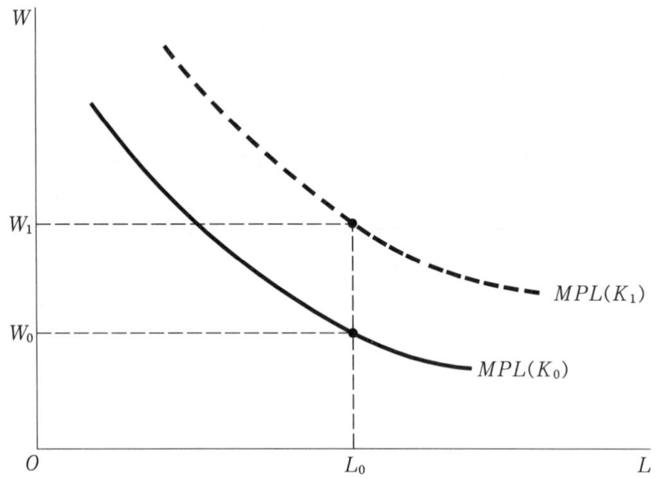

〈그림 11-7〉 노동의 한계생산곡선

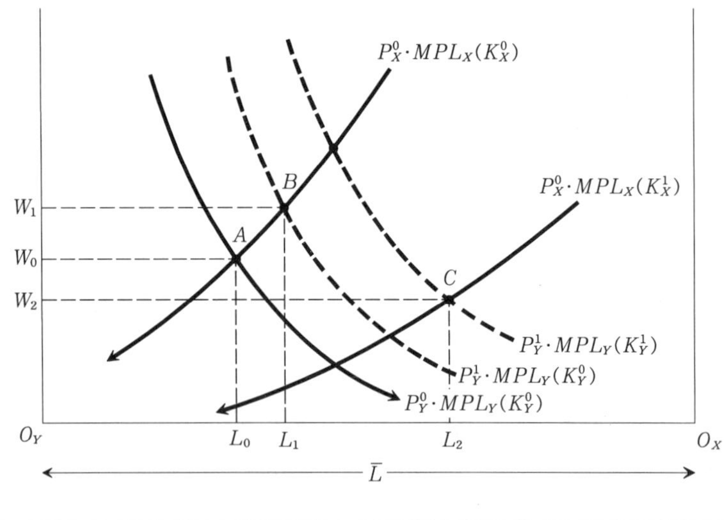

〈그림 11-8〉 노동의 한계수입곡선

이 이동되지 않는다고 했을 때 균형실질임금의 결정과정을 살펴보자. 여기서 실질임금이라 함은 단순한 화폐임금을 배제하고 생산물을 기준으로 한 임금을 가리킨다.

〈그림 11-8〉에서 O_X는 X산업의 원점, O_Y는 Y산업의 원점을 표시하며, $\bar{L}$은 노동의 전량을 나타낸다. 이 중 일부는 X재 산업과 Y재 산업에 배분된다. 노동의 배분은 각 산업의 노동의 한계수입에 따라 결정된다. 노동의 한계수입이란 노동의 한계생산물에 단위가격을 곱한 것을 말한다. 그러니까 생산물의 시장가격이 상승하면 그 효과만큼 노동의 한계수입곡선은 상향이동한다. 자본이 K_0수준에 주어졌을 때 처음 균형은 X재 산업에서의 노동의 한계수입과 Y재 산업에서의 노동의 한계수입이 같은 A점에서 이루어진다. 따라서 A점에서는 다음의 세 가지 조건이 성립한다.

$$\bar{K}=K_X^0+K_Y^0 \qquad \cdots\cdots\cdots (1)$$

$$\bar{L}=L_X^0+L_Y^0 \qquad \cdots\cdots\cdots (2)$$

$$P_X^0 \cdot MPL_X(K_X^0)=P_Y^0 \cdot MPL_Y(K_Y^0) \qquad \cdots\cdots\cdots (3)$$

$$W_X=W_Y \qquad \cdots\cdots\cdots (4)$$

여기서 P_X^0와 P_Y^0는 처음 X와 Y의 시장가격을 의미하며, K와 L은 자본 전량과 노동 전량을 각각 나타낸다. 그리고 W_X와 W_Y는 X재 산업과 Y재 산업의 실질임금을 나타낸다. 각 산업의 노동사용량을 비교하면 X재 산업은 노동집약적이고, Y재 산업은 자본집약적임을 알 수 있다.

이제 자본집약적인 Y재의 시장가격이 P_Y^0에서 P_Y^1으로 상승하였다고 하자. 이때 Y재 산업에서의 노동의 한계수입곡선은 상향이동하고, X재 산업에서 Y재 산업으로 노동력이 이동함으로써 B점에서 새로운 균형이 이루어진다. 그 결과 Y재 산업의 노동은 O_YL_0에서 O_YL_1으로 증가하고 임금수준은 두 산업에서 모두 W_0에서 W_1수준으로 증가한다.

그런데 이때 유의할 점은 각 산업에서 자본사용량은 예전과 다름없다는 사실이다. 앞에서 지적한 바와 같이 자본은 일단 장치가 되면 다른 산업으로 쉽게 옮겨갈 수 없다고 한다면 B점이 새로운 균형점으로 끝까지 남게 된다. 그러나 충분한 시간이 경과하여 자본이라도 시장가격이 오른 Y재 산업으로 완전히 이동할 수 있게 된다면 두 산업에서의 노동의 한계수입곡선은 이동하게 된다. 노동뿐만 아니라 자본도 X재 산업에서 Y재 산업으로 빠져나감으로써 Y재 산업의 자본량은 K_Y^0에서 K_Y^1으로 증가하는 반면 X재 산업의 자본량은 K_X^0에서 K_X^1로 감소하게 된다. 따라서 최종균형점은 C점이 된다. 그리고 그 때 Y재 산업의 노동량은 원점에서 L_2 거리만큼 된다.

헥셔-올린 모형에 의하면 자본집약도가 높은 산업의 상대가

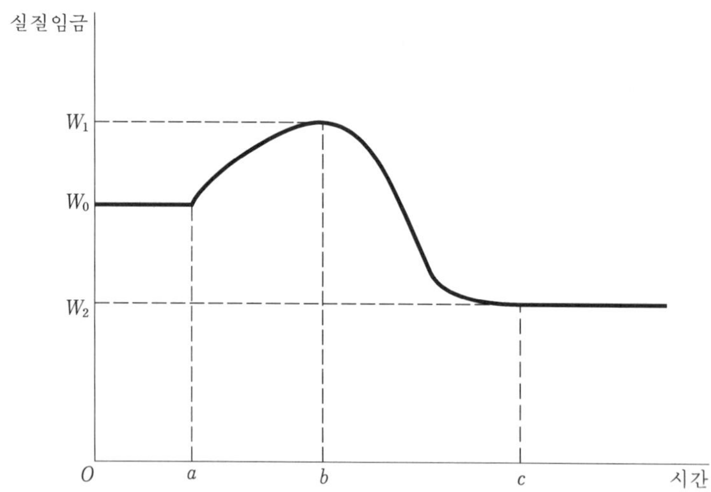

〈그림 11-9〉 실질임금의 변동

격이 높을 때 자본의 가격은 상승하고, 노동의 가격인 임금은 하락한다고 하였다. 그러나 단기에는 자본의 이동이 허용되지 않고, 노동만이 자본집약적 산업에 이동되어온다면 노동임금이 상승한다. 그래서 〈그림 11-9〉에서 보듯이 실질임금은 처음에는 W_0수준에서 W_1수준으로 경과한다. 그러나 장기균형에 가서는 자본도 Y재 산업으로 이동되어옴으로써 결과적으로 자본요소의 가격이 상승하여 실질임금은 C점에서 W_2수준으로 하락한다.

이제는 자국의 부존상태와 요소집약도를 함께 보여주는 요소상자(Edgeworth box)를 이용하여 자본의 이동과정을 살펴보기로 한다. X재 가격은 P_X^0수준에 그대로 있음에 반해 Y재 가격이 P_Y^0에서 P_Y^1으로 상승하였다고 하면 수익성 제고 때문에 Y재 산업으로 생산요소가 유입된다. 〈그림 11-10〉 (b)에서 만일 Y재 가격이 원래 가격의 30% 증가하였다면 Y재의 한계수입곡선이 상향이동하는데, 선분 DE는 W_0의 30%에 해당한다. 이로써 새로운 임금은 C점에서 이루어진다. C점에서는 Y재 산업의 노동력은 증가하나 자본량은 예전과 동일하다. 왜냐하면 단기에 있어서 자본의 산업간 이동이 불가능하다고 가정하였기 때문이다. 그래서 〈그림 11-10〉 (a)의 C점이 자국의 부존상태를 나타낸다.

그러나 머지않아 X재 산업의 자본도 수익성이 높아진 Y재 산업으로 유입하게 되면서 자국의 부존상태는 C점에서 B점으로 단계적으로 이동해갈 것이다. 자본이 이동하는 한 Y재 산업의 한계수입곡선은 상향이동하고, X재 산업의 한계수입곡선은 하향이동한다. 결국 요소부존점이 A점에서 B점으로 옮겨가는 동안 자본집약적 산업이 확대되는데, 이 동안 임금은 일단 W_1수준으로 상승하였다가 최종균형점에서는 다시 W_2수준으로 하락한다.

이제는 생산요소의 산업간 이동 여부에 따라 생산가능곡선이 시간이 경과하면서 달라지는 사실을 살펴보자. 만일 단기에 있어

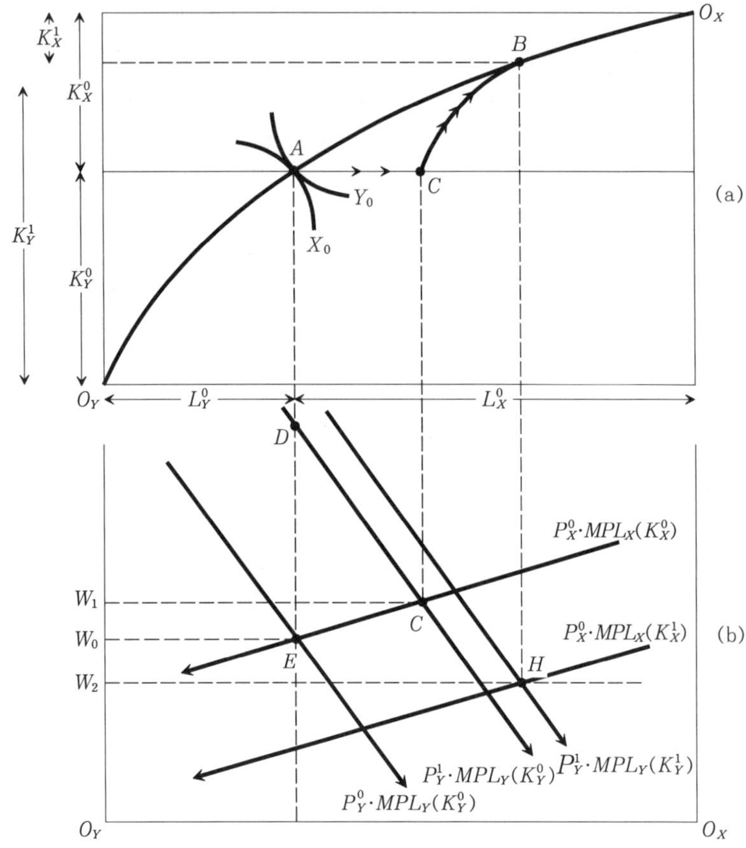

〈그림 11-10〉 산업간 자본이동이 허용되지 않는 경우

서 자본뿐만 아니라 노동도 X재와 Y재 산업간에 자유이동이 가능하지 않다고 하자. 그렇다면 Y재의 가격이 X재에 비해 상대적으로 상승하더라도 〈그림 11-11〉 (a)에서와 같이 Y재의 증산이 일어나지 않고 여전히 같은 X_0와 Y_0의 수량을 유지한다. 앞에서와 같이 단기에 있어서 자본의 산업간 이동이 여의치 못하고 노

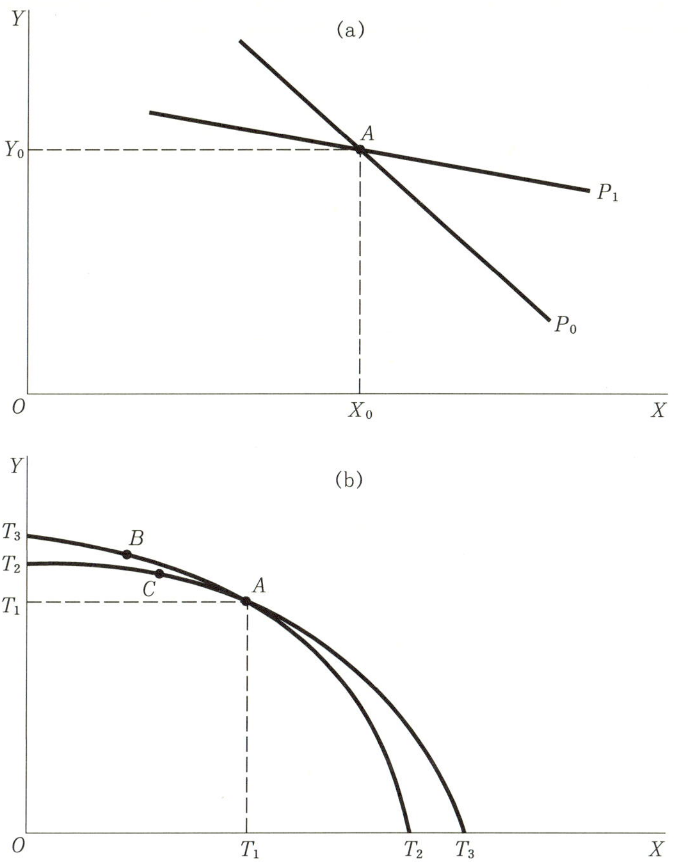

〈그림 11-11〉 산업간 요소이동 여부와 생산가능곡선

동만이 이동가능하다면 생산점은 〈그림 11-11〉 (b)에서와 같이 C 점으로 옮겨간다. 그러다가 장기에 가서 자본이 자유로이 타산업에 이동하여간다면 생산점은 〈그림 11-11〉 (b)에서와 같이 B점으로 옮겨간다. 이리하여 생산가능곡선은 시간이 경과함에 따라 T_1AT_1에서 T_2AT_2를 경유하여 결국은 T_3AT_3로 확대된다.

제 4 절 국제재화시장에서의 독과점

지금까지는 국제시장은 완전경쟁하에 있다고 전제하고 국가간의 상품무역을 다루었다. 그래서 자국의 규모가 충분히 커서 국제시장가격에 영향을 주는 경우에는 2國 모형을 채택하였으나 자국의 규모가 충분히 작은 경우에는 국제시장가격을 주어진 것으로 보고 그에 맞추어 국내생산과 국내소비가 결정된다고 보았다.

그런데 사실은 국제시장이 불완전한 경우도 많다. 어쩌면 상품의 종류에 따라서 다르지만 불완전한 시장이 더 많을지도 모른다. 세계석유수출국기구(OPEC)의 존재나 反덤핑(anti-dumping)제소 등이 좋은 實例가 된다.

여러 개의 독점기업이 존재하는 시장형태, 즉 과점이 국제시장에서 존재하는 두 가지 경우는 국제카르텔과 덤핑이다. 그래서 여기서는 이 두 가지 경우를 간단한 경제모형을 도입하여 분석해 보기로 한다.

1. OPEC의 석유카르텔

세계 석유시장에서 대규모의 석유를 공급하는 나라들이 개별적으로 서로 경쟁하는 경우에는 〈그림 11-12〉에서 보듯이 P_c의 가격과 Q_c의 수량이 결정된다. $\sum MC_i$는 시장에 참여하는 석유공급자의 한계비용곡선을 합하여 도출한 것이며, D와 MR은 전 석유공급자들이 당면하는 시장수요곡선과 시장한계수입곡선을 각각 나타낸다.

이들 개별공급자들이 담합하여 1개의 독점기업처럼 성공적으로 행사한다면 한계수입곡선과 단체한계비용곡선이 만나는 점에

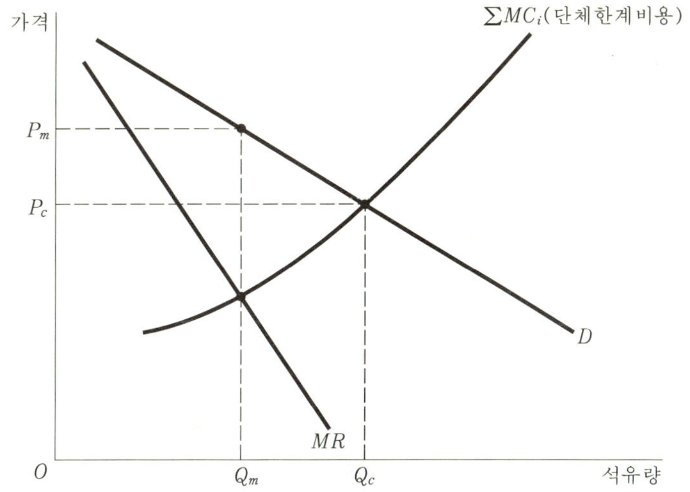

〈그림 11-12〉 카르텔의 형성과 독점가격

서 가격과 수량이 결정되며, 가격은 P_c보다 높은 P_m이 된다. 그러나 이에 부합되는 석유판매량은 Q_c보다 적은 Q_m이므로 회원간에 석유減産문제가 발생한다.

석유수출국기구(Organization for Petroleum Exporting Countries)가 바로 국제석유카르텔의 형태라고 할 수 있는데, OPEC에 할당된 중요한 과제는 회원국들이 카르텔가격을 고수하는 것과 회원국에게 할당된 생산량을 그대로 준수하는 것이다. 그런데 이들 회원국들은 지리적으로 멀리 떨어져 있어서 회원국들이 카르텔가격과 석유할당량을 그대로 준수하기보다는 실제로 회원국들은 카르텔가격보다 조금 낮은 가격에 그리고 자국의 할당량보다는 많은 석유량을 비회원국에게 수출하려는 동기가 강하게 작용한다. 그래서 이를 미연에 방지하기 위해 회원국들이 수시로 회합을 가지지만 담합이 깨질 가능성은 언제나 존재한다.

2. 덤 핑

덤핑(dumping)이란 국내생산자가 똑같은 상품을 가지고 외국시장에서 관세 및 수송비 등의 부대비용을 제하고 판매하는 가격이 국내판매가격보다 낮은 경우를 가리킨다. 외국생산자나 외국정부가 상대국의 덤핑행위를 규제하려는 주 이유는 상대국이 일시적이지만 저렴한 가격으로 세계시장을 지배한 후 다시 높은 가격을 매김으로써 상대국이 무역이윤을 극대화할 것이라는 우려가 있기 때문이다.

한편으로는 이런 우려가 어느 정도 정당성이 있기도 하다. 그러나 한 나라가 덤핑을 하는 데는 두 가지 근거가 있다. 하나는 자국시장 내에 독점력을 지니고 있다는 것과 또 하나는 생산시설상에 유휴가 존재한다는 점이다.

〈그림 11-13〉에서 보듯이 국내기업이 만일 자국시장에서 독점력이 없다면, 그리고 자국시장의 규모가 작아 국제가격 P^*을 항상 수동적으로 받아들인다고 한다면 총 국내생산량은 OC이며, 이 중에서 OG는 국내수요에 충족되고, 나머지 GC는 해외로 수출된다.

만일 P^*로 대표되는 해외수요가 없으며 그 대신 국내시장에서 독점력을 행사하는 기업이라면 독점이윤을 극대화하기 위해 국내한계수입곡선인 MR_1과 한계비용곡선 MC가 만나는 E점을 찾아 그에 부합되는 가격 P_m과 수량 OB를 결정할 것이다.

그러나 만일 국내기업이 국내시장에서는 독점력을 행사할 수 있으나 해외시장에서는 국제가격으로 판매해야 되는 상황이라면 그리고 동시에 국내시장과 해외시장이 서로 충분히 격리되어 있어서 국내가격이 해외가격보다 조금 높아도 자국민이 해외에서 구입하여 국내로 되반입할 수는 없다고 가정한다면 해당 기업은 역시 이윤을 극대화하기 위해 가격차별을 시도할 것이다. 즉 수요

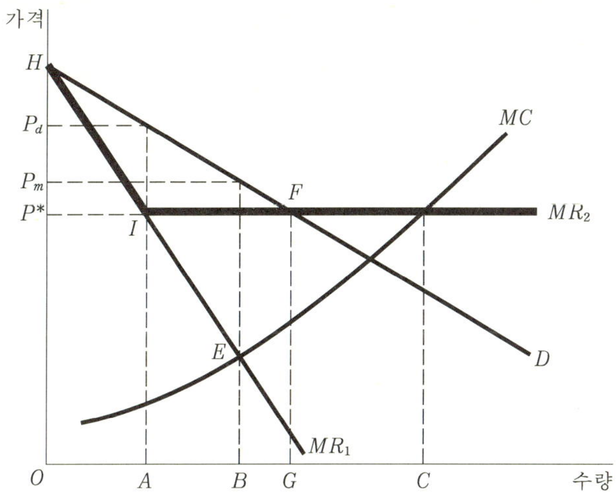

〈그림 11-13〉 국내외간 가격차별과 덤핑

가 비탄력적인 국내시장에서는 높은 독점가격을 매기고 해외시장에서는 경쟁가격을 매기게 된다.

이런 상황에 놓인 국내독점기업의 한계수입곡선은 〈그림 11-13〉에서 굵은 선으로 그려진 MR_2가 된다. 왜냐하면 생산량이 OA수준에 이르게 될 때까지는 한계수입곡선은 HI가 된다. 그러나 OA 이후부터 국내판매를 시도하는 경우 한계수입이 해외시장에서 얻을 수 있는 한계수입 P^*보다 낮아지므로 해외판매로 전환하게 된다. 따라서 해외시장을 따로 두고 있는 이 기업의 한계수입곡선은 H, I, F를 지나는 MR_2곡선이 되는 것이다. 따라서 OA수량은 P_d가격으로 국내시장에서 판매하고, 나머지 AC수량은 P^*가격으로 해외시장에서 판매하게 된다.

그러나 만일 시장이 개방되어 내국인도 자유로이 외국상품을 P^*가격으로 얼마든지 살 수 있다면 국내독점은 더 이상 가능하지 않을 수도 있다.

끝으로 덤핑이 가능한 경우는 국내기업의 생산시설의 일부가 運休상태에 있을 때이다. 그래도 국내시장과 해외시장간에 어느 정도 시장격리가 있어야 덤핑이 가능하다. 생산시설에 비해 수요가 잠정적으로 부족한 경우 우선 해외시장에서의 판매가격을 인하하고자 한다. 단 해외판매가격이 국내기업의 평균가변비용(average variable cost)을 충당하는 범위 내에 있도록 가격과 판매량이 결정될 것이다.[1)]

1) 이 문제는 대개 미시경제학의 기초이론에서 다루어진다.

참고문헌

Caves, Richard E., "International Cartels and Monopolies in International Trade," Dornbusch, Rudiger, and A. Frenkel, eds. *International Economic Policy: Theory and Evidence*, Chap 2, Baltimore: Johns Hopkins University Press, 1979, *Survey of Theoretical Models and Evidence on This Subject.*

Caves, Richard E. and Ronald Jones, *World Trade and Payment*, Fourth Edition, 1985, pp. 135~138.

Griffin, James M. and David J. Teece, *OPEC Behavior and World Oil Prices*, London: Allen and Unwin, 1982, OPEC as a cartel.

Hazari, Bhart, *The Pure Theory and International Trade and Distortions*, A Halsted Press Book, John Wiley & Sons, 1978.

Mayer, Wolfgang, "Short-run and Long-run Equilibrium for a Small Open Economy," *Journal of Political Economy*, September/October 1974.

McNicol, David L., *Commodity Agreements and Price Stabilization*, Lexington Books, 1978, *Good Treatment of Theoretical and Welfare Aspects.*

Mussa, Michael, "Tariffs and the Distribution of Income: The Importance of Factor Specificity, Substitutability, and Intensity in the Short and Long run," *Journal of Political Economy*, November/December 1974.

Pindyck, Roverts, "Gains to Producers from the Cartelization of Exhaustible Resources," *Review of Economics and Statistics*, May 1978.

Wares, William A., *The Theory of Dumping and American Commercial Policy*, Lexington Mass.: Lexington Books, 1977, *Theory and Policy of International Price Discrimination.*

제12장

규모의 경제와 무역패턴

제12장 규모의 경제와 무역패턴

제 1 절 배 경

전통적 무역이론에 의하면 무역패턴은 비교우위에 따라 결정된다. 즉 상대국에 비하여 풍부한 요소를 가지는 나라는 그 요소를 집약적으로 사용함으로써 단위당 생산비를 절감하게 되는 비교우위를 가지게 되며 따라서 그렇게 하여 만든 최종상품을 상대국에 수출한다는 것이다. 이때 생산은 반드시 규모의 경제를 전제하지 않는다.

그러나 생산에 있어 규모의 경제가 존재하는 경우 상황은 달라지게 된다. 앞서 제 7 장 제 2 절에서 규모의 경제가 생산가능 곡선에 영향을 주며 나아가서 무역패턴을 결정짓는다는 사실을 분석하였다. 그러나 여기서는 규모의 경제가 독점형성에 직접적인 영향을 준다는 사실을 분석해 본다. 규모의 경제란 생산규모가 커짐으로써 투입되는 생산요소가 증가할 때 그 때 산출되는 생산량은 더욱 빠르게 증가함으로써 단위당 생산비 즉 평균생산비가 점점 작아지는 경우를 가리킨다. 규모의 경제가 작용하면 시장형태가 독점적 경쟁시장이 되거나 경쟁시장이 되기도 한다. 비교적 현대무역이론에 속하는 산업내 무역(Intra-industry trade)과 덤핑(Dumping)도 규모의 경제와 관련이 깊다. 그리고 규모의 경제와 독점산업의 관계를 살펴본 후 규모의 경제가 무역패턴의 결정에 어떤 영향을 주는지 논의하고자 한다. 특히 실제에 있어 독점적 경쟁시장의 형태가 완전독점보다 더 많이 관찰될 수 있는바, 독점적 경쟁시장의 구조 속에서 무역패턴과 관련되는 여러 가지 중요한 문제를 본장에서 다루기로 한다.

제 2 절 규모의 경제와 시장구조

규모의 경제(Economies of Scale)란 이미 앞에서 다루었듯이 생산규모가 커짐에 따라 단위당 생산비 즉 평균생산비가 절감되는 효과를 가리킨다. 이것은 생산에 투입되는 요소의 양이 많아지는 과정에서 노동과 자본 등의 생산성이 커지기 때문에 단위당 생산비가 작아지는 경우이다.

규모의 경제는 크게 내부적 규모의 경제(Internal Economies of Scale)와 외부적 규모의 경제(External Economies of Scale)로 구분된다. 내부적 규모의 경제는 개별기업단위로 생산량의 증가가 기업의 평균비용감소로 이어지는 경우를 가리킨다. 외부적 규모의 경제는 산업별 단위로 특정지역에 기업수가 증가할 때 발생하는 외부적 경제효과 때문에 비록 기업당 생산규모가 증가하지 않았더라도 개별기업의 평균비용이 감소하게 되는 경우를 가리킨다.

예컨대 실리콘 밸리(Silicon Valley)와 같은 특정지역에 컴퓨터 관련 기업들이 집중적으로 몰려들어 컴퓨터 산업의 붐을 일으키는 경우에 해당한다. 이때 개별기업의 생산규모는 늘어나지 않더라도 기업의 평균비용은 감소하는 경우가 있는 것이다. 이것을 외부적 규모의 경제효과라 칭한다.

규모의 경제 중 내부적 규모의 경제는 그 기업이 다른 기업에 비하여 시장경쟁력이 강하다. 그리고 시장경쟁력의 강도에 따라 시장구조의 형태도 달라진다. 내부적 규모의 경제를 충분히 활용하는 기업은 그 산업에서 활동하는 유일한 기업이 됨으로써 시장을 완전 독점할 수도 있다.

그러나 실제로 완전독점은 찾아보기 힘들다. 한편 수없이 많은 기업이 경쟁하는 완전경쟁도 찾아보기 힘들다. 몇 개의 기업이 나름대로 시장독점력을 가지는 과점(Oligopoly)형태와 다수의 기업이 제한적 의미의 경쟁을 하며 동시에 시장독점력도 어느 정도 가지는 독점적 경쟁(Monopolistic Competition)형태가 더 현실적으로 가능하다. 과점의 경우 여러 기업이 독점력을 가지면서 서로 상대방의 운영전략을 예측하고 그에 대한 대처방안을 강구하기 때문에 기업의 고객유치전략은 매우 복잡하게 전개되기도 한다. 한편 독점적 경쟁기업은 규모의 경제라는 이점을 적극 활용하면서 동시에 상품차별화를 통하여 고객유치경쟁을 실행한다.
바꾸어 말하면, 독점적 경쟁기업은 상품차별화를 시도하지만 대개 내부적 규모의 경제성을 가진다. 따라서 지속적으로 독점적 경쟁기업이 되는 두 가지 조건은 내부적 규모의 경제와 상품차별화이다.

한편 외부적 규모의 경제가 작용하는 시장구조下에서는 반드시 독점적 경쟁기업이 될 필요는 없다. 다수의 기업이 경쟁하더라도 특정지역에서 비슷한 기업들이 한데 어울림으로써 이들이 외부적인 효과를 얻는 경우에는 개별기업의 생산구조가 늘어나지 않아도 이들은 각 기업의 단위생산비를 가늠할 수 있다. 이에 관하여 추후에 다시 논의하기로 한다.

제 3 절 독점적 경쟁구조하의 무역효과

국내 시장구조가 독점적 경쟁구조를 지닌다고 할 때 해당 기업들은 상품차별화와 규모의 경제라는 이점을 활용하여 고객들을 유치하려 할 것이다. 먼저 국내 산업이 균형을 이룰 때 그 산업에 남아 있는 국내 기업수가 얼마나 될 것인지에 관하여 알아보자.

독점적 경쟁下에서 기업의 수가 늘어나면 두 가지 현상이 일어날 수 있다. 하나는 기업수가 늘어나면 주어진 수요시장에서 기업간에 공급경쟁이 심화되어 가격인하효과가 기대된다. 그래서 기업수와 가격간에는 負의 관계가 성립한다고 볼 수 있다. 또 하나는 기업수가 늘어남에 따라 정해진 시장에서 차지하는 각 기업의 생산 몫은 줄어들게 되며 각 기업의 감량생산으로 인하여 규모의 경제효과가 줄어든다. 따라서 기업의 단위당 평균비용은 상승하게 된다. 그래서 기업수와 가격은 서로 正의 관계에 있다.

〈그림 12-1〉은 가격과 기업수의 관계를 보여준다. 결국 cc곡선은 가격과 기업수가 負의 관계에 있는 사실을 나타내며 mm곡선은 가격과 기업수간에 正의 관계가 있음을 나타낸다. mm곡선

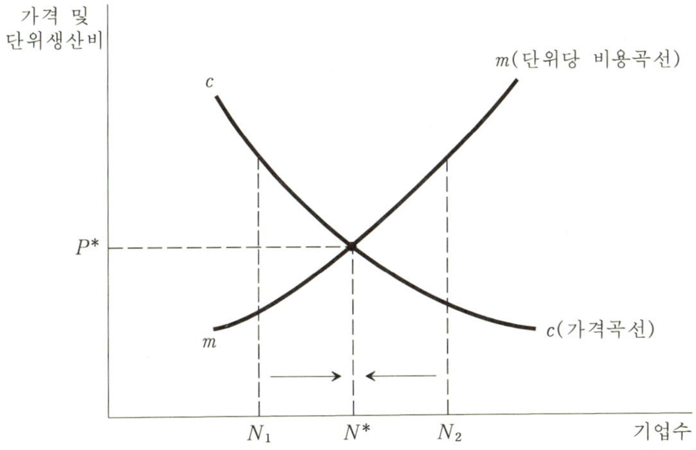

〈그림 12-1〉 독점적 경쟁下의 균형기업수 결정

과 cc곡선이 만나는 점에서 균형이 이루어지는데 이 때 P^*와 N^*는 각각 해당 산업의 균형가격과 균형기업수를 나타낸다.

만일 기업수가 〈그림 12-1〉에서와 같이 N^*보다 적은 N_1인 경우에는 상품가격이 단위당 비용보다 높은 수준에 있게 된다. 이것은 기존기업들이 독점이윤을 그만큼 누리고 있음을 뜻한다. 따라서 새로운 기업들을 유인하게 되므로 화살표 방향대로 기업수가 늘어나게 된다. 만일 처음에 기업수 N^*보다 많은 N_2인 경우에는 그 반대의 상황이 되므로 기업수는 화살표 방향으로 줄어들게 되어 결국 N^*에서 균형이 이루어진다.

이제 이런 상태에서 시장을 개방하고 자유무역을 개시한다고 가정하자. 그리고 외국에서도 시장구조가 독점적 경쟁체제라고 가정하자. 그러면 국내외시장은 대체로 하나의 단일시장으로 통합된다. 그러면 각 기업이 당면하는 시장은 그 전보다 커진다. 그러니까 그 전에는 일정수준에 주어진 시장규모가 무역개시 후에

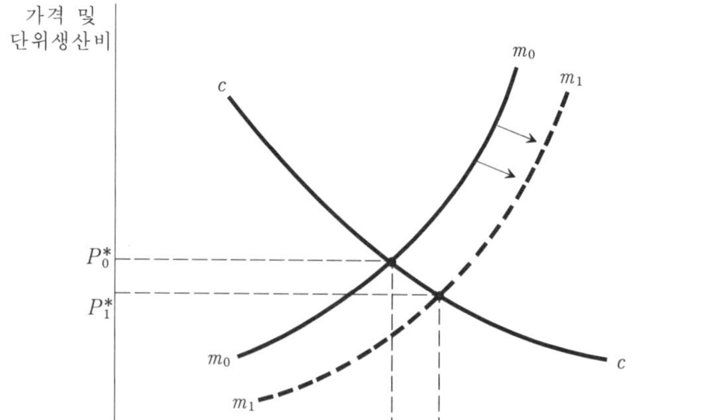

〈그림 12-2〉 독점적 경쟁구조下의 무역개시효과

는 확대되면서 기존기업의 생산규모는 커지게 된다. 따라서 규모의 경제효과를 통해 단위당 생산비용은 낮아진다.

〈그림 12-2〉에서 보듯이 이렇게 되면 mm곡선은 전의 m_0m_0 곡선에서 m_1m_1곡선으로 下向이동하게 된다. 그래서 균형가격은 P_0^*에서 P_1^*수준으로 하락하게 된다.

이렇듯 자국시장과 외국시장이 함께 통합되면 국내기업은 외국의 수요까지 수용할 수 있게 됨으로써 생산량증가를 기대할 수 있다. 따라서 규모경제의 효과를 통해 단위당 생산비 즉 평균비용을 낮출 수 있게 된다. 그렇게 되면 독점이윤이 발생함으로써 산업외부로부터 새로운 기업의 유입을 당면하게 된다. 그 결과 국내소비자는 전보다 싼 가격과 보다 풍부한 상품 선택을 누릴 수 있다. 여기서 기업은 어디까지나 독점적 경쟁기업이기 때문에 기업마다 상품의 성격이 조금씩 다르다. 그래서 기업수가 많아진다라는 말은 그만큼 소비자에 주어지는 선택의 폭이 커진다는 뜻이 된다.

제 4 절 내부적 규모의 경제와 산업내 무역

앞절에서 지적되었듯이 국내기업이 내부적 규모의 경제성과 상품차별화의 이점을 활용하는 경우 시장구조는 독점적 경쟁체제를 가질 수 있으며 이런 상황에서 두 나라가 무역을 개시하면 두 시장이 하나로 통합되면서 국내 가격은 하락하고 국내 기업수는 늘어난다는 결론을 우리는 얻었다. 여기서 우리는 산업內무역에 관한 중요한 시사점을 발견할 수 있다.

무역이 개시된 후 국내 소비자들이 국산품이든 외국상품이든 소비자의 기호에 맞는 상품을 선택할 수 있다는 사실은, 두 나라 사이에 산업內무역(Intra-industry Trade)이 일어나고 있음을 의미한다. 앞서 제 6 장에서 이미 다루었듯이 산업內무역은 산업間무역(Inter-industry Trade)과 차별된다.

산업內무역은 같은 자동차 산업內에서도 자국과 외국은 각기 국내 소비자들의 취향에 따라 종류와 모델이 다른 자동차를 서로 수출하고 수입하는 경우를 가리킨다. 반면에 산업간 무역은 산업別 비교우위원칙에 의해 한 나라는 공업제품을 수출하는 경우를 가리킨다.

제 5 절 외부적 규모의 경제와 무역패턴

외부적 규모의 경제란 개별기업으로서는 규모의 경제성이 없으나 기업들이 특정지역에 집단적으로 집중되어 있음으로써 규모의 경제성을 얻게 되는 경우를 가리킨다. 예를 들어 우리 나라 용산전자상가지역이 이에 해당된다. 용산전자상가에 밀집해 있는 개별상점들은 오히려 생산 및 판매규모가 작아 규모의 경제성은 기대할 수 없을 것으로 생각된다. 그러나 전자제품은 용산에 가면 싸게 살 수 있다는 소문이 소비자들간에 널리 퍼져 있어서 개별 상점은 광고비를 포함한 판매비용 등을 크게 줄일 수 있다. 이때 발생하는 이점을 외부적 규모의 경제라고 할 수 있다. 미국의 경우 캘리포니아의 실리콘 밸리(Silicon Vally)에 컴퓨터 소프트웨어 업체들이 집중적으로 모여 있어 외부적 규모의 경제성을 누리고 있다.

스위스의 정밀산업 특히 시계산업도 이 범주에 들어간다. 스위스에서 만들어지는 정밀시계는 여러 종류이지만 모두 국제적 명성을 지니고 있으며 세계시장에서 큰 몫을 차지하고 있다. 이렇듯 외부적 규모의 경제성 여부가 각국의 무역패턴을 결정짓는 데 큰 영향을 미친다. 그런데 미국의 컴퓨터 소프트웨어 산업과 스위스의 시계산업 등이 오랫동안 세계시장에서 큰 몫을 차지해올 수 있었던 이유는 외부적 규모의 경제성뿐만 아니라 역사적으로 우연히 그 산업에 제일 먼저 뛰어들었기 때문이라고 할 수 있다. 왜냐하면 다른 나라도 외국의 산업보다 더욱 유리한 외부적 규모의 경제성을 이용하여 기존산업에 뛰어들 수 있으나 실제로 후발주자로서 출발비용(Start-up Cost)이 너무 높아 해당 산업에 진입하기가 매우 어려운 경우가 많다.

이런 상황은 〈그림 12-3〉을 통하여 설명될 수 있다. 〈그림 12-3〉에서 D_W는 정밀시계에 대한 세계수요를 나타낸다. AC_S는 스위스의 정밀시계산업의 평균비용곡선을 나타내는데 이것은 외부적 규모의 경제 때문에 右下向한다. 스위스에서 정밀시계를 만들어내는 소규모의 기업들이 경쟁을 하고 있어 기업別 규모의 경제성은 없다고 본다. 그러나 산업別로는 규모의 경제성이 작용하기 때문에 스위스 정밀산업의 평균비용곡선은 右下向한다고 본다. 그래서 스위스는 P_1 가격에 Q_1 수량의 정밀시계를 전세계에 수출한다.

한편 AC_T는 태국의 정밀시계산업의 평균비용을 나타내는데 스위스의 평균비용보다 일률적으로 아래에 위치에 있다. AC_T에 의하면 태국도 외부적 규모의 경제성을 누릴 수 있으며, 오히려 태국은 스위스 가격보다 낮은 P_2 가격으로 Q_2 수량의 상품을 공급할 수 있으므로 당연히 태국이 세계 정밀시계시장을 장악해야 한다. 그러나 현실은 그렇지 않다. 그 이유는 스위스가 역사적으로 정밀시계산업에 제일 먼저 뛰어들어 시장을 개척했기 때문이다. 그리고 태국은 일단 정밀시계산업을 시작하면 학습효과(Learning-by-doing)와 저렴한 노동비용으로 태국시계산업의 평균비용은 스위

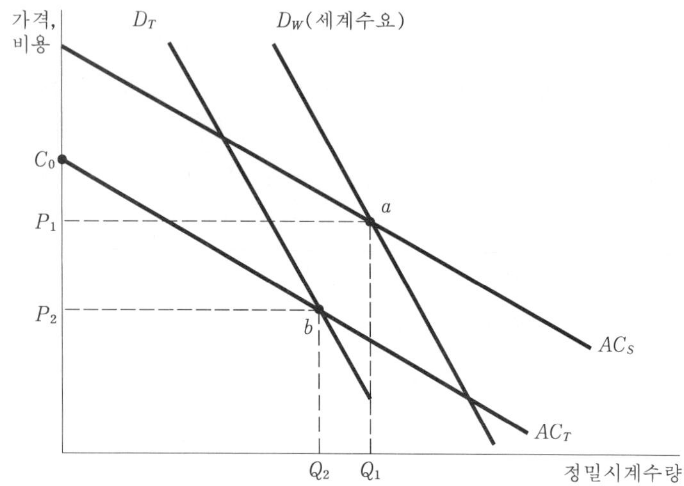

〈그림 12-3〉 산업진입비용의 차이와 무역패턴

스의 것보다 낮다. 여기서 태국시계와 스위스시계가 질적인 면에서 동일하다고 가정한다. 이런 가정이 없으면 직접적인 비교가 가능하지 않기 때문이다. 〈그림 12-3〉에서 D_W는 정밀시계에 대한 세계수요를 나타내는 곡선이며, AC_S는 스위스의 평균비용곡선, AC_T는 태국의 평균비용곡선을 나타낸다. 그럼에도 불구하고 〈그림 12-3〉은 스위스의 정밀시계가 세계시장을 석권하고 있음을 보여준다. 왜냐하면 현재 시장에서의 균형은 a점에서 일어나며 균형가격은 P_1이 되기 때문이다. 그러나 태국에서 처음 시작할 때의 평균비용이 C_0이므로 태국제품이 세계시장에 진입할 수가 없는 것이다. 그러므로 규모의 경제성으로 평균비용이 낮아지므로써 비교우위가 확보되고 수출경쟁력이 생기지만 경우에 따라서는 우연히 역사적으로 먼저 시장에 출시되었다는 사실만으로 현재의 무역패턴을 결정하기도 한다.

한편 〈그림 12-3〉을 이용하여 정부가 유치산업을 보호하는 배경을 설명할 수 있다. 태국의 경우 정밀시계산업을 일으키는 데 드는 출발비용 C_0가 국제가격 P_1보다 높기 때문에 그대로 두면 태국은 정밀시계산업에 절대로 진입할 수 없다. 그러나 정부가 관세, 생산보조금 등을 통한 정책지원을 하면 태국의 정밀시계산업은 가동된다. 그리고 충분한 시간이 흐르면서 학습효과와 규모의 경제효과가 유효함으로써 단위당 생산비용이 낮아지고 국제경쟁력을 가지게 된다. 이것이 바로 유치산업보호(Infant-industry protection)론의 핵심내용이다. 〈그림 12-3〉에서 D_T는 태국에서의 정밀시계에 대한 수요곡선을 가리키며 b점은 수요곡선과 평균비용곡선이 교차한 지점으로서 태국내, 시장균형가격을 나타낸다. 그러나 국내 유치산업을 보호하기 위한 최선의 정책은 관세보호가 아니라 생산보조금 및 자본시장육성이었다. 유치산업보호의 논리적 타당성은 있으나 실제적인 사례는 한국의 자동차산업을 제외하고는 별로 없다는 것도 주지할 필요가 있다. 유치산업보호론에 관한 보다 자세한 내용은 제16장에서 재론할 것이다.

참고문헌

Graham, Frank, "Some Aspects of Protection further considered," *Quarterly Journal of Economics*, 1927.

Helpman, Elhanan, and Paul Krugman, *Market Structure and Foreign Trade*, Cambridge: MIT Press, 1985.

Kierzkowski, ed. *Monopolistic Competition in International Trade*, Oxford; Clarendon Press, 1984.

Krugman, Paul and Maurice Obstfeld, *International Economics, Theory and Policy*, second ed., Harper Collins Publishers, 1991.

제13장

관세의 경제학

제13장 관세의 경제학

일반적으로 자유무역이 보호무역보다 자국민의 후생수준을 높여준다는 것이 이론적 결론이다. 그럼에도 불구하고 실제로는 선진국이든 후진국이든 관세를 비롯한 보호무역이 성행하고 있다. 본 장에서는 관세 및 비관세정책이 경제구조와 국민후생에 미치는 영향을 분석하며, 이 같은 보호무역정책의 정치경제학적인 면도 아울러 분석하고자 한다.

제 1 절 관세의 경제적 효과

우선 분석을 쉽게 하기 위해 부분균형모형의 틀 속에서 관세가 1개 산업에 미치는 효과를 살펴본 후 일반균형모형으로 옮겨 가서 관세가 2개 산업을 이루는 자국경제의 구조에 주는 영향을 점검하기로 한다. 자국경제는 세계시장에서 규모가 작기 때문에 세계시장에서 형성된 가격에 영향은 주지 못하고 주어진 국제가격에 얼마든지 수입할 수 있는 것으로 가정한다. 그래서 〈그림 13-1〉의 P^*가 관세부과 전 재화의 국제가격을 의미한다면 관세를 t 비율만큼 부과시킨 후 통용되는 국내가격은 $P^*(1+t)$가 된다.

관세부과 전 자유무역에 의한 수입량은 $(Q_0^d - Q_0^s)$가 되는데, 관세부과 후 국내가격이 P^0에서 $P_1 = P^*(1+t)$수준으로 상승하면 생산점은 공급곡선인 S곡선상의 A점에서 B점으로 옮겨가고 소

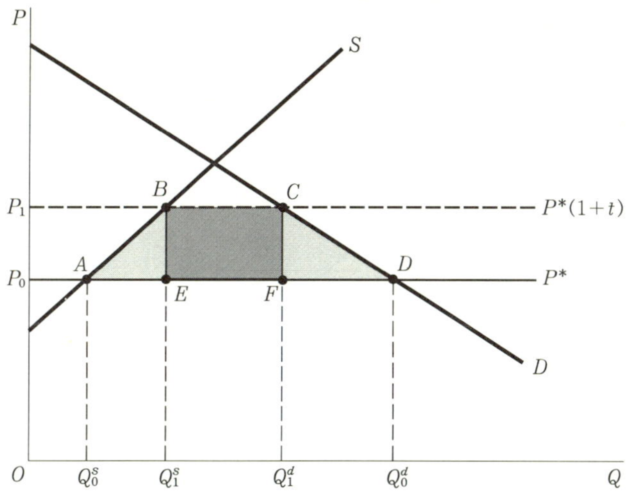

〈그림 13-1〉 소규모 경제하의 관세효과

비점은 수요곡선인 D곡선상의 D점에서 C점으로 각각 옮겨감으로써 수입량은 $(Q_1^d - Q_1^s)$수준으로 감소하게 된다. 이때 정부가 수거하는 관세수입은 (수입량×관세율) 공식에 의해 〈그림 13-1〉의 사각형 $BCEF$로 나타낼 수 있다.

관세를 부과하면 국내가격이 오르게 되어 국내생산자는 이득을 보는데, 반대로 국내소비자는 손해를 보게 된다. 실제로는 생산자의 정치적 힘이 소비자보다 크기 때문에 소비자의 후생을 감수하더라도 국내생산자를 위해 관세를 통한 보호정책이 채택되는 경우가 많다. 이에 관해서는 뒷절에서 보다 상세하게 다루기로 한다.

생산자잉여와 소비자잉여의 개념을 각각 사용하면 관세정책이 사회 전체적으로 보았을 때 경제효율성을 저하시킨다는 사실을 증명할 수 있다. 생산자잉여란 총판매수입에서 총비용을 차감한 것이며, 소비자잉여는 총효용을 나타내는 수요곡선 아래의 면

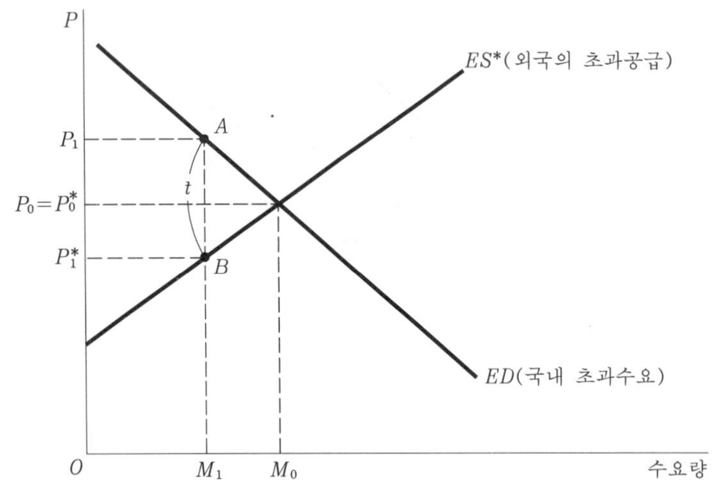

〈그림 13-2〉 대규모 경제와 관세효과

적에서 총구입비용을 차감한 것을 대신할 수 있다. 그래서 국내가격이 상승하면 생산자잉여는 P^0ABP_1 면적만큼 증가하나, 소비자잉여는 P^0DCBP_1 면적만큼 감소한다. 정부가 수거한 관세수입이 그대로 국민에게 환원된다면 결과적으로 자국경제는 삼각형 ABE와 삼각형 CDF를 합한 만큼 효율성 감소를 경험하게 된다.

이제는 자국경제의 규모가 충분히 커서 관세부과가 국제시장가격에 영향을 주는 경우를 살펴보자. 자국이 수입하게 되는 것은 국내수요가 국내공급을 초과하는 경우이므로 국제시장에서 적용되는 자국의 수입수요는 바로 자국의 초과수요와 일치한다. 마찬가지로 외국의 수출은 외국의 초과공급과 일치한다.

〈그림 13-2〉에서 자국이 관세를 부과하기 전 자국의 수입량은 OM_0가 되며, 균형가격은 P_0^*가 된다. 그런데 자국의 정부가 외국에서부터 들여오는 수입에 대해 관세를 부과하면 국내가격의 상승으로 자국민의 소비가 감소하고, 수입량은 OM_1수준으로 감

소한다. 그리고 그만큼 국제시장에서의 공급량은 많아지게 됨으로써 국제시장가격이 하락하게 된다는 논리가 성립한다. 이때 국내가격은 국내 초과수요곡선상에 위치하고, 국제가격은 외국의 초과공급곡선상에 위치하는데 국내가격과 국제가격의 변동크기는 두 곡선상의 모양과 위치, 즉 탄력성 여하와 관세율의 크기에 달려 있다. 국제시장에서 수입가격이 하락한다는 것은 그만큼 자국에게 유리한 효과를 주기 때문에 관세의 진정한 효율성효과를 측정하기 위해서는 수입가격의 하락효과도 포함시켜야 한다. 이에 관해서는 뒤에서 보다 상세하게 다루기로 한다.

이제는 2개 산업의 틀 속에서 관세의 효과를 분석해보자. 자유무역의 경우 자국은 국제가격 P^*를 당면하여 〈그림 13-3〉의 A점에서 생산하고, C점에서 소비함으로써 X재를 수입하고 있다.

그러나 관세를 부과하면 국내가격은 $P^*(1+t)$로 상승함으로써 생산점은 B점으로 옮겨간다. 그런데 만일 정부가 수거해간 관

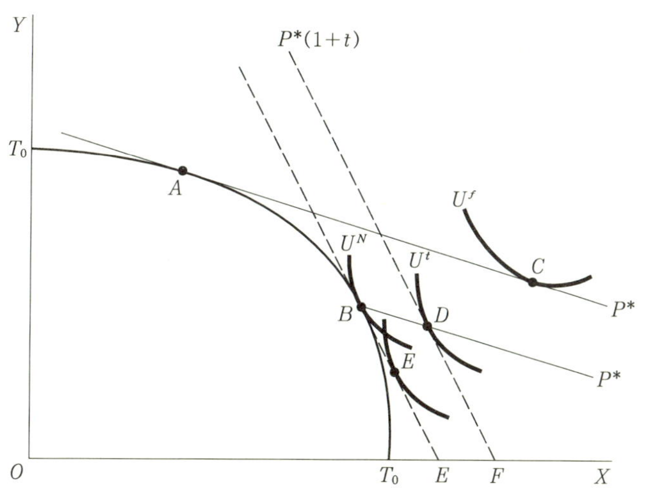

〈그림 13-3〉 2개 산업과 관세효과

세수입이 자국민에게 영원히 돌아오지 않고 없어진다고 하면 자국민의 소비는 B점에서 이루어지고 후생수준은 U^N이 된다. 반면에 관세수입이 결국 자국민에게 환원된다면 자국민의 실질소득은 그만큼 증가한다. 그러므로 국내실질소득을 국제가격기준으로 환산한 뒤 X재화로 측정한 관세수입을 실질소득에 추가한다면 자국민은 여전히 높아진 국내가격에 당면하나 소비점은 D점에서 이루어지고 후생수준은 U^t가 된다. 〈그림 13-3〉의 선분 EF가 바로 관세수입의 크기를 나타낸다.

만일 앞에서 지적된 바와 같이 자국의 경제규모가 큰 경우에는 국내가격이 조금 덜 상승하되 수입재의 국제시장가격이 하락한다면 생산점은 B점보다 조금 위에 위치하고, 따라서 자국의 실질소득수준을 나타내는 BP^*선분은 조금 완만하게 상향이동됨으로써 자국의 후생수준이 향상될 수 있음을 짐작할 수 있다.

제 2 절 관세의 요소가격효과

사무엘슨과 스톨퍼는 헥셔-올린이 일찍이 국제무역의 개시가 요소가격의 변동에 영향을 준다는 논리적 주장을 관세의 경제적 효과를 분석하는 과정에서 보다 분명하게 드러내었다. 이들은 수입관세의 부과는 그 나라에 상대적으로 희소한 생산요소의 상대가격을 상승시킨다고 하였는데 이것을 스톨퍼-사무엘슨 정리라 한다.[1)]

생산요소인 노동과 자본은 국제적으로는 이동할 수 없으나 국내산업간에는 자유로이 이동할 수 있다고 가정하고 국내의 취

1) W. F. Stolper and P. A. Samuelson, "Protection and Real Wages," *Review of Economic Studies*, November 1941.

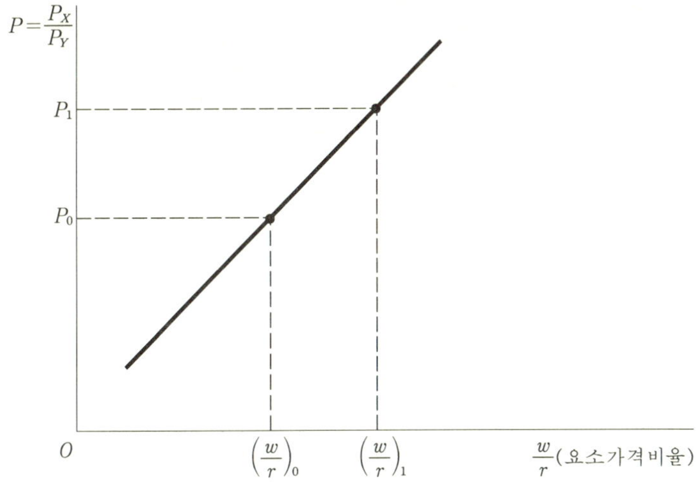

〈그림 13-4〉 관세부과 후 집약적 요소가격의 상승

약산업을 보호하기 위해 관세를 부과하였을 때 요소가격이 어떻게 변하는가를 살펴보자.

X재가 노동집약적 재화이고 또한 X재 산업이 수입대체산업이라면 X재 수입에 대해 관세가 부과되면 국내가격은 상승하게 된다. 따라서 X재의 집약적 요소인 노동의 가격은 상승하므로 노동과 자본의 가격비율인 (w/r)는 상승하게 된다. 〈그림 13-4〉에서 가격 P는 X재의 가격 P_X를 Y재의 가격 P_Y로 나눈 것이며, 재화가격비율과 요소가격비율은 正의 관계에 있다. 따라서 X재 수입에 부과되는 관세는 임금수준을 올리는 결과를 초래한다.

제 3 절 메츨러 역설

대개 관세를 부과하면 수입재의 국내가격이 상승하여 국내

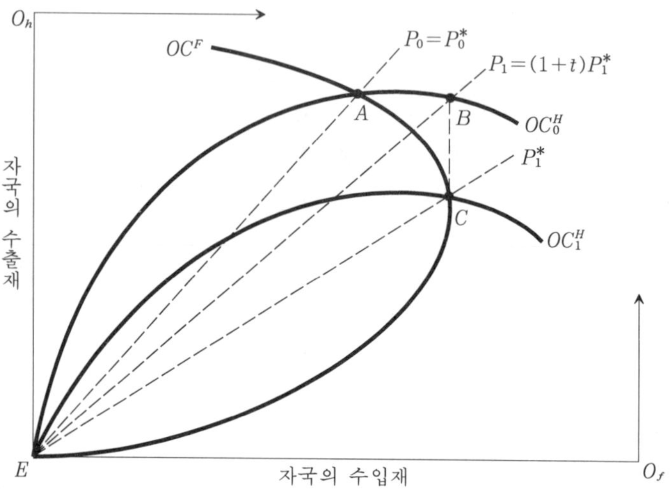

〈그림 13-5〉 메츨러 역설: 관세부과 후 국내가격의 하락

수입대체산업을 보호하는 효과를 낼 수 있다. 그러나 특별한 경우에는 관세부과 후 수입재의 국내가격이 오히려 하락하여 국내산업에 더 악영향을 끼칠 수 있다. 이런 경우를 메츨러(Lloyd Metzler)가 처음 지적하였다고 하여 메츨러 逆說이라 불린다.

〈그림 13-5〉에서 관세가 부과되기 전 외국의 오퍼곡선 OC^F와 자국의 오퍼곡선 OC_0^H가 만나는 A점에서 균형이 이루어지며, 균형가격은 P_0로서 국제가격 P_0^*와 동일하다. 그러나 BC만큼의 관세가 부과되면 국제시장가격은 P_1^*수준으로 하락한다. 그리고 새로운 국내가격은 새로운 국제가격에 관세를 추가시킨 것과 같으므로 $P_1=(1+t)P_1^*$식이 성립한다. 그런데 새로운 국내가격 P_1은 그 전의 국내가격 P_0보다 낮게 나타났다. 이렇게 되면 국내의 수입대체산업이 보호되는 것이 아니라 오히려 해를 입게 된다. 이것을 메츨러의 역설이라 한다.

메츨러 역설이 발생하는 주된 이유는 관세부과 후 수입재의 공급이 세계시장에서 급증하는 한편 세계수요의 감퇴로 인해 수입재의 국제가격이 크게 하락하기 때문이다. 이로써 새로운 국제가격에 관세를 부과시킨 국내가격은 그 전 국내가격보다 낮아지게 되는 것이다. 〈그림 13-5〉를 보면 외국의 오퍼곡선이 후방으로 굽어진 부분에서 국내 오퍼곡선이 만나고 있는데 이것이 메츨러의 역설을 초래한다.

제 4 절 차선책으로서의 관세

국내 취약산업을 보호하기 위해 관세를 부과하지만 그에 대한 사회적 비용을 무시할 수 없음은 이미 지적되었다. 그런데 만일 관세정책의 목적이 관세수입의 극대화에 있는 것이 아니고 해당 산업을 보호하는 것만이라면 굳이 관세를 부과하는 것보다 국내생산을 장려하는 보조금정책이 더 바람직스런 정책이 될 수 있을 것이다. 이때 생산보조금은 최선책이며, 관세는 차선책(second best)이 된다. 마찬가지로 국내소비를 일정 수준 이내에 유지시키는 것만이 정책의 목적이라면 국내생산활동에는 영향을 주지 않고 소비만 영향을 주는 소비세를 개발해낼 수 있을 것이다.[2)]

〈그림 13-6〉은 수입재 1개만 다루는 부분균형모형을 보여준다. 여기서 관세를 t만큼 부과하면 수입재의 국내생산은 q_0에서 q_1으로 증가하고 국내소비는 q_2에서 q_3로 감소함으로써 국가적 후생의 손실은 빗금친 두 개의 삼각형으로 나타난다.

그런데 만일 정책의 주된 목표가 수입재의 국내생산을 q_1수

2) 관세의 次善이론에 관한 보다 자세한 내용을 알기 위해서는 H. G. Johnson (1965)을 참조.
H. G. Johnson, "Optimal Trade Intervention in the Presence of Domestic Distortion," *Trade, Growth, and the Balance of Payment*, R. E. Baldwin et al., Chicago: Rand McNally, 1965.

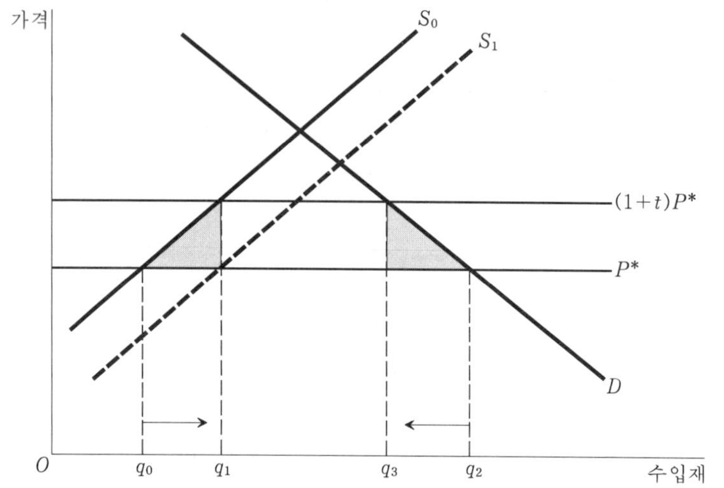

〈그림 13-6〉 관세와 생산보조금정책의 비교

준에 유지하는 것이라면 소비를 줄이지 않고서도 이를 달성할 수 있을 것이다. 예컨대 생산보조금을 관세율과 같은 비율만큼 지급하면 이 산업의 실제적 생산비는 하락하여 공급곡선은 S_0에서 S_1으로 하향이동하게 되어 생산목표를 달성할 수 있다. 즉 생산목표를 달성하기 위해 관세를 부과하지 않고 생산보조금만 적절히 지급하면 국내소비에는 영향을 주지 않는다. 그러나 국내생산자가 생산보조금에 맞추어 생산하지 않고 과잉생산하기 때문에 사회적 손실은 여전히 존재한다.

사회적 손실을 완전히 제거하기 위한 최적정책은 자유무역정책이다. 〈그림 13-7〉에서 자유무역 때의 후생수준은 U_f, 관세부과 때의 후생수준은 U_t로서 우리는 두 가지 정책의 후생적 차이를 명백히 알 수 있다. 그런데 생산보조금을 지급함으로써 생산자는 생산을 Q_0에서 Q_1수준으로 증대시킬 수 있는 한편 소비자는 여전히 낮은 국제가격에 수입재를 소비할 수 있는 경우 사회 전체

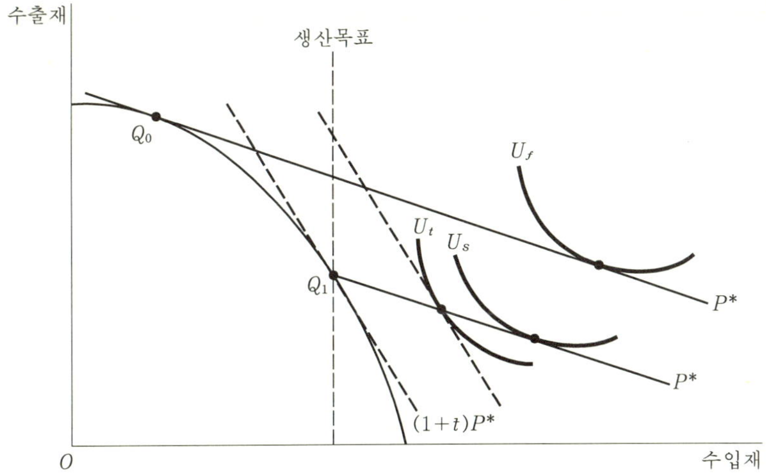

〈그림 13-7〉 생산목표의 달성을 위한 차선책

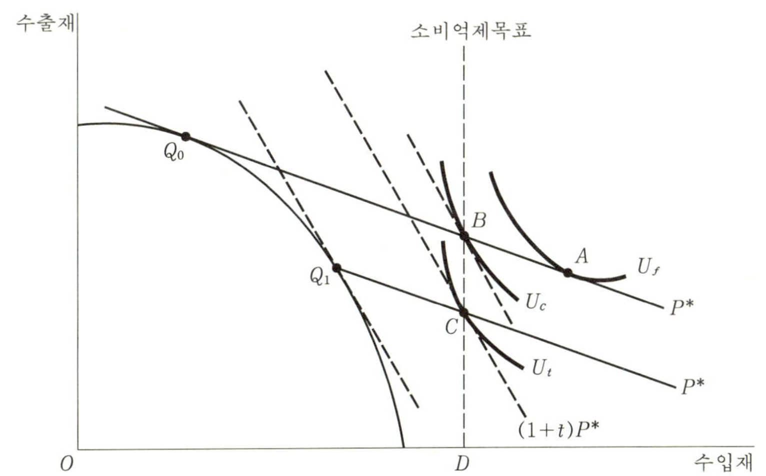

〈그림 13-8〉 소비억제목표의 달성을 위한 차선책

의 후생은 U_s로 대표된다. 이로써 생산목표를 달성하기 위한 최선의 정책은 생산보조금정책이며, 관세는 次善策이 될 수밖에 없다.

소비를 어느 일정 수준에 억제시킬 것을 사회적 목표로 삼을 때가 있다. 예컨대 정부는 사치성 소비재를 억제하거나 자율절약을 도모하기 위해 특정 재화의 소비를 일정 수준에 고정시킬 수 있다. 〈그림 13-8〉에서와 같이 소비를 OD수준에 고정시키는 것이 사회적 목표라고 한다면 생산은 Q_0에서 이루어지게 하되 소비만 OD가 되도록 소비세율을 적절히 찾아낸다. 그랬을 때의 후생은 U_c로 대표되는데, 이것 역시 관세부과시의 후생수준인 U_t보다 높다. 그래서 소비억제목표를 달성하기 위한 최선책은 소비세이며 관세가 아니다. 관세는 오로지 차선책으로 사용되는 것이다.

제 5 절 실효보호관세(effective protective tariff)

앞에서 우리는 최종상품뿐만 아니라 중간재까지 국제간에 거래될 때 생산가능곡선이 다르게 나타날 수 있음을 살펴보았다. 그런데 여기서는 관세가 부과되는 데 있어서도 최종재와 중간재에 관세가 동시에 부과되는 경우를 살펴보고자 한다.

정부가 관세를 통해서 국내 특정 산업을 보호하고자 할 때 그 산업에 사용되는 생산요소에 관세를 부과하느냐 안하느냐의 여부에 따라 그 산업에 대한 실제적 의미의 보호가 결정된다. 이것을 실효보호관세(effective protective tariff)라고 부른다. 그리고 수입요소가격과 국내생산재가격의 차이, 즉 부가가치를 기준으로 관세를 통한 국내가격의 상승분을 나타낸 비율을 실효보호관세율(effective protective tariff rate)이라고 정의한다.

예컨대 옷감을 생산하는데 외국에서 수입해오는 실이 유일한

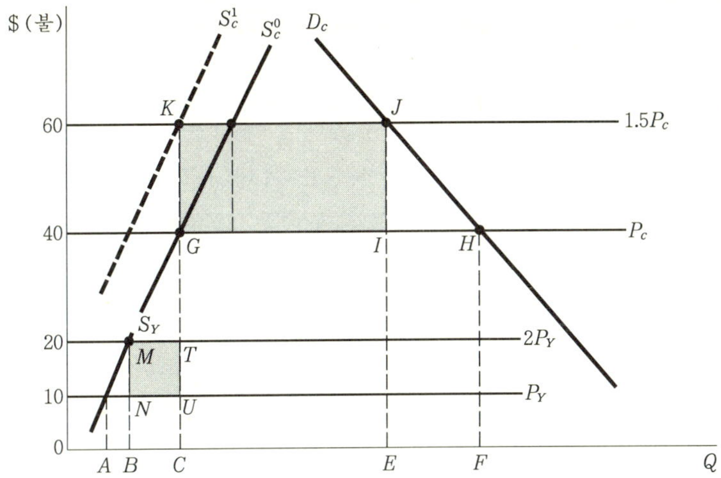

〈그림 13-9〉 옷감의 수요 · 공급과 실의 수요 · 공급

생산요소라고 가정하였을 때, 국내 옷감산업을 보호하는 데 있어 수입재인 실에 관세를 부과하느냐 안하느냐가 중요한 관건이 된다. 만일 실에 수입관세를 부과하지 않는 경우는 부과하는 경우보다 옷감산업을 보호하는 強度가 실제적으로 훨씬 높다. 반대로 실수입에 관세를 너무 과하게 부과하면 옷감산업을 보호하는 것이 아니라 오히려 약화시키는 결과를 초래한다.

이것을 〈그림 13-9〉을 통해서 더욱 구체적으로 분석해보자. 여기서는 분석의 편의상 옷감 1단위 생산하는 데 실 1단위가 필요하다고 가정하고 실의 국내공급곡선과 옷감의 국내공급곡선이 함께 그려져 있다.

〈그림 13-9〉에서 S_c는 국내 옷감공급곡선, S_Y는 국내 실공급곡선을 나타내며, D_c는 국내 옷감수요곡선을 나타낸다. 옷감이든 실이든 관세가 부과되지 않는 경우 옷감의 수입가격 P_c 단위당 40불, 실의 수입가격 P_Y는 10불로서 옷감의 국내생산은 OC, 실의

국내생산은 OA로 나타난다. 그리고 옷감 수입량은 $GH=CF$ 만큼이고 실의 수입량은 AC에 해당한다. 요소비용이 10불이고 생산재가격이 40불이므로 옷감의 단위당 부가가치는 30불이 된다.

이제 옷감에 관세 50%를 부과하면 국내가격은 40불에서 60불로 변한다. 이 경우 실효보호관세율은 국내 옷감가격의 상승분인 20불을 단위당 부가가치인 30불로 나누어준 0.67이 된다. 만일 실에만 관세 100%를 부과한다고 하면 실의 국내가격은 20불이 되는데, 이와 같이 생산요소의 가격이 상승하면 옷감생산비가 상승하므로 〈그림 13-9〉에서 옷감의 공급곡선은 S_c^0에서 S_c^1로 상향이동한다. 이때 옷감의 국내가격은 그대로 있는데 실의 수입가격만 10불 더 올라갔으므로 옷감의 실효보호관세율은 $-10/30=-0.33$이 된다.

끝으로 옷감에 50% 관세, 실에 100% 관세를 동시에 부과한다고 했을 때 실효보호관세율은 $(20-10)/30=0.33$이 된다. 이때 총관세수입은 옷감에서부터 $GIJK$와 실에서부터 $MNUT$의 두 영역을 합한 것이 된다.

우리는 지금까지 의류, 밀과 같은 최종재는 노동, 자본, 토지와 같은 생산요소를 직접 사용하여 만든 재화로 간주하였다. 그러나 실제로는 이들 전통적인 생산요소 외에 중간재도 최종재 생산에 투입되며 이 중간재도 국경을 넘는 교역재인 경우가 많다.

예컨대 의류를 생산할 때 노동, 자본 외에 중간재인 실이 필요한데 실을 수입해야 하는 경우, 실에도 관세가 부과될 수 있다. 이와 같이 관세 정책에 의하여 의류산업을 보호하는 정도를 측정할 때 중간재인 실에 부과되는 관세도 함께 고려한 것을 의류산업의 실효보호율(effective protection rate)이라 한다. 물론 실 이외에 다른 중간재도 많다. 최종재인 자동차인 경우 타이어, 라디오, 에어컨 같은 중간재는 의류보다 훨씬 더 개수가 많을 것이다. 그러므로 자국의 입장에서 최종재 산업을 효과적으로 보호하기 위해서는 최종재 수입에 부과되는 관세뿐 아니라 최종재를 생산하는데 투입되는 모든 요소의 수입에 부과되는 관세도 함께 고려해야 하는데 이렇게 해서 유도된 특정산업의 보호 측정도를 실효관세보호율(effective rate of protection)이라고 한다.

실효관세보호율은 다음과 같이 표시된다.

$$ERP = \frac{\text{관세부과후 부가가치} - \text{자유무역시 부가가치}}{\text{자유무역시 부가가치}}$$

여기서 자유무역시 부가가치와 관세부과후 부가가치의 의미와 내용을 알아보자. 옷과 같은 특정한 최종재 가격을 P_F라 하고 여기에 투입되는 중간재 A와 B의 가격을 P_A, P_B라고 하자. 그리고 최종재 1단위 생산하는데 중간재 A 한 단위와 중간재 B 한 단위가 각각 사용된다면, 자유무역시 부가가치 V_F는 $P_F - P_A - P_B$가 된다. 이때 $P_F = \$1000$, $P_A = \$500$, $P_B = \$200$이라고 하면 $V_F = \$1000 - \$500 - \$200 = \$300$이다. 최종재에 부과되는 관세율이 $t_F = 10\%$, 두 개의 중간재에 부과되는 관세율이 $t_A = 5\%$와 $t_B = 8\%$라면, 관세부과 후 부가가치 V_F는 $P_F(1+t_F) - P_A(1+t_A) - P_B(1+t_B)$으로 표시된다. 그러므로 $V_F = 1000(1+0.1) - 500(1+0.05) - 200(1+0.08) = 1100 - 525 - 216 = 359$이며 따라서 $ERP = \frac{359-300}{300} = 19.7\%$가 된다.

실제로 생산요소는 3개 이상일 수도 있으므로 이 시점에서 일반화된 공식을 다음과 같이 유도해낼 수 있다.

$$ERP = \frac{V'_F - V_F}{V_F} = \frac{[P'_F - P'_A - P'_B] - [P_F - P_A - P_B]}{P_F - P_A - P_B}$$

$$= \frac{P_F(1+t_F) - P_A(1+t_A) - P_B(1+t_B) - [P_F - P_A - P_B]}{P_F - P_A - P_B}$$

$$=\frac{t_FP_F-t_AP_A-t_BP_B}{P_F-P_A-P_B}=\frac{t_F-\frac{P_A}{P_F}t_A-\frac{P_B}{P_F}t_B}{1-\frac{P_A}{P_F}-\frac{P_B}{P_F}}$$

여기서 $\frac{P_A}{P_F}$, $\frac{P_B}{P_F}$는 요소가격이 최종재 가격에서 차지하는 비율을 가리킨다. 이런 원리를 이용하면 생산요소가 아무리 많아도 어려움 없이 실효관세보호율을 계산해낼 수 있다.

제 6 절 후생극대화와 관세수입극대화

관세정책에 있어서 정부가 고려하는 두 가지 중요한 관세율이 있다. 하나는 정부의 재정수입에 도움이 되는 관세수입을 극대화시켜 주는 관세율이며, 또 하나는 자국민 전체의 후생을 극대화 시켜주는 관세율이다. 이 두 가지 관세율이 서로 일치하는지 아니면 어떤 것이 더 큰지를 확인하는 것은 정부에게 중요한 과제가 된다.

그래서 본 절에서는 이론적 접근법을 사용하여 관세수입을 극대화시켜 주는 관세율이 국민후생을 극대화시켜 주는 관세율보다 높다는 결론을 도출한다.

〈그림 13-10〉에서와 같이 외국의 오퍼곡선상 관세율을 적용시켜보자. 관세부과 없이 자유무역이 이루어진다면 균형점은 A점이며, 후생수준은 U^f가 된다. 그러나 자국이 외국에서 수입해오는 상품에 대한 관세율을 점차 인상하면 후생수준은 A점에서 C점에 이르기까지 점증하다가 D점을 지나면 다시 하락한다. 그리고 마지막에 부존점인 E점에 닿는다는 사실은 관세율이 너무도 높아 교역량이 전혀 없으며 최저가능수준인 U^m의 후생수준을 유지하게 됨을 의미한다. 그래서 〈그림 13-11〉을 보면 t_α가 후생을

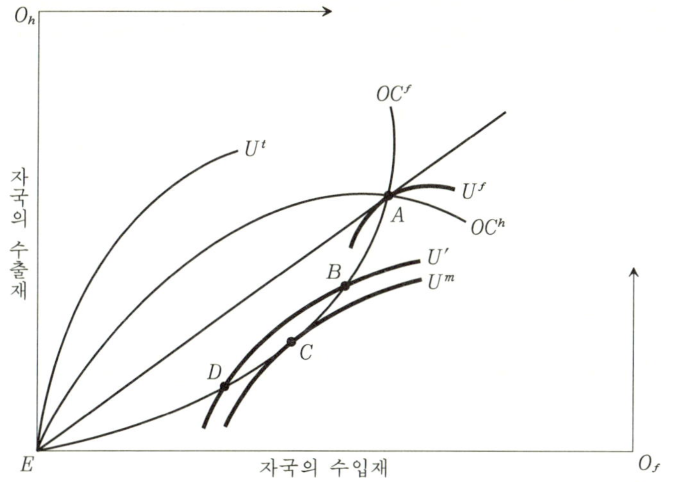

〈그림 13-10〉 자국의 최저후생수준과 최대후생수준

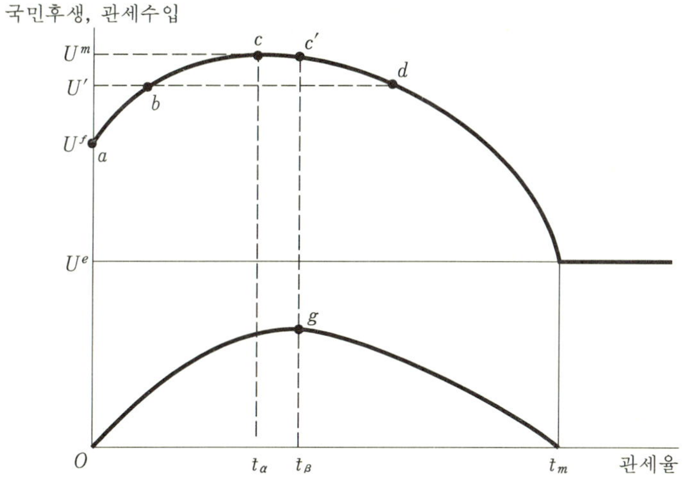

〈그림 13-11〉 후생극대화와 관세수입극대화의 비교

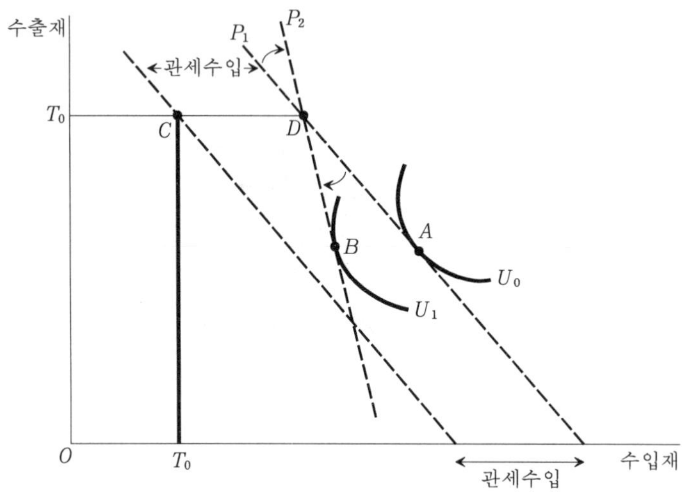

〈그림 13-12〉 관세율인상의 효과: 관세수입과 후생수준

극대화시켜 주는 관세율이다.

그런데 〈그림 13-11〉의 Ogt_m곡선은 관세수입곡선을 보여준다. 관세율이 제로이거나 혹은 관세율 t_m이 너무 높아 수입이 전혀 없으면 정부의 관세수입도 제로가 된다. 문제는 관세수입을 극대화시키는 관세율과 자국후생을 극대화시키는 관세율을 어떻게 알 수 있느냐 하는 점이다.

이를 규명하기 위해 〈그림 13-12〉를 보자. 우선 분석의 편의상 생산가능곡선을 직사각형 형태인 T_0T_0를 채택한다. 그래서 국내가격이 바뀌어도 생산점은 항상 C점에 있다. 그리고 일단 관세수입이 극대화되었다고 가정했을 때 소비점은 A점에 있으면서 후생수준은 U_0가 된다.

이제 관세수입이 극대화된 채 그대로 두고 관세율을 조금 인상시킴으로써 수입재의 상대가격이 P_1에서 P_2로 인상하였다고 하자. 이때의 소비점은 B점에 있게 되며, 후생은 U_1수준으로 변하게 된다. 즉 다시 말해서 관세수입이 극대화되었을 때 관세를 조금 인상시켜보면 후생수준은 前보다 못하다는 논리가 성립한다. 그래서 〈그림 13-11〉에서 관세수입을 극대화시켜 주는 관세율은 t_{β}가 되며, g점에서 관세수입이 극대화된다. 이에 대한 수학적 증명은 부록에서 다루기로 한다.

참고문헌

Bhagwati, Jagdish, "The Generalized Theory of Distortions and Welfare," *Trade, Balance of Payments, and Growth: Papers in International Economics in Honor of Chales P. Kindleberger*, 1971, Chap. 4.

Chacholiades, Miltiades, *International Trade Theory and Policy*, 1978, Chap. 17～19.

Johnson, Harry, *Aspects of Theory of Tariffs*, 1971.

Stolper, W. F. and P. A. Samuelson, "Protection and Real Wages," *Review of Economic Studies*, November 1941.

제**14**장

관 세 장 벽

제14장 관 세 장 벽

제 1 절 최적관세의 결정

정부당국이 관세를 부과하면, 대규모 경제의 경우 국내가격은 상승하나 국제가격은 하락하며, 그리고 수입재화의 가격이 하락하는 만큼 교역조건이 유리하게 작용됨으로써 자국의 후생수준이 그만큼 오를 수 있다는 사실이 앞에서 지적되었다.

그런데 막상 관세율의 크기를 어떻게 정할 것인가가 중요한 문제이다. 최적관세율이란 주어진 상황에서 자국의 후생을 최대화시키는 관세율을 가리킨다. 최적관세율을 추적하기 위해 상호수요의 개념, 즉 오퍼곡선을 이용하기로 한다. 오퍼곡선은 이 책의 앞 부분(제 3 장)에서 이미 도출된 바 있으나 여기서 보다 간단한 오퍼곡선을 사용하기로 한다.

〈그림 14-1〉 (a)는 자국과 외국의 오퍼곡선을 도출하는 과정을 보여준다. E점은 두 나라 사이에 무역을 가능케 하는 재화의 부존상태를 보여준다. O_h와 O_f는 자국과 외국의 원점을 나타내며, 무역이 개시되는 시점에서 자국은 EO_h만큼의 Y재화를 가지고 X재화를 수입하고자 하며, 외국은 EO_f만큼의 X재화를 가지고 Y재화를 수입하고자 한다.

자국이 수입하는 X재의 상대가격이 P^0, P^1, P^2의 차례로 하락하면 자국의 소비는 A, B, C점에서 각각 정해지고, 후생수준은 U^0, U^1, U^2수준으로 증가한다. 그러나 외국의 소비점은 G, B, D

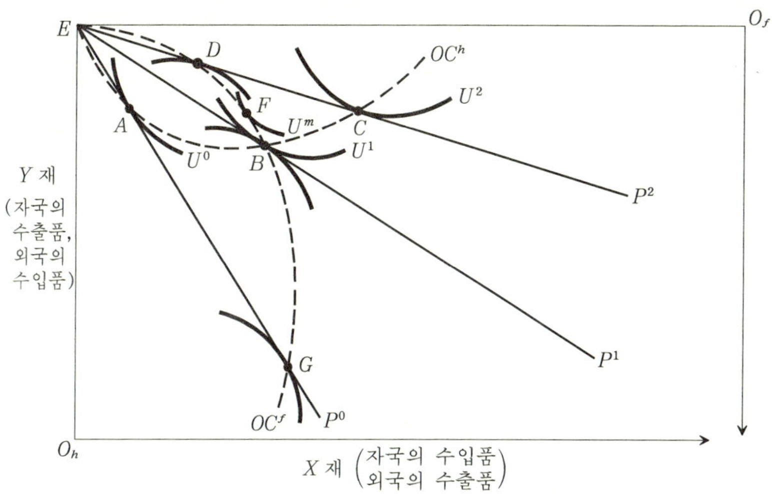

〈그림 14-1〉 (a) 오퍼곡선의 도출과 최적관세

점으로 옮겨가며, 후생수준은 감소한다. 이때 자국의 소비점인 A, B, C점을 연결시켜 도출되는 OC^h곡선이 자국의 오퍼곡선이 되며, 외국의 소비점인 G, B, D점을 연결시킨 OC^f곡선이 외국의 오퍼곡선이 된다.

두 나라의 상호수요가 서로 만족되는 경우는 〈그림 14-1〉 (a)에서 두 나라의 사회무차별곡선이 서로 접하는 B점밖에 없다. 여기서 외국의 상호수요를 만족시키면서 자국의 후생수준이 극대화되는 점은 F점이 된다. 이때 자국은 최대의 후생수준 U^m에 이르기 위해 최적관세를 부과하여 수입재인 X재 가격을 하락시키고자 할 것이다. 단 상대국에서 보복을 하지 않는다는 사실을 전제로 한다.

관세부과 후 새로운 가격이 결정되고 따라서 교역조건이 달라지는 상황을 〈그림 14-1〉 (b)를 통해 살펴보자. 〈그림 14-1〉 (b)는 분석의 편의상 〈그림 14-1〉 (a)의 EO_f선을 축으로 하여 〈그림

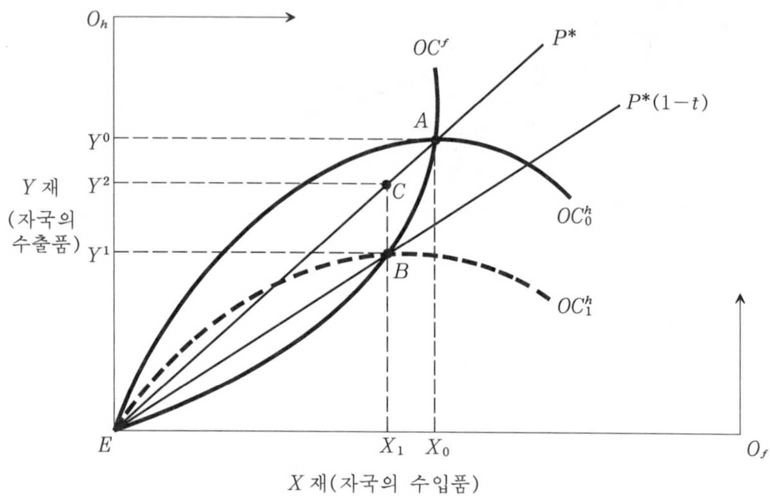

〈그림 14-1〉 (b) 관세부과 후 자국의 교역조건이 개선되는 경우

14-1〉 (a)를 180도 위로 올린 것이다. 그래서 〈그림 14-1〉 (b)에서 부존점은 왼쪽 아래에 위치하고 있다. 원래의 균형가격 P^*는 재화의 부존점 E에서부터 두 나라의 오퍼곡선이 만나는 A점을 통과하고 있다. 그래서 이때의 교역조건에 의하면 EY^0만큼의 자국 수출상품과 EX^0만큼의 자국의 수입상품이 교환된다.

그러나 관세부과 후 자국의 오퍼곡선은 OC_0^h에서 OC_1^h로 낮아지며, 새로운 균형점은 B점에서 결정된다. 따라서 X재 가격은 P^*에서 $P^*(1-t)$수준으로 하락한다. 이때는 EY^1만큼의 국내의 Y재가 EX^1만큼의 외국의 X재와 교환된다. 관세부과 전의 교역조건하에서는 EX^1만큼의 X재를 수입하기 위해서는 EY^2만큼의 Y재를 지불했으나 새로운 교역조건하에서는 EY^1만큼만 지불하기 때문에 관세부과 후 교역조건은 자국을 위해 개선되었다.

제 2 절 관세전쟁(tariff war)

〈그림 14-1〉 (a)에서 자국은 상대국의 보복이 없다는 전제하에 외국 오퍼곡선상의 F점을 찾아서 최적관세를 부과하였다. 그러나 상대국이 자국의 관세정책에 대해 보복할 힘과 의사가 있는 한 그대로 가만히 앉아서 교역조건이 악화되는 것을 방관하지 않을 것이다.

자국이 〈그림 14-1〉 (c)에서 상대국 오퍼곡선상 B점이 자국의 후생을 극대화한다는 사실을 발견하고 관세를 부과한다면 자국의 실제적인 오퍼곡선은 OC_0^h에서 OC_1^h로 움직인다. 그래서 균형점은 A에서 B점으로 옮겨가고 자국을 위해 교역조건이 개선된다. 물론 자국의 후생은 U_h^0에서 U_h^1수준으로 향상된다. 그러나 이에 대해 상대국은 자국의 새로운 오퍼곡선인 OC_1^h상에 C점이

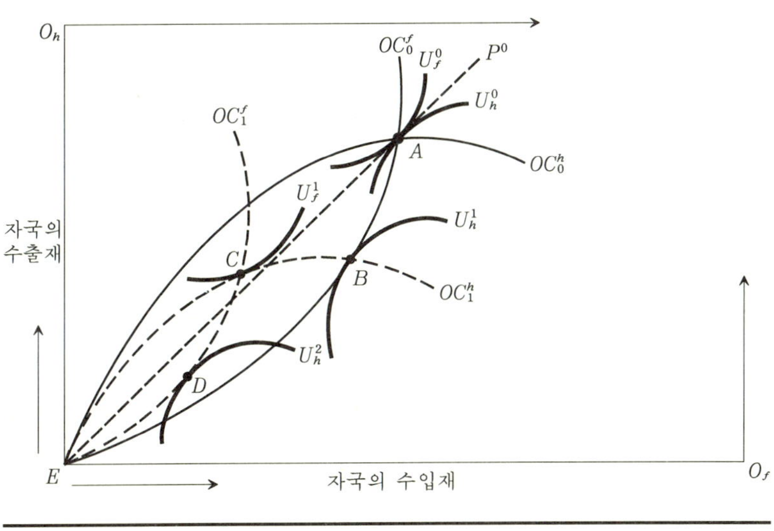

〈그림 14-1〉 (c) 관세보복과 교역량의 감소

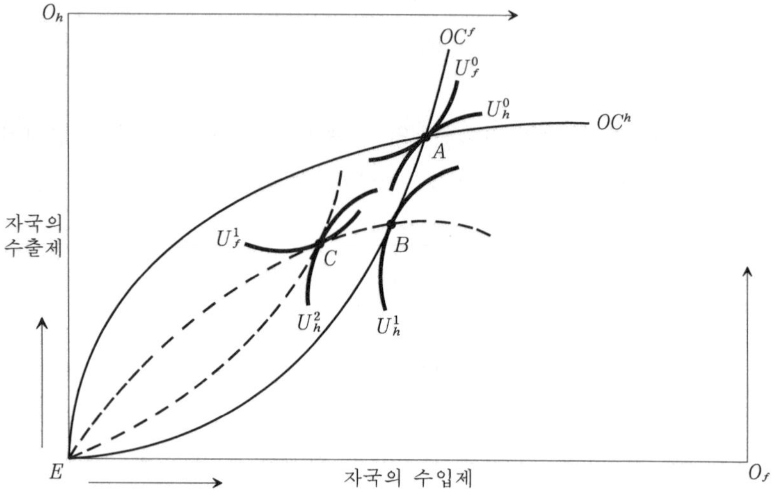

〈그림 14-1〉 (d) 관세주기(tariff cycle)

현재 상황에서 제일 유리한 조건임을 발견하고 관세를 부과한다. 이러한 보복을 두 나라가 계속하면 결국 두 나라간의 교역량은 없어지게 되고 두 나라 모두의 후생수준이 감소하게 된다.

그런데 두 나라가 서로 관세보복을 해도 교역량이 줄어들지 않는 특수한 경우가 있다. 두 나라의 오퍼곡선의 모양과 위치에 의해 두 나라가 경쟁적으로 상대국으로부터 수입해오는 제품에 관세를 부과하는 경우 균형가격은 일정한 범위 내에서 순환적으로 움직이는 현상을 〈그림 14-1〉 (d)에서 볼 수 있다. 처음 균형점은 A점이며, 여기서 균형가격과 무역량이 결정된다.

그런데 자국이 외국의 오퍼곡선상에 B점을 발견하여 이에 맞는 관세를 부과함으로써 교역조건을 개선시키며 자국의 후생수준을 U_h^0에서 U_h^1수준으로 제고시킨다. 이때 외국이 관세보복을 실행하여 C점을 발견함으로써 주어진 상황 속에서 외국의 후생수준을 극대화시킨다. 그런데 자국이 만일 이에 대해 다시 보복을

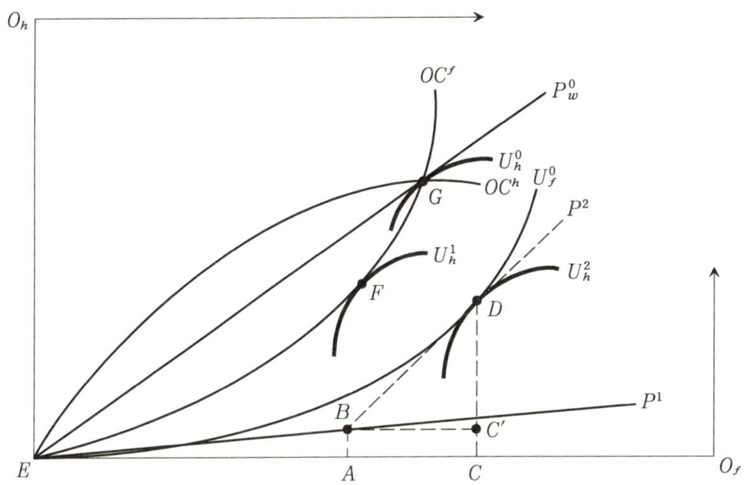

〈그림 14-1〉 (e) 가격차별을 통한 후생극대화

하는 경우 C점을 발견하고 그 때 주어진 상황에서 최고수준의 후생수준 U_h^2를 누릴 수 있다. 이에 대해 외국은 다시 관세보복을 할 수 있겠으나 상황은 그 전보다 크게 달라지지 않는다. 이런 현상을 관세주기라고 하는데 이것은 어디까지나 오퍼곡선의 특수성에 크게 기인하여 발생한다고 할 수 있다.

다음은 자국이 국제시장에서 어느 정도 독점력을 가지고 있는 경우 이를 충분히 이용하여 자국의 후생수준을 극대화시키는 경우를 다루어본다. 〈그림 14-1〉 (e)에서 원래의 균형점은 G점에서 이루어지고 균형가격은 P_w^0에서 이루어진다. 이때 자국의 후생은 U_h^0수준에 있다. 외국의 오퍼곡선 범위 내에서 자국의 후생을 극대화시키는 점은 F점이며, 그 때의 후생은 U_h^1수준을 나타낸다. 그런데 〈그림 14-1〉 (e)에서와 같이 일정 조건이 충족되면 자국의 후생은 U_h^2수준으로 증가될 수 있다. U_f^0곡선은 외국의 사회무차별곡선 중의 하나인데, 교역이 전혀 없는 경우 외국의 최소후생수준을 나타낸다. 만일 자국이 국제시장에서 어느 정도 독점력을 가지고 있다면 2단계 가격유지정책을 취하는데 EA양의 수입과 AB만큼의 수출이 교환되며 이때 수입품의 상대가격은 P^1이 된다. 그러나 그 후 교환비율은 AC 수입량과 $C'D$ 수출량이 됨으로써 상대수입가격은 P^2로 상승한다. 이렇게 연속적으로 가격을 차별화시킴으로써 자국은 U_h^2만큼의 후생수준에 이를 수 있게 된다.

제 3 절 관세와 할당제

무역정책으로 지금까지는 주로 수입관세(import tariff)를 중심으로 논의되어왔다. 그러나 수입할당제도는 무역정책의 수단으로 중요한 위치를 차지하고 있다. 그런데 문헌에서는 관세와 할당제가 경제구조에 미치는 효과는 기본적으로 같다는 결론을 내고 있다. 즉 러너의 대칭(Lerner's symmetry)에 의하면 가격효과와 수량효과에 있어서 수입관세, 수출관세, 수입할당제, 수출할당제는 모두 같은 수단이 된다는 것이다. 본 절에서는 관세와 할당제의 경제적 효과가 어떤 조건하에서 기본적으로 같은가를 살펴보고, 아울러 어떤 조건하에 결과가 다른가를 살펴보기로 하자.

우선 문제를 쉽게 이해하기 위해 부분균형접근방법을 채택하여 1재화모형을 사용하자. 그러나 두 나라가 세계시장을 대표한다고 전제하여 한 나라의 무역정책이 세계시장의 가격과 수량에 영향을 준다고 가정한다. 〈그림 14-2〉에서 관세와 할당제 실시 이전 자국의 균형은 국내수요곡선 D와 외국공급곡선 S^*와 만나는 A점에서 이루어지며 따라서 수입량은 OM_0이다. 그런데 정부당국에서 수입량을 OM_1수준으로 묶어버리고 그 이상의 수입을 차

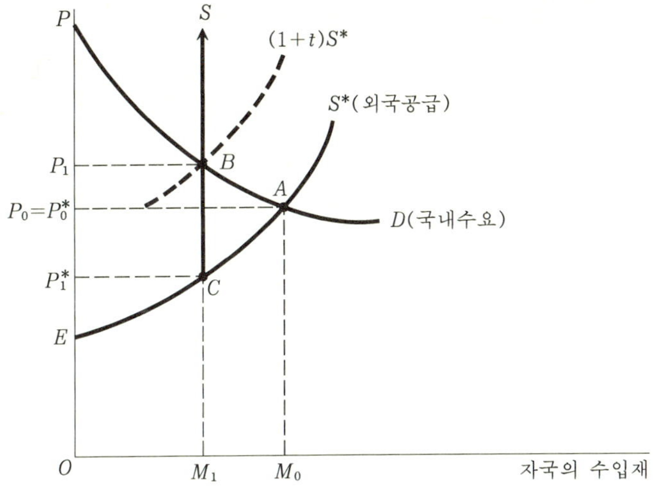

〈그림 14-2〉 수입할당과 관세

단시키는 경우 자국민이 당면하는 공급곡선은 $ECBS$곡선이 된다. 이렇게 되면 국내시장에서 OM_1만큼의 수입량만이 자국민의 수요를 만족시키기 때문에 초과수요가 발생하고, 그에 따라 수요가격은 그 전보다 높아진다.

할당제 실시 전에는 국내가격과 국제가격상에 아무런 간격이 없었다. 그러나 그 전보다 국내에서 공급되는 수입량이 적기 때문에 국내가격은 〈그림 14-2〉에서 P_0에서 P_1수준으로 상승한다. 단 여기서 환율문제는 취급 않기로 한다. 이에 관해서 국제시장에서는 그 전보다 많은 양의 재화가 수출되지 못하고 공급되고 있으므로, 과잉공급으로 인해 가격인하가 발생한다. 따라서 국제시장가격은 P_0^*에서 P_1^*수준으로 하락한다. 여기서 국내시장과 국제시장의 차이인 $(P_1-P_1^*)$는 수입허가를 얻은 자가 차지하며, 이들의 수입이윤은 사각형의 $BCP_1^*P_1$이 된다.

한편 관세를 부과하여 생기는 결과가 할당제의 결과와 같아

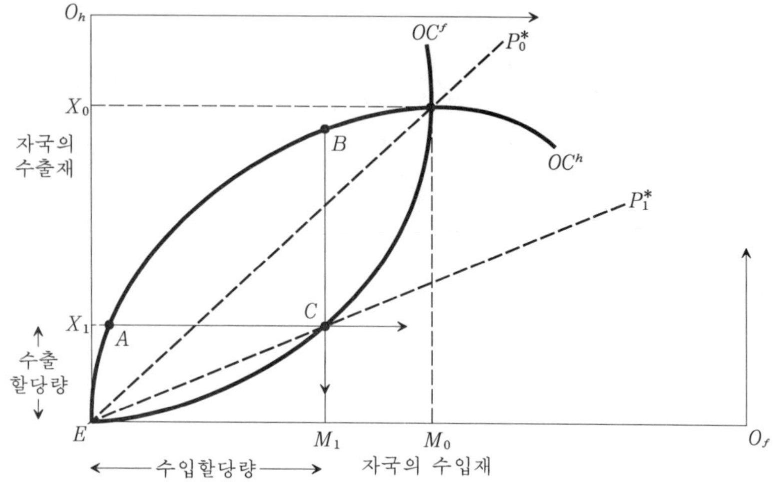

〈그림 14-3〉 수입할당제와 수출할당제

지는 조건을 살펴보자.

〈그림 14-2〉에서 $t=BC/BM_1$ 식이 성립하는 관세율을 부과하면 이에 부합되는 외국공급곡선은 $(1+t)S^*$이 된다. 그렇게 되면 국내가격과 국제가격은 각각 수입할당제의 경우와 똑같은 수준이 된다. 다만 사각형 $BCP_1^*P_1$은 관세수입으로서 정부가 수거하는 것이 다른 점이다. 하지만 정부가 취하는 관세수입 전액이 효율적으로 민간에게 환원된다면 결국 관세는 할당제와 똑같은 결과를 갖게 되는 것이다.

이제는 수입할당제와 수출할당제가 가격과 수량에 미치는 효과를 살펴보자. 〈그림 14-3〉에서 자국과 외국의 오퍼곡선이 만나는 점에서 균형가격 P_0^*, 수출량 EX_0 및 수입량 EM_0가 각각 결정된다. 자국이 관세를 부과하면 〈그림 14-3〉에는 그려져 있지 않으나 새로운 오퍼곡선이 외국오퍼곡선과 C점에서 만남으로써 국제가격은 P_1^*, 수출량은 EX_1, 수입량은 EM_1 수준으로 바뀐다.

그런데 자국이 수입할당제를 실시하면 그에 해당되는 자국의 오퍼곡선은 EBM_1곡선이 됨으로써 가격과 수량에 미치는 효과는 수입관세와 같아진다. 이제는 자국이 수출할당제를 실시한다고 하자. 이 경우 자국의 오퍼곡선은 EAC곡선이 되며, 역시 가격과 수량에 미치는 효과는 수입관세와 수입할당제의 효과와 동일하다. 수출할당제와 수출관세는 〈그림 14-2〉와 같은 접근법에 의해서 쉽게 증명될 수 있을 것이다. 이리하여 러너의 대칭정리(Lerner's symmetry theorem)가 성립한다.

그럼에도 불구하고 실제로는 수입대체품을 국내에서 생산하는 자들은 할당제를 관세보다 더 선호하는 반면 국가경제의 전체 이익을 위하는 입장에서는 경제학자들은 관세를 더 선호하는 경향이 있다. 이에 대한 이유는 경제성장 및 불확실성과 관련이 있다.

어떤 경제든 정도 차이는 있을지언정 항상 성장하는 것이며, 경제성장은 곧 수입재에 대한 국내수요과 공급을 확대시킨다. 이때 만일 수입할당제의 효과와 관세의 효과를 동일하게 유지하기 위해서는 수입할당량과 관세율을 동시에 적절히 증가시켜야 한다. 그러나 실제로는 정확한 계산이 거의 불가능하고 게다가 행정적으로 수시로 변경시키기 힘들기 때문에 새로운 환경에 맞추어 조정하지 않고 기존의 관세율이나 할당량을 그대로 두는 경우가 많다. 그렇게 되면 수입할당제는 수입량을 관세보다 확실하게 감소시키기 때문에 그만큼 국내의 수입대체재산업을 보호해주는 효과가 높게 된다.

국내의 생산업자가 수입할당제를 더 선호하는 또 다른 이유는 예상판매이윤이 관세보다 더 높기 때문이다. 국제가격과 국내가격의 차이를 수입할당제의 경우는 수입허가권을 경쟁입찰을 통하여 분배할 것이며, 관세인 경우는 정부가 직접 관세수입을 거두게 된다. 이때 실제로는 경제성장의 이유도 있으나 정치적 이유 때문에 수입허가권의 판매액은 관세수입보다 작게 마련이어서 국내 생산업자는 수량규제를 더 선호하게 되는 것이다.

수량규제와 관련하여 수출자율규제(voluntary export restraint)의 특징을 지적해볼 수 있다. 수출자율규제는 미국과 같은 선진국이 GATT의 수량규제금지조항을 직접적으로 위반하지 않으면서 수량규제의 효과를 얻기 위해 자주 사용하는 방법이다. 즉 수출국이 스스로 수출량을 규제하도록 수입국 정부와 수출국 정부가 약속을 하면 수입국이 직접 수입량규제를 실시하지 않더라도 국내산업을 그만큼 보호하는 효과가 발생한다. 이때 수량규제로 인한 정부수입은 수입국 정부가 취득하지 않고 수출국 정부가 취득하게 된다. 수출자율규제의 경제적 효과에 관한 자세한 내용은 제16장에서 논의될 것이다.

제 4 절 독점구조하의 관세와 할당제 비교

앞에서 수량규제와 수입관세는 기본적으로 가격과 수량에 미치는 효과는 서로 같다는 결론을 얻었다. 그러나 해당 산업이 독점산업인 경우 소위 러너의 대칭이 성립하지 않을 수 있다.

국내산업이 독점시장형태를 취하는 경우 수입관세와 수량규제의 수입량 효과는 비록 같다 하더라도 국내가격과 국내생산량에 미치는 영향은 서로 다르게 나타날 수 있다. 왜냐하면 수량규제실시 이후에는 국내독점이 계속 유지되며 따라서 국내가격은 관세부과의 경우보다 높게 되기 때문이다. 국내생산량은 관세부과의 경우보다 〈그림 14-4〉을 통해서 우리는 독점시장구조하에 관세부과와 수입할당제의 효과를 비교할 수 있다. D는 국내수요

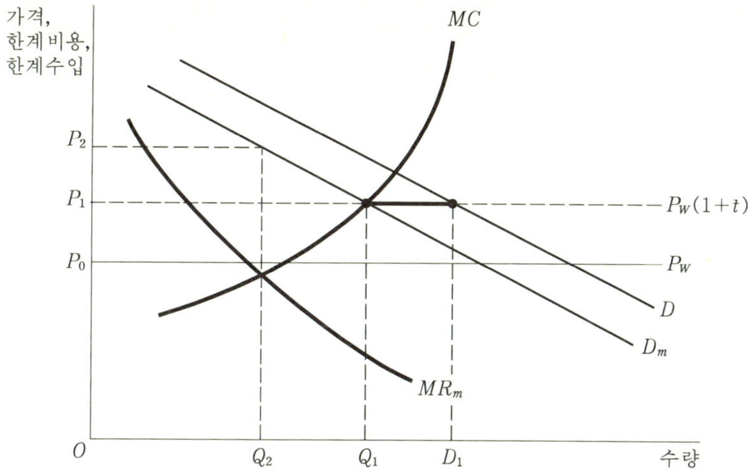

〈그림 14-4〉 독점시장구조下 수량규제와 관세부과의 효과 비교

곡선, MC는 국내산업의 한계비용곡선, 그리고 P_W는 국제시장가격을 각각 나타낸다. 어떤 규제든 무역규제 없이 국제가격으로 수입이 가능하다면 국내가격 P_0는 국제가격 P_W와 같아진다. 이제 만일 국내산업이 독점산업이라고 가정하면 국내가격정책은 달라질 것이다. 그러나 국내산업이 독점이라 하더라도 관세를 통해 수입이 허용되면 내국인은 P_1가격으로 구입한다. 여기서 P_1가격이란 $P_W(1+t)$수준과 같다. 그래서 외국으로부터 얼마든지 수입할 수 있으며 국내생산량은 Q_1이 된다. 그 결과 국내시장에서의 기업독점은 없어지고 Q_1D_1만큼의 수입량이 결정된다.

그런데 수입관세 대신에 만일 수량규제가 부과되는 경우에는 일정 수입량 이외에는 국내시장과 외국시장은 서로 격리될 수 있다. 그래서 국내시장에서의 독점은 여전히 가능하다. 이런 경우를 〈그림 14-4〉를 통하여 분석해 보자. D_m은 국내 총수요량에서 수입량을 뺀 수요량을 나타내는 수요곡선이다. 이에 대한 한계수입곡선은 MR_m이 된다.

그렇다면 한계수입곡선과 한계비용곡선이 만나는 점에서 균형이 이루어지며 이때 국내가격은 P_2가 되고, 국내생산량은 OQ_2가 된다. 이렇듯 수입관세와 수량규제가 수입량에 미치는 효과는 같아도 국내가격과 국내생산량에 미치는 효과는 서로 다르다.

제 5 절 탄력관세제도

탄력관세제도(flexible tariff system)는 국내외 경제 및 정치환경의 변화에 적응하여 관세율을 신축적으로 운영하기 위해서 만들어진 제도이다. 이 제도는 법률에 의해 일정한 조건과 관세율의 범위가 정해지면 정부가 그 범위 內에서 관세율을 탄력적으로 변경하여 운영하는 제도이다.

탄력관세의 목적은 수입급증에 따른 국내산업 피해구제, 국제원자재가격의 급등에 따른 물가상승의 완화, 주요 자원의 국내생산에 차질이 생겼을 때 원활한 수입을 통한 공급의 증진 등이다.

우리 나라는 1967년 처음으로 탄력관세제를 도입하였으며, 지금은 9가지 탄력관세가 운용되고 있다. 이들은 덤핑방지관세, 보복관세, 긴급관세, 조정관세, 상계관세, 편익관세, 물가평형관세, 계절관세, 할당관세이다.

덤핑防止關稅는 수입가격이 수출국의 정상가격 이하로 판매되는 물품이 수입되어 국내산업이 피해를 입었거나 또는 당해 국내산업을 보호할 필요가 있다고 인정될 때 부과하는 것이다. 수입국은 이 물품의 기본세율 外에 정상가격과의 차액에 상당하는 금액 이하의 관세를 추가하여 부과하는 것이다. 현재 부과중인 품목 및 조사중인 품목은 정제인산, 볼베어링, 소다회, PS인쇄판 등 4

개 품목이다.

報復關稅는 국제협정, 양자협정 등에 규정된 무역국의 권익을 부인·제한하거나 그 나라에 대한 부당·차별적 조치에 대해서 부과하는 보복관세는 그 나라가 받은 피해상당액의 범위 內에서 부과하는 것이다. 그러나 보복관세는 우리 나라에서 한번도 운용실적이 없다.

緊急關稅는 특정 물품의 수입이 동종 물품 또는 직접적인 경쟁관계에 있는 물품의 국내생산자에게 중대한 피해를 주거나 줄 우려가 있는 경우 피해를 방지하거나 구제할 필요가 있을 때 국내외 가격차에 상당하는 비율의 범위 안에서 관세를 부과하는 것이다. 1990년 이후 우리 나라는 돼지고기통조림, 저밀도 폴리에틸렌 필름, 활석분 등 3개 품목에 적용하고 있다.

調整關稅는 산업구조의 변동 등으로 물품간 세율이 크게 불균형하여 이를 시정할 필요가 있는 경우나 국민보건, 환경보전, 소비자보호, 국산개발물품 보호, 농산물 등 국제경쟁력 취약물품의 국내시장 및 산업기반을 유지하기 위해서 특정 물품의 수입을 긴급히 억제할 필요가 있을 때 기본세율+(100%－기본세율) 內에서 부과하는 것이다. 1994년 1월 현재 면직물 등 14개 물품, 도미 등 22개 품목, 나무젓가락 등 6개 품목 등 42개 품목에 적용되고 있다.

相計關稅는 보조금·장려금을 받은 물품이 수입되어 국내산업에 피해가 있을 때 부과하는 것으로 관세와 보조금(장려금)을 합한 이하의 금액을 부과한다. 그러나 상계관세는 우리 나라에서 운용실적이 전혀 없다.

便益關稅는 관세에 관한 국제협약에 의한 혜택을 받지 않는 나라의 물품에 대하여 외국과의 협약규정에 의한 편익의 범위 內에서 일방적으로 관세상의 편익을 부과하는 것으로 35개 국가에 적용되고 있으며 품목은 우리 나라의 GATT 양허품목에 한정하고 있다.

物價平衡關稅는 일정한 가격유지를 요하는 특정 물품의 수요와 공급을 조절하기 위해서 부과하는 관세로, 기본가격에서 관세가격을 차감한 상당액을 관세로 부과하는 차액관세나 국제가격급등으로 국내가격의 안정에 저해가 있을 때 부과하는 관세로 기준가격 미만일 경우 기본세율, 기준가와 상한가의 차액을 단계적 인하, 상한가를 초과할 경우 무세(無稅)를 부과하는 활척관세 등이 있다.[1)]

季節關稅는 계절에 따라 현저한 가격차이가 있는 물품으로서 국내시장 교란 및 산업기반이 붕괴될 우려가 있는 경우 국내외 가격차에 상당하는 비율의 범위 안에서 기본관세율보다 높게 관세를 부과하거나 기본관세율에서 40%를 뺀 범위 內에서 낮게 부과하는 관세를 말한다.

割當關稅는 수입에 대하여 일정 수량까지는 저관세율을 부과하고 일정량을 초과하여 수입할 때는 고관세율을 부과하는 이중관세제도로서 올리는 할당관세와 내리는 할당관세로 구분된다. 내리는 할당관세는 일정한 수량 이하의 수입에 대하여는 기본세율을 적용하는 것으로서 원활한 물자수급, 수입가격 급등으로 국내물가 안정 필요, 유사물품간의 세율불균형 시정 등을 위하여 이용된다. 우리 나라는 농약원제, 원유 등 28개 품목에 대하여 내리는 할당관세가 적용되고 있다. 이와는 반대로 특정 물품의 수입을 억제할 필요가 있을 때에는 일정량까지는 기본관세율을 부과하고 그 수량을 초과하여 수입되는 물량에 대해서는 고관세율을 부과할 수 있는데 이것을 올리는 할당관세라고 한다.

1) 「경제여건의 변화와 관세율구조의 개편방향」, 한국조세연구원, 1994. 5.

참고문헌

Balassa, Bela, "Tariff Protection in Industrial Countries," *Journal of Political Economy*, December 1965. Reprinted in AEA, *Readings in International Economics*, eds. Richard Caves and Harry G. Johnson, Homewood, Ill.: Richard D. Irwin, Inc., 1968.

Baldwin, Robert, "The Case Against Infant Industry Protection," *Journal of Political Economy*, May 1969.

Corden, W., "Tariffs, Subsides, and The Terms of Trade," *Economica*, August 1957.

Johnson, Harry G., *International Trade and Economic Growth*, London: George Allen & Unwin, 1965, Chap. Ⅱ.

———, *Aspects of The Theory of Tariffs*, Cambridge, Massachusetts: Harvard University Press, 1972.

Lerner, Abba, "The Symmetry Between Import and Export Taxes," *Economica*, August 1936. Reprinted in AEA, *Readings in International Economics*, eds. Richard Caves and Harry G. Johnson, Chap. Ⅺ, Homewood, Ill.: Richard D. Irwin, Inc., 1968.

Metzler, Lloyd, "Tariffs, the Terms of Trade, and the Distribution of National Economy," *Journal of Political Economic*, February 1949.

Stolper, Wolfgang F. and Paul A. Samuelson, "Protection and Real Wages," *Review of Economic Studies*, November 1941. Reprinted in *Readings in the Theory of International Trade*, eds. Howards, Ellis and Lloyd A. Metzler, Chap. ⅩⅤ, Homewood, Ill.: Richard D. Irwin, Inc., 1950, and in *International Trade*, ed. Jagdish Bhagwati, Baltimore: Penguin Books, Inc., 1969.

제15장

비관세장벽

제15장 비관세장벽

제 1 절 비관세장벽의 분류

지금까지는 주로 관세의 경제적 효과에 관한 논의가 있었다. 무역 특히 수입을 억제하기 위한 수단은 여럿 있으나 관세에 의

- 비관세장벽
  - 수량제한
    - 수입금지
    - 수입할당
    - 관세할당제
    - 수출자율규제
  - 수입절차
    - 수입예치금제
    - 수입허가
      - 비자동적 수입허가
        - 임의허가
        - 조건부허가
      - 자동적 수입허가
    - 통관절차
      - 통관시 제한
      - 관세평가
  - 가격제한
    - 가격조사
    - 가격유지
      - 최고가격제도
      - 수출가격자율규제
    - 가격인상
      - 수입과징금(surtax)
      - 반덤핑관세 및 상계관세
        - 반덤핑관세
        - 상계관세
  - 수입대체생산보조금(수입관세와 병용)
  - 가격제한
    - 국제표준 및 규정에 의한 제한(ISO 9000S, ISO 14000S)
    - 원산지규정
    - 국내생산분 포함규정
    - 정부조달
    - 금융상의 제한
      - 輸入선불규정
      - 輸入지불조건규정
    - 輸入者제한
      - 정부독점
      - 독점수입업자 지정

〈그림 15-1〉 비관세장벽의 분류

한 무역규제가 아주 중요한 부분을 차지한다. 그러나 실례에 있어 관세 이외의 수입규제수단도 많다. 이를 통틀어 非관세장벽이라 칭하는데 비관세장벽의 분류는 〈그림 15-1〉과 같다.

〈그림 15-1〉에서 보는 대로 비관세장벽은 크게 5가지로 분류될 수 있다. 이들은 수량을 제한하는 것, 수입절차를 까다롭게 하는 것, 가격을 제한하는 것, 수입대체산업에 생산보조금을 지급하는 것, 기타 원산지증명이나 표준화 규정 등에 수입을 제한하는 것이다.

본 장에서는 비관세장벽 중 중요하다고 생각되는 분야 중에서 일부를 선택하여 그에 대한 구체적인 부연설명과 아울러 그것들의 경제적 효과를 논의하고자 한다.

제 2 절 수입금지제도

수입금지제도는 정부가 특정 상품의 수입을 금지하는 제도로서 극단적인 수입억제조치이다. 관세를 부과시키더라도 어느 정도의 수입을 허용하는 것이 아니고 수입을 일체 허용하지 않는 제도이다. 이 제도는 관세부과나 수입할당제 등의 수단으로도 수입억제효과를 낼 수 없을 때 가장 확실하게 수입을 억제할 수 있는 제도이다. 따라서 그만큼 경제효율상의 손실도 크다. 이처럼 수입금지제도는 강력한 수입억제수단이기 때문에 戰時나 이에 준하는 非常時에 주로 실시된다.

수입금지제도는 매우 편협한 수입억제수단인바, 역사적으로 제 1 차 세계대전 후 세계경제가 불황을 겪고 있을 때 유럽 여러 나라들이 실시한 바 있다. 특히 1931년 이후 각국간에 관세전쟁이 격화되었을 때 특정 상품에 대해 엄격한 수입금지조치가 단행되었다.

제 3 절 수입할당제

수입할당제(import quota system)란 외국에서 특정 상품의 수입은 인정하더라도 수량이나 금액상 수입할당을 정해놓고 그 이상의 수입은 허용하지 않는 수입제한조치이다. 수입할당제도는 수량기준이나 금액기준으로 수입을 일정 범위 내로 고정시켜 버리기 때문에 관세와는 달리 수입억제효과를 사전에 거의 알 수 있다.

한편 이 제도의 목적은 관세와 같이 국제수지의 개선, 국내산업 보호, 교역조건 개선 등이다.

수입할당제도는 自主割當과 協定割當으로 구분된다. 自主割當은 수입국이 교역상대국과 일체의 협의 없이 일방적으로 할당조치를 내리는 할당을 가리킨다. 한편 協定割當은 수입국이 상대국과 협의하여 할당에 관한 협정을 체결하는 것을 전제로 한다. 자주할당조치는 상대국의 보복을 유발하므로 현실적으로 협정할당조치가 실시된다. 이와 같이 국가간의 협정에 따라 할당이 정해지면 수입국에서는 업자별 수입할당량이 배분되며, 동시에 수출국에서는 업자별로 수출할당량이 배분된다. 실제로 우리 나라와 미국간 체결된 섬유류에 관한 쌍무협정도 수입할당제의 좋은 例가 된다.

제 4 절 관세할당제

관세할당제(tarrif quota)는 수입국이 특정 수입품에 대해 일정 수량까지는 관세감면조치를 취하거나 또는 저율관세를 부과하지만 그 초과분에 대해서는 고율관세를 부과하는 수입억제조치를 가리킨다. 관세할당제는 관세와 수입할당제의 장점을 혼합한 수단인데 관세와 수입할당제가 개별적으로 실시될 때 일어나는 부작용을 보완하기 위하여 고안된 제도이다. 그러나 관세할당제를 운용할 때 관세나 수입할당제보다 훨씬 복잡하며 행정비용이 더 든다는 단점이 있다. 그럼에도 불구하고 관세할당제도는 선진공업국이 자주 쓰는 제도이다. 선진공업국은 南北문제(선진국과 후진국간의 구조적 문제)를 해결할 일환으로 후진국으로부터 수입품에 대해 일반특혜관세제도(generalized system of preference: GSP)를 적용하고 있다.

선진국들은 개발도상국으로부터 수입되는 일정량의 수입품에 대해 관세면제조치를 취하지만 그 초과분에 대해서는 각 국가간에 일반적으로 적용되는 특혜관세(most favored nation duty)를 적용하는 것이다.

관세할당제를 실시하는 경우와 그냥 관세를 부과하는 경우를 비교해보면 국내가격과 해외가격 변동효과는 서로 같다. 관세수입에 있어서는 관세할당제로 인한 관세수입이 그냥 관세부과로 인하여 발생하는 관세수입보다 작다.

〈그림 15-2〉는 관세할당제의 경제적 효과를 보여준다. D는 국내수입수요곡선이고 S_0^*는 해외수출공급곡선이다. 이때 아무런 관세부과가 없으면 수입량은 OQ_0가 된다. 그러나 만일 T% 從價관세를 부과하면 해외수출공급곡선은 S_0^*에서 S_1^*로 이동한다. 따라서 수입량은 OQ_0에서 OQ_1 수준으로 감소하며 관세수입의 규모는 $abef$로 나타내진다. 그런데 만일 자국정부가 OQ_2 만큼의 수입에 대해서는 관세를 부과하지 않으나 OQ_2 이상부터 수입가의 T% 만큼 관세를 부과한다면 수입량은 여전히 OQ_1이 된다. 그러나 관

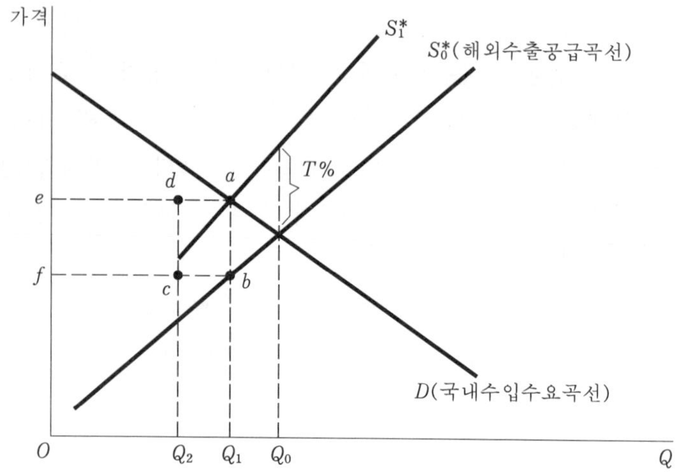

〈그림 15-2〉 관세할당제의 효과

세수입은 $abcd$로 나타내진다. 따라서 수입량·국내가격·해외가격에 있어서는 관세할당제와 관세부과의 효과는 서로 같지만 관세수입에 있어서는 관세부과의 효과가 관세할당제보다 더 크다.

제 5 절 수입예치금제

이 제도는 가격변동을 통해 수입억제효과를 기대할 수 있는 제도이다. 가령 수입업자가 불요불급한 상품을 수입하고자 하는 경우 정부가 수입대금의 전부나 일부를 미리 국내금융기관에 예치하도록 할 수 있다.

수입예치금제로 인해 수입업자는 금리부담과 아울러 자금압박을 받게 되므로 결국 수입을 억제하게 되는데, 대개 투기성 및 사치성 품목 등은 수입예치금제로 인해 수입이 억제되는 효과가 크다. 수입예치금제의 수입억제효과는 예치율, 예치기관, 국내금융시장여건, 수입수요의 가격탄력치 등에 따라 달라진다. 그런데 만일 수입예치금제로 인해 발생되는 제반 비용을 수출업자가 자진해서 부담하는 경우에는 수입억제효과는 별로 없게 된다.

제 6 절 수출자율규제

수출자율규제(voluntary export restraints)란 수출국이 수입국과 협정을 체결한 후 특정 생산물의 수출을 자율적으로 규제하는 제한조치를 가리킨다. 관세나 수입할당제는 수입국에서 채택하는 무역제한조치이나 수출자율규제는 수출국이 수입국과의 협정을 거친 후 수출을 자제하는 조치이다.

수출자율규제는 미국 등 선진공업국에 의해서 1970년대부터 후진국의 수출에 대해 자주 쓰여진 조치인데, 무역자유화를 정면으로 위배하지 않으면서 자국의 산업을 보호하려는 의도에서 취해진다. 물론 수출자율규제는 GATT의 기본정신에 위배되지만 GATT의 직접적인 제재를 받지 않기 때문에 아직까지 선진공업국들이 유용하게 실시하고 있는 형편이다.

관세를 포함한 전통적 무역규제수단은 GATT체제 내에서 최혜국대우(most favored nations)와 무차별대우원칙에 따라 회원국들간에 차별 없이 채택된다. 그러나 수출자율규제는 GATT체제 안에서 선진공업국이 후진국의 저돌적인 수출에 대해 교묘하게 실행하는 차별적 대우라고 할 수 있다.

이제 수출자율규제의 경제적 효과를 이론적으로 분석해보자. 수출자율규제와 수입할당제는 경제적 효과에 있어서 서로 비슷한 부분도 있지만 다른 부분도 있다. 둘 다 수입억제효과를 지니지만

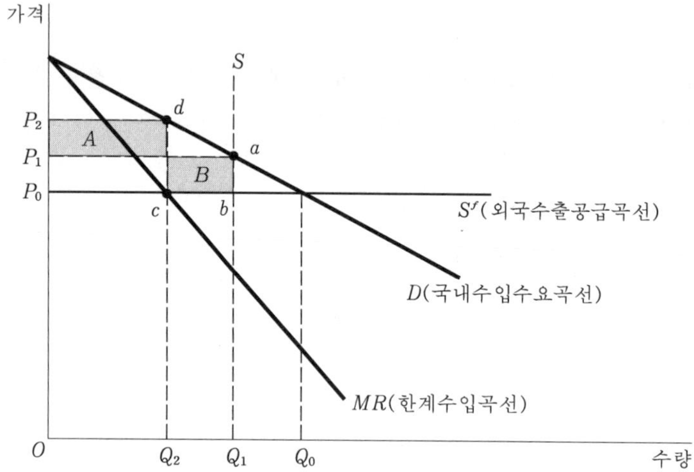

〈그림 15-3〉 수출자율규제와 수입할당제의 경제적 효과

수입국의 시장이 독점인 경우 수출자율규제의 수입억제효과가 수입할당제보다 더 클 수 있다. 그리고 국제가격에 미치는 효과도 서로 다를 수 있는데 이 같은 사실은 〈그림 15-3〉을 통해서 알 수 있다.

우선 아무런 수입규제가 없는 경우 국내가격과 해외가격은 똑같이 P_0수준에 있게 되며 OQ_0규모가 된다. 그러나 정부의 수입할당제에 의해 수입량이 OQ_1규모로 제한되는 경우 해외수출공급곡선은 실제적으로 P_0cbaS곡선이 되고 그 때 국내가격은 수요량과 공급량을 일치시켜 주는 P_1수준에서 결정된다.

수입할당제의 경우 정부가 수입권한을 국내수입업자에 제공하면 이들은 해외시장에서 OQ_1량을 P_0가격에 구입하여 P_1가격으로 판매함으로써 P_0baP_1만큼 이익을 보게 된다. 만일 정부가 수입업자에게 수입권한을 판매하는 경우 판매금액은 P_0baP_1범위內에서 결정된다.

이번에는 수출자율규제의 경우를 보자. 수입국과 수출국이 서로 합의하여 수출국이 OQ_1 만큼만 수출하게 되면 실제 공급곡선은 역시 P_0cbaS가 되고 국내가격도 P_1수준이 된다. 이때 수출국의 정부로부터 수출허가를 얻은 자라야 수출을 할 수 있다고 가정하면 수출할당에서 오는 P_0baP_1 만큼의 이익은 수출업자에게로 돌아간다. 수입할당제와는 달리 수출자율규제의 경우 수입량 억제를 통해 얻은 이익은 수출업자가 갖게 되는 것이다. 그리고 만일 수출국 정부가 수출허가권을 수출업자에게 판다고 한다면 그 금액은 P_0baP_1 범위 내에서 결정될 것이다.

지금까지 정부가 수출업자에게 수출허가권을 무료로 배분해 주거나 아니면 판매하는 경우 多數의 수출업자를 대상으로 하였으며 이들은 해외시장에서 경쟁적으로 영업활동을 한다고 전제하였다.

그러나 만일 특정 수출업자가 할당권량을 독점하여 그 범위 內에서 독자적으로 수출할 수 있다고 한다면 상황은 조금 달라진다. 그렇게 되면 독점공급자인 수출업자는 한계수입곡선과 공급곡선이 만나는 점에서 공급량을 결정함으로써 독점이윤을 극대화하려고 할 것이다. 따라서 공급량은 OQ_2 규모가 될 것이며 국내가격은 P_2로 상승한다. 이때 독점이윤은 P_0cdP_2가 된다.

여기서 지적되어야 하는 사실은 다수의 수출업자가 P_1가격에 상품을 공급할 때 생기는 이윤 P_0baP_1이 일개 특정 수출업자가 공급함으로써 얻게 되는 독점이윤 P_0baP_2보다 작아야 특정 수출업자가 개별 수출업자들이 가지고 있는 수출권한을 모두 사들일 동기를 갖게 된다는 것이다. 다시 말해서 B면적이 A면적보다 작으면 특정수출업자가 수출기업이 지니고 있는 수출권한을 모두 다 사들일 것이다.

이 같은 사실은 수입할당제의 경우에도 똑같이 적용된다. 해당 상품을 수입할 수 있는 다수의 국내수입업자 중에서 일개 특정 수입업자가 독점공급할 수 있을 때 국내시장에서의 가격은 역시 P_2수준이 되고 공급량은 OQ_2수준으로 억제될 수 있다.

제 7 절 기타 제한

비관세장벽의 기타 제한은 〈그림 15-1〉에서 보는 대로 국제표준화기준, 원산지규정, 정부조달규정, 수입지불조건규정, 특정수입업자 지정 등을 포함한다. 이와 같이 비관세장벽의 조치는 각국마다 다양하게 존재하고 있다.

다양한 비관세장벽조치 중 최근에 들어 국제적 관심도가 높아진 분야는 국제표준화기구(International Standard Organization)기준이다. 국제표준화기준에는 국제품질표준화인증(ISO 14000S) 시리즈가 제품의 품질을 따지는 것인 반면에 ISO 9000S 시리즈는 경영전반에 걸쳐 환경보호에 대한 점수를 매긴다. 이것은 제품에 대한 환경인증뿐 아니라 경영조직에 있어서의 환경인증을 포함하는데, 기업이 경영에 있어 환경정책을 얼마나 반영하고 통제하느냐를 따지는 것이다.

참고문헌

金南斗, 「무역관련정책 및 제도의 현황과 개선방향」, 對外經濟政策硏究員, 1992.

金仁哲, 「UR 以後 世系關稅率 改編展望과 韓國의 輸出效果分析」, 1992. 10.

Gorden, W. M., *The Theory of Protection*, London: Oxford University Press, 1971.

Jones, Ronald and Anne Krueger, ed., *The Political Economy of International Trade*, Basil Blachwell, 1990.

제16장

보호무역의 합리화 이론

제16장 보호무역의 합리화 이론

제 1 절 유치산업보호론

선진국이든 후진국이든 자국의 산업을 보호하기 위해 관세 및 비관세장벽을 세우는 것이 현실에 있어서는 예외라기보다는 어쩌면 일반적 현상이라고 볼 수 있다. 그러나 경제이론에 의하면 자유무역이 보호무역보다 자국의 후생을 더 높여준다는데, 그렇다면 경제이론과 현실에는 너무 심각한 괴리가 존재하는 것이 아닌가 의심이 되기도 한다.

이와 관련하여 우리는 경제분석에 있어서 정태적 이론과 동태적 이론을 구분할 필요가 있음을 느낀다. 한 나라의 무역패턴을 분석하는 데 있어서 두 가지 접근이 있는데, 하나는 정태적 분석이고, 또 하나는 동태적 분석이다. 자국의 어떤 특정 산업에 비교우위를 한번 가지면 세월이 가도 변하지 않는다고 전제한다면 그것은 정태적 비교우위 개념을 가리키는 것이다. 반면에 한 나라의 비교우위는 세월이 경과하면서 바뀔 수 있다고 전제한다면 그것은 동태적 비교우위 개념을 가리킨다고 볼 수 있다.

〈그림 16-1〉에서 S_t는 t기의 공급곡선을 가리키는데 국제가격수준보다 위에 있어서 자유무역이 성행하는 경우 국내생산은 전무하며 소비전량은 수입된다. 그러나 t기에는 기술수준이 낮아서 생산비가 높지만 일정기간 동안 보호를 받아서 $t+1$기에는 공급곡선이 S_{t+1}로 이동하여 국제시장에서 경쟁할 수 있게 된다는

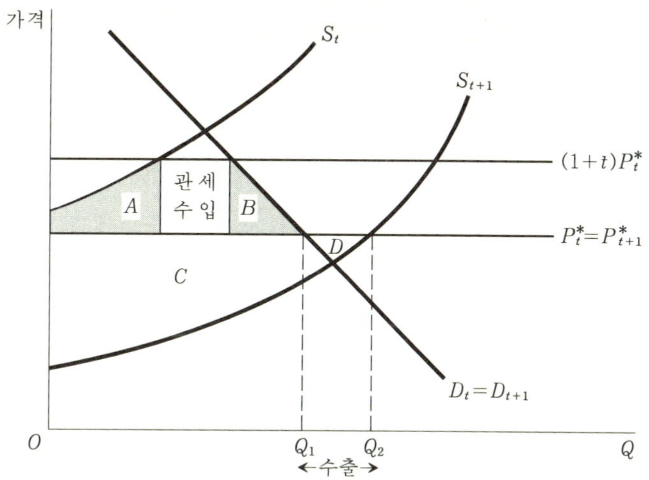

〈그림 16-1〉 관세보호 후 생산비인하

확신이 있게 되면 국내기업은 정부의 산업보호정책에 의존하고자 한다. 관세보호를 통해 국내생산이 일단 시작되면 학습효과(learning-by-doing effect) 등을 통해 국내생산비가 크게 낮아져서 $t+1$ 기에는 오히려 Q_1Q_2 만큼 해외에 수출하게 된다.

$t+1$ 기에 국내수요곡선과 미래의 국제가격이 편의상 모두 t 기의 수준과 똑같다고 가정한다면 생산자잉여가 C 영역과 D 영역을 합친 만큼 발생한다. 이것을 현재가치로 측정한 것이 t 기의 후생손실인 A 영역과 B 영역의 합을 상회한다면 보호무역의 정당성이 성립한다.

그래도 관세부과를 통한 보호정책이 최상책이 아니라는 사실이 지적될 필요가 있다. 생산보조비 등을 통하여 생산비인하에 직접 도움을 준다면 보호정책으로 인한 후생손실을 그만큼 줄일 수 있기도 하다. 이에 대한 좀더 자세한 내용은 이미 관세의 次善理論(the theory of second best)에서 설명한 바 있다.

제 2 절 무역자유화의 과도기적 비용

정태적이고 장기적인 분석에 의하면 자유무역이 보호무역보다 나은 후생을 가져다 준다. 그럼에도 불구하고 눈에 보이든 안 보이든, 직접적이든 간접적이든 여러 형태의 무역제한이 존재하는 것이 현실이다. 특히 무역자유화가 세계적 추세인데도 불구하고 많은 개별국가들은 무역자유화의 궁극적 장점에 쉽게 설복되지 않는 듯하다. 아마도 그 이유는 자유무역의 과정에서 발생하는 과도기적 단점이 무시 못할 정도로 크거나 국내 특정 이익집단의 정치적 압력에 굴복되기 때문에 정부는 무역자유화에 적극적인 자세를 취하지 못하기도 한다.

〈그림 16-2〉 (a)에서 보듯이 무역이 자유화되기 전 수입재의 국내가격이 국제가격보다 높게 하여 수입대체산업을 보호한 결과 A점에서 생산하고 U_1수준의 후생을 유지했다. 그러나 무역이 자유화되면서 국내수입재가격은 국제시장가격 P^*와 같아진다. 따라서 국내생산점은 A점에서 B점으로 옮겨감으로써 U_1수준에서 U_3로 증가한다. 그러나 만일 국내후생이 증가하는 과정에서 자국의 생산점은 A점에서 그대로 있고 소비만 국제가격에 의해 이루어진다면 자국의 후생수준은 U_2에 있게 된다. 그러나 생산점이 A점에서 B점으로 점차 옮겨가면서 후생수준도 U_2에서 U_3수준으로 접근해간다.

그러나 실제로 생산점이 A점에서 바로 B점으로 움직여가지 못한다. 국내가격 P^d가 국제가격 P^*수준으로 단숨에 변하지 않고 점차적으로 접근해간다고 하자. 이 과정에서 수출재의 생산은 증가하되 수입재의 생산은 감소하게 된다. 왜냐하면 무역자유화 과정에서 수입재의 가격은 하락하나 수출재의 가격은 상승하기

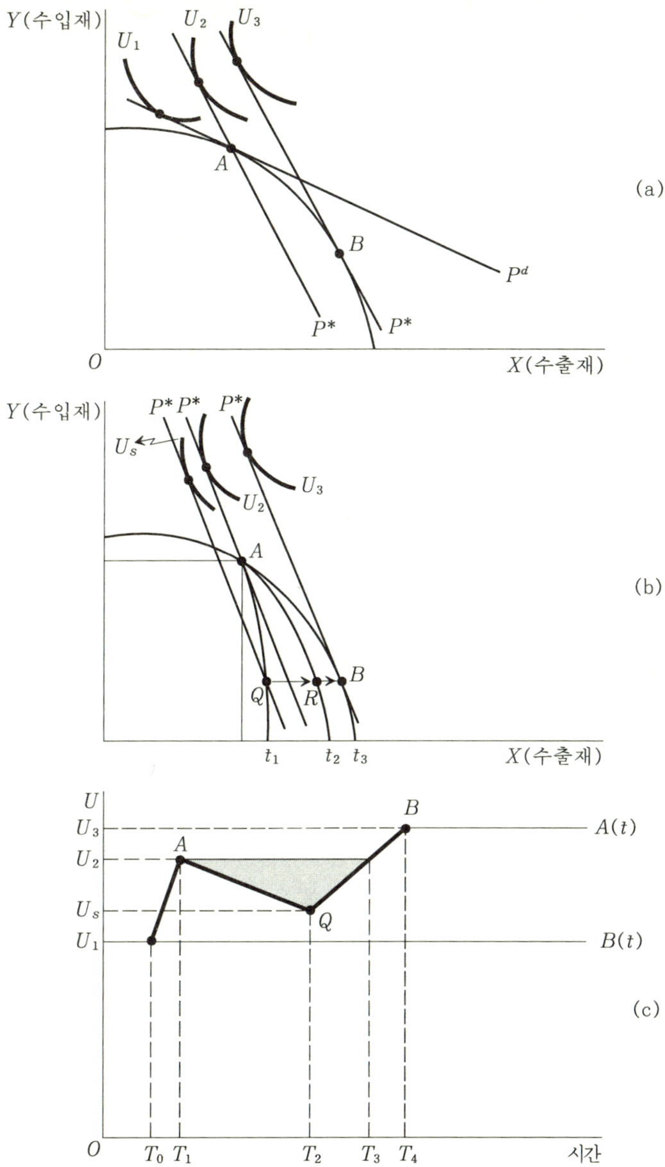

〈그림 16-2〉 무역자유화의 후생효과

때문이다. 이렇게 수입재생산이 감소하게 되면 수입재생산에 쓰이던 자원이 수출재산업으로 이동해가게 된다.

그런데 수입재가격이 하락하면 이 산업에 사용되던 자본과 노동의 가격도 하락해야 하는데 이들 요소가격은 하방경직성이 있다는 것이 특징이다. 특히 이 산업에 종사하던 노동자의 임금은 그 산업이 위축된다고 해서 당장 하락하지 않는다. 그러다 보니 어느 정도의 실업이 유발되며, 그에 따라 생산가능곡선도 안으로 위축된다. 〈그림 16-2〉 (b)에서 생산가능곡선은 시간이 경과함에 따라 At_1, At_2, At_3로 변하게 되며, 생산점도 A점에서 Q점과 R점을 거쳐 최종적으로 B점으로 움직인다. 생산점이 Q점일 때 후생수준은 생산점이 A점에 있을 때 얻는 후생수준 U_2보다 낮은 수준이다. 그러다가 다시 생산점이 R점을 통과하여 B점에 이르게 될 때 후생수준은 다시 U_2수준을 거쳐 U_3수준에 이르게 된다.

이런 과정을 〈그림 16-2〉 (c)를 통해서 살펴보자. 무역이 자유화되어도 생산점이 A점에서 바뀌지 않는다면 자국의 후생수준은 U_1에서 바로 U_3수준으로 뛰지 않고 U_2수준으로 뛴다. 그 후 생산점이 A점에서 Q점으로 옮길 때 자국의 후생은 오히려 U_2에서 U_s수준으로 하락한다. 그리고 생산점이 R점을 통과한 후 B점에 이르는 동안 후생수준은 다시 U_2수준을 거쳐 U_3수준으로 도달하며 그 후부터는 계속 U_3수준에 머무르게 된다.

문제는 자국의 후생이 U_2에서 U_3를 향하여 곧바로 향상되지 않고 다시 U_2 아래에 있는 동안에 관련 이익집단들이 정치세력을 등에 업고 무역자유화에 저항하는 것이며, 이때 정부도 이익집단의 정치적 세력에 눈치를 보게 되면 무역자유화의 속도를 좀 늦추려는 노력을 하게 된다.

〈그림 16-2〉 (c)에서 $A(t)$는 무역자유화 이후 국내후생의 변동을 보여주며, $B(t)$는 무역자유화 없이 그대로 두었을 경우 유

지할 수 있는 후생수준이다. $A(t)$는 분명히 $B(t)$보다 늘 위에 위치하므로 후생기준으로는 무역자유화가 선호된다. 그러나 T_1T_2 기간 동안 후생이 일시적으로 감소하게 되는데 이에 대한 정치적 거부반응이 거세지면 무역자유화 속도가 완화된다.

참고문헌

Johnson, Harry, *Aspects of Theory Tariffs*, George Allen & Unwin, Ltd., 1971.

Prebish, R., "Commercial Policy in Underdeveloped Countries," *American Economic Review*, May 1959.

Richardson, J., "Why we Trade: The Ambiguous Case for Free Trade," *Understanding International Economics*, 1980, Chap. 10.

제17장

관세이론의 최근 연장

제17장 관세이론의 최근 연장

제 1 절 관세와 밀수

관세가 부과되면 국제가격과 국내가격의 차이는 관세가 부과된 만큼 벌어지므로 외국에서 수입재를 싼 값으로 몰래 들여오기만 하면 상당한 이익을 취할 수 있기 때문에 밀수행위가 존재한다. 그러나 밀수행위도 적발되면 엄청난 비용을 치르기 때문에 밀수꾼에게는 비용이 따른다. 그래서 관세가 포함된 국내가격 P_d가 밀수비용 P_s보다 큰 이상 밀수행위가 존재한다. 여기서 한 극단적인 경우는 국내의 초과수요 잔액이 관세를 통한 수입이 아니라 밀수에 의해 충족되는 것이고, 또 한 경우는 밀수행위와 법적 수입행위가 서로 공존하는 것이다.

본 절에서는 밀수행위의 여러 가지 형태와 그에 따른 후생수준의 변동상황을 살펴보고 이를 관세부과 후의 후생수준 변동과 서로 비교하고자 한다.

〈그림 17-1〉에서 관세를 부과하는 경우 생산점은 A, 소비점은 E에서 결정됨으로써 자국은 U_t수준의 후생을 영위하는데, 이것은 관세가 없는 자유무역인 경우의 후생수준 U_f보다 아래에 있다. 그런데 밀수행위를 본 모형에 도입하여 밀수를 통해 부담하는 비용이 한계점에 이르러 관세를 매긴 국내가격과 동일하다고 가정하자. 그리고 밀수행위가 지배적이어서 법적으로 관세를 부담하고 수입하는 수입량이 전무하다고 가정한다면 자국에서의 균

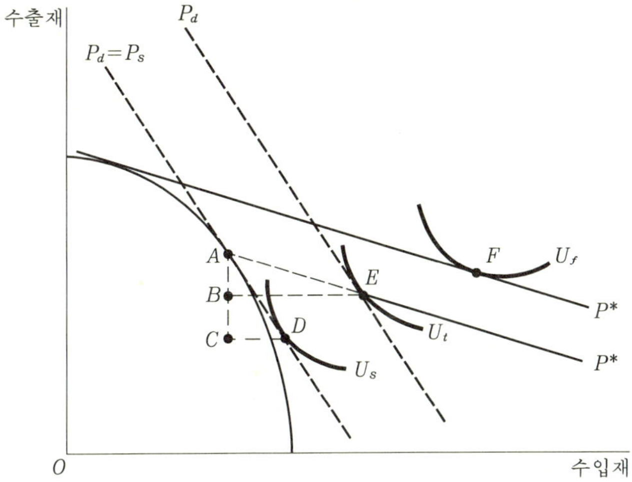

〈그림 17-1〉 관세와 밀수의 후생효과 비교

형은 D점에서 이루어진다. 그래서 이때의 후생은 U_s로 대표된다. 〈그림 17-1〉에서 각 소비점 D, E, F를 비교해보면 자유무역일 때의 후생수준이 가장 높으며, 그 다음이 세관을 통과한 수입의 경우이고, 밀수의 경우가 후생면에서 가장 낮다.

그런데 밀수가격이 반드시 관세가 추가된 국내가격과 같으라는 법은 없다. 실제로는 대개 밀수가격이 관세를 포함한 국내의 상대가격보다 낮은 것이 통례이다. 〈그림 17-2〉는 밀수가격 P_s가 통관가격인 P_d보다 낮은 경우를 보여준다. 현재의 밀수가격으로는 후생수준 U_s가 관세부과인 경우인 U_t수준과 동일하다.

만일 밀수가격이 지금의 밀수가격인 P_s와 국제가격 P^* 사이에 있기만 하면 생산점은 Q_s와 Q_f 사이에 움직이며, 후생수준은 관세가 부과된 경우인 U_t보다 높아진다. 그러나 만일 현재의 밀수가격이 P_s보다 높기만 하다면 후생수준은 관세인 경우보다 낮은 수준에 있게 된다.

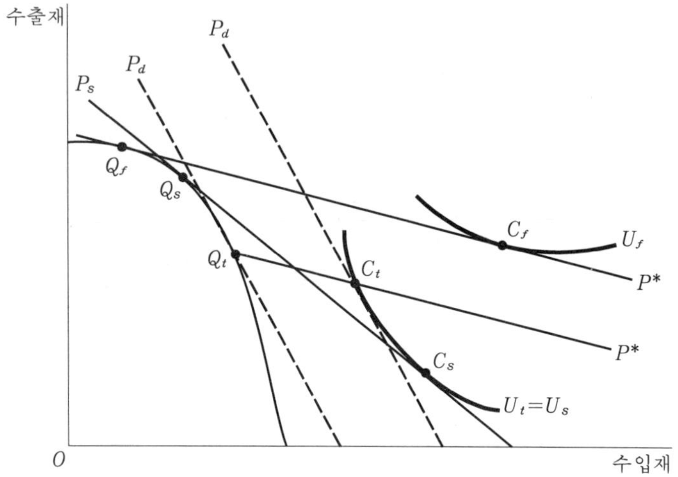

〈그림 17-2〉 밀수가격의 범위

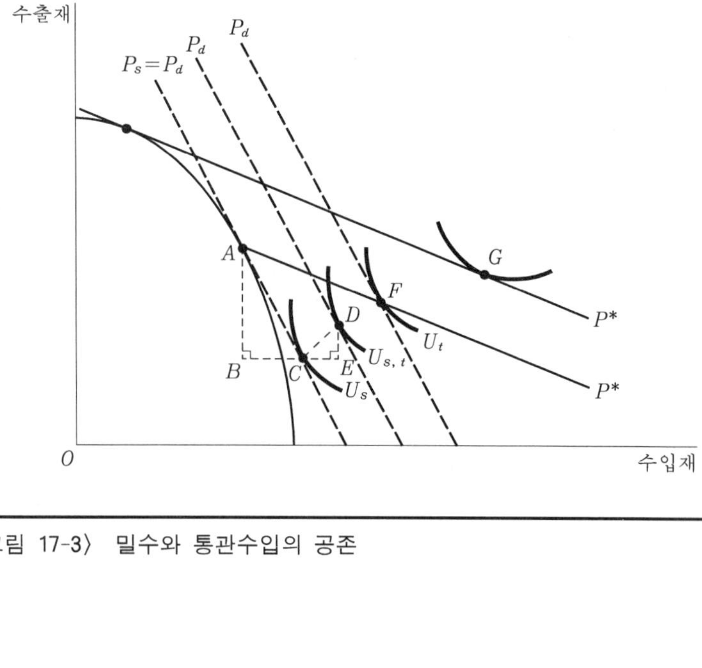

〈그림 17-3〉 밀수와 통관수입의 공존

이제는 밀수와 통관수입이 같이 공존하는 경우를 〈그림 17-3〉을 통하여 분석해보자. 밀수 없이 오직 통관수입만 있는 경우는 소비점이 F, 생산점이 A에 있으므로써 U_t의 수준의 후생을 누린다. 그러나 오로지 밀수만 있는 경우는 밀수가격이 통관 때의 국내가격과 같다고 했을 때 소비점은 C, 생산점은 A에 있게 되어 U_s수준의 후생을 누린다. 그런데 밀수도 있고 통관수입도 있는 경우에는 생산점은 여전히 A에, 그리고 소비점은 D에 있으므로 BC만큼의 수입량은 밀수를 통해서 충족되며, CE만큼의 수입량은 통관수입에 의해 충족된다. 이때의 밀수가격과 통관가격은 서로 같다고 가정되어 있다.

제 2 절 관세의 정치경제학적 접근

최근에 들어 관세효과의 분석에 있어 정치경제학적 접근을 시도하는 논문이 많이 발표되고 있다.[1] 관세의 정치경제학적인 면을 강조하는 이유는 관세정책이 국가 전체 이익을 위해 채택되기보다는 정치적 영향력이 센 이익집단의 로비에 의해 채택된다고 보기 때문이다.

로비 등을 통해 사회적으로는 바람직스럽지 못하나 개인적인 수혜를 추구하는 것을 지대추구(rent-seeking)라고 하며, 바그와티는 DUP(directly unproductive profit-seeking)이라고 이름지었다.

DUP 행위는 실질자원의 소모를 필요로 하기 때문에 관세의 왜곡효과를 파악하는 데 있어 현재의 왜곡효과에 DUP 비용을 추가적으로 계산하여야 한다고 바그와티는 주장한다. 이것을 〈그림

1) 바그와티(Jagdish Bhagwati)의 논문을 수집하여 출판된 책, *Political Economy and International Economics*, Cambridge M.A.: The MIT Press, 1991이 좋은 참고문헌이 됨.

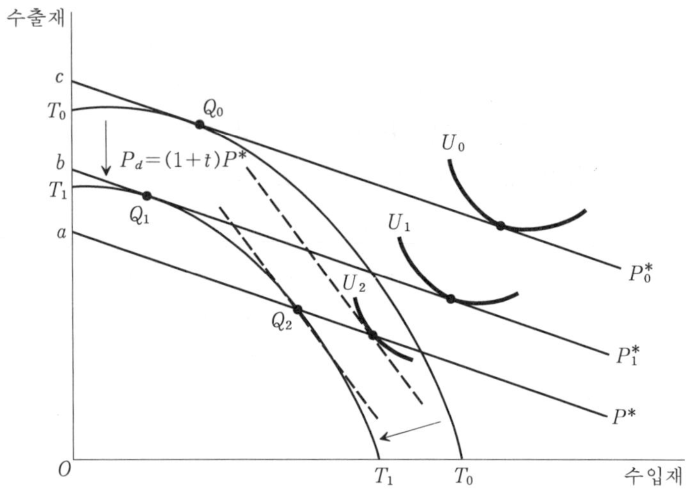

〈그림 17-4〉 DUP 로비비용과 후생수준

17-4〉를 통해서 자세히 살펴보자.

국가가 자유무역을 할 경우 생산가능곡선 T_0T_0와 가격선 P_0^*가 접하는 점에서 Q_0가 생산되고 후생수준은 U_0가 된다. 그러나 이익집단은 유리한 관세정책을 유도하기 위해 실질자원을 소모하기 때문에 생산가능곡선은 T_0T_0에서 T_1T_1으로 축소된다. 만일 T_1T_1의 생산가능곡선下에서 자유무역가격에 수입이 허용된다면 생산가능곡선과 가격선 P_1^*와 접하는 점에서 Q_1이 생산되고 후생수준은 U_0에서 U_1수준으로 하락한다. 그러나 자유무역가격에 의해 수입되지 않고 통관수입만이 허용되므로 결국 생산점은 Q_0나 Q_1이 아니라 Q_2에서 결정되며, 후생수준도 U_2에서 결정된다. 그러므로 로비를 통한 관세부과는 U_0-U_2만큼의 후생손실을 가져온다. 이것을 수출재를 기준으로 하면 ac만큼의 수출재의 감소를 의미한다.

참고문헌

Bhagwati, J. N., *Political Economy and International Economics*, The MIT Press, 1991.

Brecher, R., "Minimum Wage Rate and the Theory of International Trade," *Quarterly Journal of Economics*, February 1974.

Hazari, Bhart, *The Pure Theory and International Trade and Distortions*, A Halsted Press Book, John Wiley & Sons, 1978.

제18장

무역협상이론

제18장 무역협상이론

제 1 절 논의의 배경

관세협상은 우리 나라 사람들 귀에도 익숙한 논제다.

1986년부터 시작하여 7년간 지리하게 지속된 우르과이 라운드(Urguay Round)를 매듭짓고 그 결과 회원국들은 바야흐로 국제무역기구(World Trade Organization)를 출범시킨 바 있어서 다자간 관세인하 협상은 세계의 많은 사람들의 입에 회자되어 왔다. 비록 선진국과 개도국간의 의견차이가 있었으나 관세의 차등적 인하계획으로 일단은 마무리지어졌다.

1986년 9월부터 1993년말까지 계속된 협상중에서 가장 어려웠던 분야는 농산물 분야였다. 특히 농산물 생산보조금이 쟁점이었다. 농산물 수출국가그룹인 미국, 캐나다, 호주 3국과 농산물 수입국인 EU간에는 오랜동안 이에 대한 밀고당김이 되풀이 되어져 왔다. 전통적으로 EU는 농산물 생산에 정부가 보조금을 지급하였으며 이에 대해 미국 등 농산물 수출국가들은 농산물 보조금을 철폐할 것을 주장하여 왔던 것이다.

사실 과거 다자간협상 라운드와는 달리, 서비스거래의 국제적 기준을 정하는 것이 우르과이 라운드의 주목적이었지만 역시 기존의 농산물 보조금정책의 삭감이 주된 이슈가 되었다. 결국 두 집단간에 극적으로 협상이 타결되었고, 그로 인해 WTO가 출범하였다.

1999년 12월 3일 미국의 시애틀에서는 WTO의 각료회의가 있었다. 그러나 국제시민단체(Non Government Organization) 대표들의 거센 저항으로 인해 WTO 집행부는 큰 곤욕을 치렀다. 이런 상황으로 보아 막상 오랜동안의 산고를 치르고 WTO가 출범하였지만 앞으로도 다자간협상이 애초의 생각대로 그리 쉽게 진행될 것 같지는 않다.

이 장에서는 국가간 무역협상 발생의 이론적 배경에 대해서 공부하고자 한다.

제 2 절 불완전경쟁과 전략적 무역정책

1980년대에는 산업목표를 달성하기 위해 제시된 하나의 새로운 주장이 상당한 이론적인 주목을 받은 바 있다. 경제학자 Barbara Spencer와 James Brander에 의해 최초로 제안된 이 이론의 중심은 완전경쟁의 미비로 인한 시장실패에 따른 정부의 개입을 정당화하는 데 있다. 물론 일부 사업에 있어서는 몇몇 기업들이 효과적인 경쟁을 실현하고 있지만, 현실적으로 그 수는 미비한 상태이고 따라서 초과수익(excess return)을 얻기 위한 각 기업들의 노력은 해외로의 투자와 상품수출로 이어질 수밖에 없는 것이 현실이다.

이에 대해 Spencer와 Brander는 자국기업의 초과수익을 증대시키기 위한 대체 방안으로써 '게임의 법칙'을 제시한 바 있다. 그 가장 단순한 예가 바로, 정부가 국내기업에 '보조금을 지급'하게 되면 외국경쟁자의 투자와 생산을 저지시켜 국내기업의 이윤을 보조금 지급비용보다 더 증대시킬 수 있다는 논리이다.

즉 보조금정책을 통해 다른 나라의 희생을 전제로 자국의 소득이 증가될 수 있음을 의미하는 것이다.

1. 보조금정책의 장점

그 구체적 예로써 그들은 세계 항공산업의 두 지류인 미국의 Boeing사와 유럽의 Airbus사가 150석 규모의 새 항공기 생산을 두고 벌이게 되는 경쟁의 상황을 제시하고 있다. 논리의 단순화를 위해, 두 기업은 항공기를 생산하든지 아니면 생산하지 않는다는 양자택일의 결정만을 내릴 수 있다고 가정한다. 그리고 두 기업은 모두 이 항공기를 생산할 능력을 갖고 있지만, 둘다 생산시에는 양측모두 손실이 발생하게 된다.

이제 전략형 게임의 보수행렬로 이 상황을 제시해 보면 다음과 같이 나타낼 수 있다.

		Airbus	
		생 산	생산포기
Boeing	생 산	−5, −5	100, 0
	생산포기	0, 100	0, 0

먼저 위의 게임에서의 균형은 두 개가 존재한다. 그러나 두 기업 중 어느 기업이 이윤을 얻을 수 있게 되는지는 바로 누가 먼저 선점기업이 되느냐에 달려 있게 된다.

즉 선점기업에게 이윤이 돌아가게 되는 하나의 균형이 존재할 수 있다. 예들 들어 Airbus사가 참입하기 전에 Boeing사가 먼저 생산을 시작할 수만 있다면, Airbus사가 생산에 참여할 요인은 사라지게 되고, 이때 균형은 (생산, 생산포기)=(100, 0)가 된다.

즉 선점을 통해 신빙성 있는 공약을 제시하는 경우 선점기업이 후발기업에 비해 훨씬 유리하게 된다는 게임이론이 바로 여기에 적용이 되는 것이다.

그러나 이제 Brander-Spencer의 주장에 따라 유럽 정부가 Airbus의 생산 참입시에 25의 보조금을 지급하는 정책을 수행하게 된다면, 게임의 양상은 판이하게 달라지게 된다.

		Airbus	
		생 산	생산포기
Boeing	생 산	−5, 20	100, 0
	생산포기	0, 125	0, 0

즉 유럽 정부의 보조금 지급으로 인해 Boeing사는 참입을 단념하게 되고, Airbus사는 더 유리한 위치를 선점하게 되어 보조금 지급비용보다 더 큰 이윤을 얻게 된다. 이것이 바로 Brander-Spencer가 주장한 보조금의 효과이다.

2. 보조금정책의 단점

그러나 이 이론 역시 약점이 존재하기 때문에, 비판의 여지가 존재하는 것 역시 사실이다.

첫째, 이 이론은 무엇보다 상대국의 반응에 대한 고려가 반영되지 못하고 있다. 즉, 손쉽게 예상할 수 있는 상대국의 반응은 바로 '보복조치의 위험'이다. 유럽 정부의 보조금정책에 따른 미국 Boeing사의 손실을 미국 정부 역시 그냥 간과하지는 않을 것이기 때문이다. 미국 정부 역시 그에 상응하는 전략정책을 펴게 될 것이라는 결론을 유추해 내는 것은 어렵지 않으리라 여겨진다.

또하나 야기될 수 있는 문제는 정보의 불확실성에서 오는 정책판단의 오류로 인한 보조금정책의 실패이다. 잘못된 정책의 결정은 불필요한 비용을 초래할 수 있기 때문이다.

이제 앞의 게임의 보수행렬들을 약간 변형시킨 또 하나의 경쟁체계의 게임을 고려해 보자.

		Airbus	
		생 산	생산포기
Boeing	생 산	5, −20	125, 0
	생산포기	0, 100	0, 0

이 게임의 특징은, Boeing사가 Airbus사에 비해 더 유리한 위치에 놓여 있다는 데 있다. 즉 Airbus사가 비록 먼저 선점을 하더라도 Boeing사는 생산을 통해 5의 보수를 얻을 수 있으므로, Boeing사는 0보다는 5의 더 큰 보수를 선택하게 된다. 그에 비해 Airbus사는 Boeing사가 먼저 선점시에는 이윤을 창출할 만한 요인이 없게 되서 상대적으로 불리한 위치에 처하게 된다. 따라서 이때의 균형은 (생산, 생산포기)=(125, 0)가 된다.

그러나 이에 대해 유럽 정부가 이전처럼 25의 보조금을 Airbus사에 지급하는 정책을 펴게 된다면, 이제 새로운 균형이 존재하게 된다.

즉 결국은 두 나라의 항공회사 모두 생산을 하게 되는 새로운 균형이 존재하게 된다.

		Airbus	
		생 산	생산포기
Boeing	생 산	5, 5	125, 0
	생산포기	0, 125	0, 0

게임이론적 측면에 있어서도 가장 중요한 것은 '균형의 안정성(stability)'인데, 이렇게 약간의 보수변화만으로 균형이 옮길 유인이 발생한다는 것은 그만큼 근본적으로 이 균형이 '좋은 균형'

(good Equlibrium) 내지는 '완전 균형'(perfect Equlibrium)이 될 수는 없다는 사실을 증명해 주고 있는 것이다.

그러나 여기에서 우리가 주목해야 될 것은 바로 Airbus사의 보수이다. 이 Airbus사의 보수 '5'는 사실상 보조금 비용인 '25'에 훨씬 못미치고 있다. 그래서 보조금정책이 보조금 비용보다 더 큰 이윤을 자국 기업에 가져다 주어야 한다는 기본 대전제가 지켜지지 않고 있다.

결국 이 보조금 비용은 국민들의 세금으로 충당되게 되므로, 사회전체의 후생의 손실이 발생하는 문제를 초래하게 된다. 따라서, 정부는 이 모든 효과의 이해득실을 면밀히 파악해서 정책을 결정해야만 한다.

제 3 절 게임이론을 적용한 국제협상론

지금까지 우리는 한 산업에 국한된 부분적 고려에 중점을 두었지만, 경제정책에 있어서 무엇보다 중요한 것은 산업전반에 대한 포괄적인 고려와 적절한 정책의 결정이다. 이 경우에는 좀더 복잡하고 미묘한 문제들이 산재해 있기 때문에, 좀더 세심한 배려와 판단이 요구되게 된다.

예를 들어 만약 특정사업에 보조금이 지급되어지게 된다면, 다른 산업으로부터 원료와 원자재의 이동이 초래되게 되어 결국 그 산업은 더욱더 발전할 수 있게 될 것이다. 하지만 이러한 전략적 정책이 그 한 산업에 있어서는 전략적 우위를 촉진시킬 수 있을지는 모르지만, 다른 한편으로는 다른 산업의 약화를 초래하는 근본원인이 될 수도 있다는 사실을 정부는 간과해서는 안된다.

그러나 무엇보다 이 전략적 무역정책이 비판받는 이유는 바로, 이 정책이 다른 나라 국민의 희생으로 자국의 후생을 증가시키게 된다는, 즉 "우리의 이웃을 가난하게 만드는 정책(beggar-thyneighbor-policies)"이라는 데에 있다. 그래서, 이 전략적 무역정책은 결국 모든 사람들의 후생이 감소하게 되는 '무역전쟁'(trade war)으로 귀결될 위험을 항상 내포하고 있다.

즉 각 나라가 모두 자국경제와 자국기업의 이익만을 우선시하는 보호무역정책을 편다면, 결국에는 더 큰 손실이 발생할 수 있다는 사실을 간과해서는 안된다.

이는 다음의 간단한 게임모형의 예를 통해서도 잘 설명되고 있다. 이 상황은 바로, 게임이론의 대표적 기본모형인 '죄수의 딜레마'(Prisoner's dilemma)의 예이다.

〈무역전쟁의 문제〉

		일 본	
		자유무역	보호무역
미 국	자유무역	10, 10	−10, 20
	보호무역	20, −10	−5, −5

만약 두 나라가 서로 협조하는 공동체제를 구축했다면, 그 둘은 (10, 10)이라는 높은 보수를 얻을 수 있었을 것이다.

그러나 불확실한 정보조건에서 두 나라 모두 자국의 이익만을 우선시 함으로 인하여, 결국 둘 모두에게 큰 손실이 발생하는 딜레마가 발생하고 있다. 따라서 이 게임에서 일본과 미국은 지나친 보호무역주의를 자제하기 위한 합의를 찾아낼 필요가 있게 된다. 즉, 이 두 국가는 국제적 협상과 결속력있는 조약의 체결을 통해 양국모두 후생을 좀더 증대시킬 수 있게 된다.

이것은 극히 단순한 예에 불과하지만 그 적용범위는 다국가간의 무역문제로까지 확장이 가능하며, 그 시사하는 바 역시 크리라 여겨진다. 실질적으로 이러한 문제는 국제무역의 관계에 있어서 수시로 발생하고 있기 때문에, 국제적 합의와 협상을 통한 조화된 무역정책을 수행하기 위한 방안의 마련이 지금의 국제무역정책에 있어서 가장 중요한 선결과제가 아닐까 여겨진다.

실제로 이러한 노력은 그 동안 다수 있어 왔고, 또 앞으로도 그 노력은 계속되리라 여겨진다.

제 4 절 다자간협상의 略史

제 2 차 세계대전이 끝난 후 신속한 전쟁복구와 경제부흥을 위해 미국을 위시한 국제적 노력이 활발하였다. 환율안정과 경제개발을 위해 IMF와 세계은행이 창설되었다. 또한 무역신장을 위해 비관세장벽을 제거하고 관세를 인하하고자 하였는데 그 목적을 달성하기 위해 다자간협상이 시작되었다. 1947년 GATT체제 출범 후 1993년 우루과이 라운드 종료까지 8차에 걸친 국제적 협상이 있었다. 그 동안 있은 다자간협상의 특징을 살펴보자. 우선 제 1 차부터 제 4 차까지의 다자간협상에는 특별한 명칭이 주어지지 않았다. 제 5 차 딜론 라운드의 딜론은 당시 미행정부 재무장관을 역임하던 딜론(Dilon)이 협상을 주관하였던 사실을 근거로 그러한 명칭이 주어졌다. 그리고 1차부터 5차까지 협상하는 방법은 '품목별 협상방식'이어서 협상가능한 품목수는 매우 제한되어 있었다. 그리고 다수국이 동시에 관세인하 협정을 맺은 것이 아니고 2국간에 맺은 협정이었다.

제 6 차 케네디 라운드는 1964년에 시작하여 1967년에 매듭이 지어진 협상으로 일괄적인 관세인하방식이 채택되어졌다. 이 방식은 특정품목을 제외하고 원칙적으로 모든 품목이 인하대상이

〈표 18-1〉 다자간협상의 略史

명칭 · 교섭기간	참가국수	2국간 협정건수
제 1 차 1947	23	123
제 2 차 1948	32	147
제 3 차 1950~51	34	147
제 4 차 1958	22	59
제 5 차 딜론 라운드 1960~61	23	90
제 6 차 케네디 라운드 1964~67	46	
제 7 차 도쿄 라운드 1973~79	102	
제 8 차 우루과이 라운드 1986~93	117	

되는 것인데 이것은 일명 네가티브 리스트(Negative List)방식이라 불리운다. 이 방식으로 선진 참여국들이 관세를 대폭 인하할 수 있었다.

제 7 차 도쿄 라운드의 특징은 비관세장벽에 관한 협정이 많았다는 사실이다. 1973~1979 기간 동안 있었던 도쿄 라운드에서 맺은 비관세장벽 협정은 관세평가, 보조금 및 상계관세, 정부조달, 수입절차, 기술장벽에 관한 협정이있다.

도쿄 라운드가 시작되는 무렵에는 개도국을 위한 특별대우를 고려하고자 하였으나 이런 원칙은 무역거래가 미비한 저개발국에 한정되어졌다. 그래서 중진국들은 오히려 상대적으로 불리한 대우를 받게 되었다.

이 당시 개도국에는 졸업(Graduation)개념이 적용되기 시작하였다. 즉 개도국 경제가 발달함에 따라 우대조항은 없어지고 개도국도 점차 선진국들과 같이 GATT상의 의무와 권리를 다하여야 한다고 규정하였다.

제 8 차 다자간협상은 1986년 우루과이에서 시작되었는데, 서비스무역에 관한 일반기준을 세우는 것이 이 다자간협상의 주된 동기였다. 그러나 4년간 예정기간을 3년이나 더 연장하여 겨우 협상을 종결시켰다. 그러나 농산물에 관한 관세인하와 보조금단축을 놓고 유럽과 미국간 견해가 좁혀지지 않았다. 비록 우루과이 라운드(UR)매듭으로 국제무역기구(WTO)가 1995년 1월 출범하였지만 선진국과 선진국간, 선진국과 개도국간의 의견충돌가능성은 여전히 존재한다.

상기한 3개의 다자간협상, 즉 케네디 라운드, 도쿄 라운드, 우루과이 라운드의 주요내용을 다음과 같이 요약한다.

1. 케네디 라운드

무역협상과정에 새롭게 심혈을 기울이고 새로운 모습으로 조직화되어 가는 EEC(European Economic Community)에 대응하기 위해, 미국은 1962년부터 1967년에 이르는 새로운 협상라운드의 길을 모색했다. 이 라운드를 고무시킨 자극제는 바로 미국의 1962년의 무역확대법이었다. 이 법률은 대통령에게 50%까지 관세를 인하하도록 협상할 권리를 부여했으며, 이 감소안을 항목별 접근이 아닌 전면적인 협상으로 이끌 것을 요구했다. 광범위한 범위의 재화들이 동시에 모두 논의의 대상이 될 수 있으며, 제시된 비율의 감소폭은 전 그룹에까지 적용되어질 수 있었다. 또한 이 무역확대법은 관세인하가 수입의 증가를 야기시켜 노동자들이나 산업에 손실을 입힐 경우에는, 예를 들어 면직(해임)당한 노동자들이 총실업 보상금을 청원하거나 다른 분야로의 진출을 위한 재교육을 받는데 도움을 신청할 수 있도록 하는 무역조정후원(trade adjustment assistance: TAA)으로써 알려진 무역정책에 중점을 두고 도입되어졌다.

따라서, 넓은 의미에서 TAA는 국제적 조건의 변화와 보호무역주의를 감소시키기 위해 국제적 조정을 촉진시키기 위한 노력의 일환이었다고 말할 수 있다. 이것은 생산가능 경계선(production-possibilities frontier)에 따른 경제의 이동을 용이하게 하기 위한 하나의 시도이다. 이러한 후원이 없다면, 한 국가의 생산성은 초기에는 PPF 내부에서만 이동하게 되고 상당한 기간이 경과한 후에나 겨우 이 경계선 위로 갈 수 있게 되기 때문이다.

이 무역확대법을 통과시키는 것과 더불어, 미국은 제네바에서 케네디 라운드 무역협상(Kennedy Round of trade negotiations)으로 알려지게 되는 다자간 협상의 타결을 위해 노력하였다.

이 협상에는 7개국이 참여했으며, 제조업 제품들에 대해서는 평균 관세를 35%까지 감소시키고, 부분적으로는 적어도 일부 제조용품에 대해 관세를 64%까지 감소시키는 방안이 제시되어졌다. 이 라운드는 제조업 상품에 있어서 달성하고자 했던 관세인하의 협상까지는 성공적으로 이루어냈다. 그러나 케네디 라운드는 농산물의 장벽을 점차 낮추고자 했던 협상안에 대해서는 큰 진전을 보지 못했으며, 덧붙여 비관세장벽을 낮추고자 하던 노력 역시 큰 실효를 거두지 못하고 말았다.

2. 도쿄 라운드

1967년에 관세인하를 위한 케네디 라운드가 완료된 후, 1973년에 또 다른 협상라운드의 시작을 위한 다자간 회담이 도쿄에서 제안되어지게 되는 그 예비적 움직임이 있기까지 6년 동안은 또 다른 구체적인 협상의 움직임은 없었다.

이 새로운 라운드의 주요목표는 관세율을 계속해서 낮추는 한편, 비관세장벽들(NTBs)의 확대와 관세인하의 편익을 도모하는데 있었다.

미국의 경우에는 1974년의 무역법에 의해 이 뉴라운드인 도쿄 라운드 무역협상의 참여가 공식화되어졌다. 이 의회법은 관세인하와 비관세장벽을 낮추는 것을 목표로 하는 무역협상에서 협약을 맺을 수 있는 권한을 대통령에게 부여했다.

〈미국의 무역법의 주요내용〉

60%까지의 관세인하는 5% 이상의 현존 관세에 적용이 공인되어지고, 5% 이하의 현 관세의 적용을 받는 재화들의 경우에는 모두 관세인하의 고려대상에서 제외되어질 수 있다. 덧붙여 이 공식화는 비관세장벽의 자유화를 추구하는 개별 영역간 협상을 승인하고 있다. 이 법안에 있어서의 또 다른 특징은 바로 다음과 같은 규정들이다. 그것은 개발도상국들의 상품에 대한 관세 특혜 일반화체계(Generalized System of Preferences: GSP)와 무역조정후원의 요구에 대해 좀더 관대한 처리를 규정하는 조항이다.

마지막으로, 1974년의 무역법안은 수입면세행위에 대해 국내의 수입경쟁기업이 이의를 제기하게 되는 소송절차를 체계화하는 방안역시 모색한 바 있다.

이와 관련된 구체적인 법안의 주요조항들은 다음과 같다.

① 201조: 미국의 법령은 급속한 수입증가로 인해 발생하는 면세에 대해 수입경쟁기업들이 청원을 요청할 수 있도록 허용하고 있다.

이러한 소송이 제기되면, 미국의 국제무역위원회(International Trade Commission)는 이러한 수입증가가 미국 산업에 막대한 손실을 발생시켰는지 여부를 조사해서, 그 원인으로 확인되어질 경우

이에 대해 대통령에게 보호정책에 대한 권고를 요청할 수 있다. 그리고 그에 대해 대통령은 이를 수락하거나 거절할 수 있다.

② 232조: 대통령은 국가의 보호산업을 손상시키고 위협할 만한 수량이나 환경을 조성하면서 미국으로 수입되어지는 재화를 규제할 수 있는 권한을 가진다.

이 법안은 거의 적용되어지지 않았지만, 그 예가 1986년 공구 수입제한에 적용된 바 있다. 결국 이로 인해 일본과 대만은 자발적 수출제한으로 결론을 짓게 된다.

③ 301조: 미국법 중 불공정 무역행위에 대한 규제조항을 담고 있는 이 부분은 미국의 수출에 대해 외국이 가하는 불공정하고 부당한, 그리고 독단적인 제한에 대응해서 미국의 대통령이 보복행위를 할 수 있는 권한을 인정하고 있다.

④ 701조: 이 조항은 외국 정부에 의한 수출 보조금정책을 규제하는 부분이다. 해당 산업의 수입경쟁기업은 통상부에 외국정부의 보조금 지급 여부에 대한 조사를 청원할 수 있고, 그 사실이 확인되어지면, USITC가 그 손실 여부를 조사하게 된다.

⑤ 731조: 무역법의 해당 이 부분은 반덤핑 조항에 관한 내용이다.

이 도쿄 라운드 당시 미국의 협상 참가자들은 1974년에서 1979년 사이에 제네바에서 있었던 이 국제간 협상의 타결을 위해 애썼는데, 그 구체적 협약내용은 다음과 같다.

① 제조업 분야에 대한 관세율은 앞으로 8년 이상의 기간에 걸쳐 단계적으로 대략 평균 1/3 정도 감축하도록 한다.

② 정부의 구매, 보조금, 그리고 상계관세 등의 비관세장벽과 관련되는 새로운 행동규약들에 대해 합의했다.

덧붙여, 관세특혜는 개발도상국들로부터 수출된 다양한 제품들에 대해 선진국들이 관세특혜를 적용해야 하고, 비호혜주의 원칙이 개발도상국들에 적용되어져야 한다는 것을 이 협약은 추구하고 있다.

관세특혜와 비호혜주의의 협약을 수용함으로써, 세계 공동체는 기본적으로 가치판단의 기준을 확실히 세울 수 있게 되었다. 즉 그것은 국제경제에 있어서의 개발도상국들의 곤궁상태와 상대적으로 낮은 자본당 소득수준으로 인해, 그들 국가들을 위해서는 특별하고 차별적인 측정치가 적용되어져야만 한다는 점이다.

도쿄 라운드의 관세인하의 협약이행 이후에, 제조업 생산품에 대한 미국의 평균 관세수준은 4.3%까지 감소한 것으로 측정되어졌다.

그리고 다른 주요국가들의 경우에도 상대적으로 비슷한 평균 관세수준들이 유지되어진 것으로 나타났다. 캐나다의 경우에는 5.2%였고, 프랑스는 6.0%, 일본은 2.9%, 그리고 영국의 경우에는 5.2%였으며 서독의 경우에는 그 수준이 6.3%이었다. 일본을 제외하고는 모든 국가들의 비율이 상대적으로 미국보다 더 높은 편이지만, 그 수치상 차이는 그다지 크지 않은 것으로 여겨진다.

이러한 전세계적으로 인하된 관세율의 수준은 Smoot-Hawley 시대에 비해 상당히 그 수준이 낮아진 것으로 보여진다.

3. 우루과이 라운드

(1) 초기 4년간의 협상과정: 1986～1990

산업화가 촉진되면서 전세계적으로 상대적으로 점점 낮은 관세율이 적용되게 되었음에도 불구하고, 하나의 새로운 무역협상 라운드가 1986년 9월에 시작되어 1990년 12월에 완결되어졌다.

이 회담이 우루과이의 Punta del Este에서 최초로 개최되었기 때문에, 이 회담은 이후 우루과이 라운드 무역협상으로 공식화되어지게 되었다.

이 뉴라운드의 주요목적들은 비관세장벽들을 낮추려는 시도의 연장과 재화 무역에 대한 전통적인 중요성의 강조와 더불어 서비스교역까지 포함하는 협상의 확대까지를 포함하고 있다. 그리고 덧붙여 농업 생산물의 교역에 대한 규제협상까지 규정하고 있다.

회원국으로 확정된 15개 나라들이 다음과 같은 영역들에 대해서 규제 내지 제한을 낮추는 작업에 착수하기 위해 회합을 가지게 되었다.

① 관세
② 관세장벽
③ 열대의 생산품들
④ 천연자원을 기초로 하는 생산품들
⑤ 직물과 의류 품목들
⑥ 농업 생산물
⑦ 보호조항(규약)
⑧ 보조금과 상계관세들
⑨ 무역관련 지적소유권 제한들
⑩ 무역관련 투자 제약들
⑪ 서비스 분야들

이 협상에서 가장 큰 논쟁의 대상이 되었던 부분들은 서비스와 지적 재산권, 그리고 농산물 분야였다. 그리고 그 중에서도 가장 격렬한 논쟁의 중심이 되었던 분야는 농산물 협상분야였다. 그것은 대부분의 국가들이 다양한 정책 방법을 통해 농업 분야를 후원해 왔기 때문이다. 즉 가격원조, 직접적인 생산 보조금 지급,

수출 보조금 지급, 수입 쿼터제, 상품가격에 대한 인상규제 등이 그것이었다.

미국은 초기에는 농산물 무역과 모든 농산물 수입장벽에 영향을 미치게 되는 모든 보조금들을 10년에 걸쳐서 단계적으로 낮출 것을 목표로 했다. 이러한 계획은 농산물 무역의 이해관계와 관련해서 14개국의 선진국들과 개발도상국들로 구성되어졌던 Caims Group(아르헨티나, 오스트레일리아, 브라질, 캐나다, 뉴질랜드)에 의해 제시되어졌던 조약과 유사한 형태였다.

유럽공동체(EC)의 경우에는 이 협상이 좀더 천천히 진척되어지기를 원했고, 농산물 수출보조에 대한 감축의 범위가 축소되기를 원했다.

1990년에 그 이후의 다방면에 걸친 계획의 불균형으로 인해 이 협상의 모든 다른 성과들 역시 그 빛을 잃게 되었고, 4년간의 노력 역시 표면상으로는 무역자유화에 대한 그 어떤 서명동의의 성과 없이 끝을 맺게 되고 말았다.

(2) 1993년 협상타결이 종결되기까지의 협상과정

초기에 계획했던 협상타결의 최종기한인 1990년 12월까지 우루과이 라운드협상은 성공을 거두지 못했지만, 그 이후에도 협상은 계속되어졌다.

미국의 부시 대통령은 1991년에 신속한 진행과 처리를 전제로 하는 2년간의 회담 연장안을 의회에 요청해서 승인을 얻어냈다.

이러한 무역협상의 진행과정에 대해서 의회는 단순히 협상된 협약에 대한 가결내지는 부결 여부만을 표결할 수 있는 권한만을 갖고 있었고, 그 어떤 수정조항들을 제정할 권한은 없었다. 이 공식화 작업은 이후 북미자유무역협정(NAFTA)을 위한 협상에도 적용되어질 계획이었기 때문에, 이에 대한 격렬한 논쟁이 끊임없이 있었다.

그러던 중 미국의 유럽공동체에 대한 위협적인 무역정책 사건으로 인해, 1992년말에 이 우루과이 라운드협상의 타결에 대한 성공의 희망이 보이기 시작했다.

미국은 미국의 기름열매(예를 들어 콩같은 농산물들) 수출을 위협하는 유럽공동체의 농산물 수출후원정책을 완화시키라는 결정을 GATT로부터 얻어내게 되었다.

그리고 EC의 보조금정책에 대한 보복조치로, 미국은 자국에 대한 EC의 수출품목에 대해 3억 달러에 이르는 200%의 관세를 부과하겠다는 위협을 가했으며, 만약 이에 대해 EC가 보복조치를 취할 경우에는 EC의 미국에 대한 제조업 상품 수출물량에 대해 7억 달러에 해당하는 제2라운드의 관세를 과할 준비까지 이미 하고 있었다.

이렇게 농산물 분야에 대한 협상 제기를 야기시킬 만한 중요한 무역대립 사건으로 인해, 마침내 국제간 조약의 체결이 이루어지게 되었다.

즉 그 내용은 7년 이상의 기간에 걸쳐서 기름열매(oilseeds)에 대한 수출 보조금을 가치단위로는 36%까지 감축하고, 질량단위로는 21%까지 감축한다는 내용이다.

그리고 이러한 협약 내용은 우루과이 라운드의 다른 많은 협상 부문들에까지 확산되어지게 되었다. 그래서 결국 격렬한 논쟁 끝에, 우루과이 라운드의 117개국 참여 국가들은 1993년 12월 15일에 협상을 종결짓게 되었고, 마침내 1994년 4월 15일에 모로코의 Marrakech에서 공식서명이 이루어지게 되었다. 그리고 참여국들의 비준을 거쳐 이 협정은 1995년 1월 1일부터 그 효력이 발생하게 되었다.

참고문헌

김영세, "게임이론 — 전략과 정보의 경제학 —," 박영사, 1999.

Appleyard, Dennis R. and Field, JR., Alfred J., "International Economics," Irwin McGraw-Hill, 1998.

Gibbons, R. "Game Theory for Applied Economists," Princeton University Press, 1992.

Krugman, Paul R. and Obstfeld, Maurice, "International Economics," Addison Wesley, 1997.

제19장

경제통합편

제19장 경제통합편

제 1 절 경제통합의 형태

20세기 말에 들어 세계는 블록(bloc)화현상이 두드러지게 나타났다. 서로 경제적 이해가 맞아떨어지는 나라끼리 경제통합권을 형성하고, 역내 국가간에는 관세 및 비관세 장벽을 내려 주는 등 무역자유화를 실시하였다.

경제통합은 역내국가간 무역, 투자를 비롯하여 제반 경제활동의 자유화 정도에 따라 여러 가지 형태가 가능하다. 단순한 관세인하에서부터 시작하여 공동경제정책과 심지어는 동일한 중앙은행하에서 동일한 화폐를 사용하는 경제통합이 가능하다.

일찍이 유럽에서는 뜻이 서로 맞는 국가끼리 모여 무역동맹지역(preferential trading region)을 형성하였다. 무역동맹지대에 속하는 나라끼리는 무역거래를 촉진시키기 위해 관세 및 비관세장벽을 완화하는 등 여러 가지 유리한 조치를 취하나, 여기에 속하지 않는 다른 국가에 대해서는 높은 관세율 및 비관세장벽 등의 불리한 조치를 취한다. 무역동맹지역의 형태는 다양하며, 무역클럽, 자유무역지대, 관세동맹, 공동시장, 경제동맹, 정치-경제동맹 등이 있다.

〈그림 19-1〉에서 보듯이 경제적 결합도가 가장 작은 경제통합형태는 무역클럽이며, 경제적 결합도가 가장 큰 경제통합형태는 정치-경제동맹이다. 오른쪽 화살표방향으로 갈수록 경제적 결

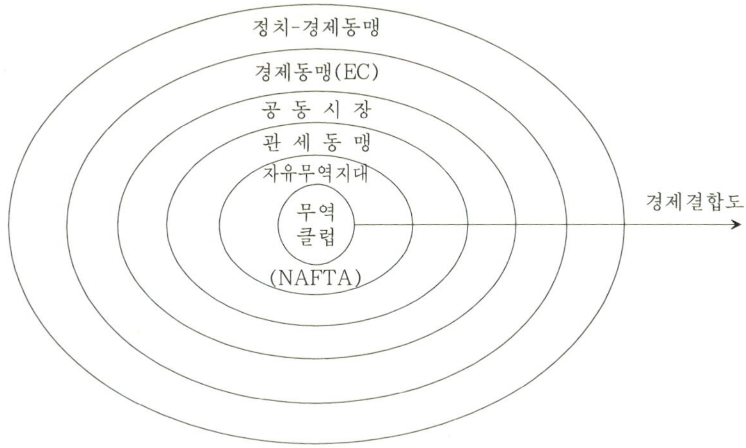

〈그림 19-1〉 경제통합의 결합도

합도는 점점 커진다. 여기서는 크게 6가지의 경제통합형태를 보여 주고 있으나, 실제로는 블록국가간의 경제결합도에 따라 어떤 형태든지 가능하다.

1. 무역클럽(preferential trading club)

2개국 이상이 무역클럽을 조성하여 회원국간에는 수입관세를 서로 줄여준다. 그러나 비회원국에게는 여전히 전과 같이 높은 수입관세를 부과한다.

무역클럽이 지닌 제일 큰 문제는 비회원국의 수출품이 다른 회원국을 통해 낮은 관세를 물고 유입되는 경우이다. 예컨대 A국과 B국은 회원국이나 C국은 비회원국이라 하자. A국은 B국에서 수입되는 상품에는 관세를 낮게 매기거나 관세를 아예 매기지 않기도 한다. 이때 비회원국인 C국이 B국과 협력하여 C국의 상품을 일단 B국으로 들어오게 한 뒤 다시 A국으로 재수출할 수 있다. 이런 문제를 해결하기 위해서 A국은 수입하는 상품에 대해 원산지증명(certificate of origin)을 제시하도록 요구할 수 있다.

2. 자유무역지대(free trade area)

무역클럽 회원국들은 상호간 관세를 조금 낮추어주는 것인 반면에 자유무역지역의 회원국들은 상호간 수입관세를 대폭 인하하거나 아예 철폐해준다. 그러므로 자유무역권은 무역클럽보다 관세양허의 폭이 훨씬 넓고 거래규모도 크다.

그러나 비회원국에 대한 관세통제문제는 여전히 극복해야 할 과제이다. 역내국가가 비회원국에게 부과하는 관세율은 회원국들의 독자적 재량에 달려 있기 때문에 회원국들 중 대외적으로 적용하는 관세율이 가장 낮은 나라로 비회원국의 수출상품이 몰리게 된다. 1950년대 末에 오스트리아, 덴마크, 노르웨이, 포르투갈, 스웨덴, 스위스, 영국의 유럽 7개국이 결성한 EFTA, 1985년 5월 美·이스라엘간에 체결된 자유무역협정으로 인해 두 나라는 FTA를 결성한 셈이 되었다.

특히 80년대 末에 들어 미국은 EC국가에 의한 1992년 EC의 단일시장 추진에 대한 대응수단으로 FTA 체결정책을 강조하였다. 그래서 최근 미국, 멕시코, 캐나다간에 맺은 북미자유무역협정(North America Free Trade Agreement: NAFTA)도 FTA의 범주에 들어간다. 이렇듯 미국이 북미단일시장화에 노력한 것은 EC경제가 1992년 시장통합을 통해 크게 활성화되면 일본과 NICs의 부상으로 세계무역질서가 다극화되는 반면에 미국의 지위가 상대적으로 크게 악화될 것을 우려하였기 때문이었다.

3. 관세동맹(customs union)

이것은 자유무역권(free trade area)에서 한 단계 진보된 무역차별지역의 형태이다. 동맹국들은 비동맹국가들에 대해서도 공동관세와 공동무역정책을 취한다. 일반적으로 경제통합이라 할 때는 관세동맹의 형태를 의미하며, 관세통합의 이론은 관세동맹으로 인한 경제적 효과를 분석하는 데서부터 출발한다. 이에 관한 자세한 논의는 제 2 절에서 다루기로 한다.

4. 공동시장(common market)

관세동맹이 한 단계 더 발전한 형태로서 동맹국간에 관세 없이 모든 상품뿐만 아니라 노동·자본 및 기타 서비스 등의 모든 생산요소도 자유로이 이동할 수 있다. 이러한 경제통합의 형태는 앞으로 EC의 단일시장계획이 완벽하게 실현되어 역내의 모든 무역장벽이 철폐됨으로써 나타날 것이다.

유럽공동체(EC)는 1958년 Rome조약이 발효된 이후 경제통합체로서의 기능과 제도적 장치를 보강함으로써 대외적으로는 통합체의 高度化를 통해 域內경제의 결속도를 높이는 한편, 對外的으로는 세계경제 내에서 유럽 경제의 경쟁력을 강화하고 아울러 EC의 정치적·경제적 지위를 개선하는 데 주력해왔다.

EC통합체의 고도화 과정은 60~70년대에 관세동맹의 완성, 공동시장조직의 정비, 환율동맹 등을 통해 전개되어왔다. 그리고 80년대 이후부터는 EMS(유럽통화제도)를 통한 통화통합정책의 실현과 1992년 목표의 域內시장 단일화 조치를 목표로 세우면서 EC는 새로운 국면을 맞게 되었다.

지난 1991년 10월 기존의 EC와 EFTA 회원국이 1993년 1

월부터 유럽경제권(European Economic Area)을 결성하기로 합의하였다. 이로써 유럽의 통합작업은 서유럽 전반으로 확대되어 1993년부터는 3억 8천만 인구로서 세계교역량의 40%를 차지하는 서유럽 19개국의 세계 최대의 단일시장으로 부상하게 되었다.

5. 경제동맹(economic union)

공동시장이 더욱 발전된 형태로서 동맹국간에는 상품 및 생산요소의 자유로운 이동뿐만 아니라 동맹국의 경제정책에 대한 조정과 협력을 나눈다.

현재 EC는 경제동맹의 통합단계로 접근해가고 있으며, 멀지 않아 통화동맹이 실현되면 EC는 완전한 경제동맹의 경제통합형태를 이루게 된다.

1993년 11월 1일부터 마스트리히트조약(Mastricht Treaty)이 발효됨으로써 EC(유럽공동체)는 공식적으로 EU(유럽연합)로 개칭되었다. 마스트리히트조약은 1992년 2월 마스트리히트에서 서명된 유럽통합에 관한 조약(Treaty on European Union)을 가리키며 1993년 11월 1일부터 발효되었다. 1951년의 ECSC(유럽석탄철강공동체)조약과 1957년의 EEC(유럽경제공동체)조약 및 Euratom조약의 채택으로 출범한 EC(유럽공동체)는 1986년 7월 로마조약을 개정한 단일유럽의정서(Single European Act)를 채택하였으며, 그 후 1993년 1월 1일자로 단일시장의 1차 완성을 보았다. 그리고 1993년 11월 8일 마스트리히트조약의 발효와 함께 EC는 정식으로 EU(유럽연합)로 발전하게 되었다.

1993년 11월 8일 EU의 외무장관들의 EC이사회(Council of Ministers of the European Communities)를 EU이사회(Council of the European Union)로 공식 명명하고 EC위원회(Commission of the

European Communities)를 유럽위원회(European Commission)로 알려지는 것에 동의했다. 그러나 EC위원회의 공식명칭은 종전과 같이 그대로 유지된다.

6. 정치-경제동맹(political and economic union)

이것은 초국가적인 기구를 설치하여 그 기구로 하여금 각 동맹국들의 경제 및 사회정책까지 조정·관리하는 형태의 경제통합을 가리키며, 경제통합의 마지막 단계라 할 수 있다. 그러나 진정한 의미의 경제통일은 동맹국들이 경제주권뿐만 아니라 정치주권까지 포기해야 실현될 수 있다.

7. 최근 자유무역권의 사례와 발전추이

戰後 세계경제에서 차지하였던 미국 경제의 막강한 지위가 오일쇼크, 越南戰으로 인하여 국제적 지위가 약화되면서 국제경제의 주도적 역할을 제대로 해내지 못하고 1980년대에 들어 EC의 경제통합 추구, 일본의 경제강국으로의 부상, 그리고 신흥공업국의 출현으로 그 영향력이 더욱 감퇴하게 되었다.

이러한 세계경제의 흐름 속에 80년대 미국 경제의 무역수지와 재정수지에서 엄청난 규모의 쌍둥이적자를 기록하였다. 세계경제 속에서 미국 경제의 비중의 急減함과 동시에 생산성저하로 인하여 미국의 국제경제력이 크게 약화되자 미국은 UR타결을 앞두고 캐나다의 자연資源, 맥시코의 노동력, 미국의 자본 및 기술을 유기적으로 결합하여 자국산업의 국제경쟁력을 강화시키기 위해 미국-캐나다-멕시코를 잇는 北美자유무역협정(North America Free Trade Agreement: NAFTA)을 체결하기에 이르렀다.

미국은 북미시장 단일화 노력의 결과로 1987년 멕시코와 기본적 협정분야에 대한 framework 협정을 해결하였으며, 지리적으로 인접한 미국과 캐나다 양국은 1989년 1월 자유무역협정(FTA)을 발효시켰다. 이어 1989년 9월에는 멕시코측이 미국과의 자유무역협정을 추진할 것을 제의해왔으며, 1991년 2월 미국, 멕시코, 캐나다는 자유무역협정을 개시할 것을 발표하고, 마침내 1992년 8월 멕시코와의 북미자유무역협정(NAFTA)을 체결하고, 이어 1994년 1월 정식 발효를 선언하였다.

이처럼 미국은 대외적으로 점차 확대되고 있는 유럽경제권과 잠재력이 높은 아시아경제권에 대항하여 국제사회에서 약화된 지위를 회복하고 자국산업의 경쟁력을 강화하기 위해 NAFTA를 통해서 對內的으로 캐나다의 풍부한 자원과 멕시코의 값싼 노동력을 세계 최대의 경제규모와 기술력 및 자본을 효과적으로 결합하여 경쟁력을 향상하고, 멕시코 시장의 개방을 통한 對멕시코 수출을 증대시킴으로써 악화된 北美內 고용사정을 개선하려고 하고 있다.

특히 미국 시장에서의 한국 수출품경쟁력이 약화되고 있는 시점에서 NAFTA의 결성은 한국의 경제구조와 유사한 멕시코의 對美수출이 가속화될 전망이다. 비록 한국의 총수출에서 미국 시장이 차지하는 중요성이 많이 감소하기는 하였지만 앞으로 멕시코와의 경쟁이 강화되리라는 예상 때문에 여전히 제1의 수출시장으로 하고 있는 우리로서는 멕시코로 인한 영향이 우려된다.

이들 3개국은 지난 1991년 6월 시장개방 확대, 보조금관련 무역규정, 서비스분야 투자자유화 확대, 지적재산권 보호 및 商社분쟁의 6개 분과위원회의 구성에 합의하였으며 1992년도까지 협상을 종결하고 각국의 국내법 절차를 거쳐 1993년부터 협정이 발효되었다.

이렇듯 미국이 北美의 단일시장화에 노력을 한 것은 EC경제가 1992년 시장통합을 통해 크게 활성화되면 일본과 NICs의 부상으로 세계무역질서가 다극화되는 반면에 미국의 지위가 상대적으로 크게 약화될 것을 우려하였기 때문이다.

아세안자유무역지대도 같은 맥락이다. 아세안자유무역협정(ASEAN Free Trade Agreement: AFTA)은 말레이시아, 인도네시아, 태국, 필리핀, 싱가포르, 브루나이 등 ASEAN(동남아국가연합) 소속 6개국이 유럽연합(EU), 북미자유무역지대(NAFTA) 등의 歐美의 경제블록화에 대응하여 ASEAN 내 경제협력 확대 및 해외자본의 효과적 유치를 위해 1992년 1월 제4차 아세안정상회의에서 결성되었다. 이 협정은 1993년 1월부터 2007년까지 점진적으로 관세 및 비관세장벽을 제거하여 자유무역지역을 형성하는 것을 목표로 하고 있으며, 1994년 1월까지 공통실효특혜관세(Common Effective Preferation Tariff)협정에 의한 관세인하를 단행하여 공산품의 역내관세를 5% 이하로 낮추는 것이 협정의 골자이다. 최근 들어 NAFTA, EU 등 경제블록이 형성되고, 중국, 인도 등 주요 경쟁국의 고도성장 등 급격한 경제환경 변화로 AFTA를 발전시키기 위한 노력은 꾸준히 지속될 전망이다.

동남아국가들은 ASEAN이 중심이 되고 한국, 일본, 중국, 대만, 홍콩, 미얀마, 베트남 등이 참여하는 EAEC(동아시아경제공동체)를 결성하는 방안도 고려하고 있다. 이와 관련하여 1990년 12월 말레이시아 마하티르 수상이 NAFTA와 EC에 대응하는 아시아경제블록(East Asia Economic Group)을 창설할 것을 제의한 적이 있다. 그러나 미국의 강력한 반대에 부딪쳐 결국 대외협상시 역내국가의 공동대응과 무역 및 경제협력 강화를 위한 협력체 정도로 인식되고 있을 뿐이다.

한편 대외적으로는 국가간 이해상충을 조정하며 자유롭고 개방된 교역환경을 조성하며 대외적으로는 지역주의(regionalism) 확산에 대비하여 다자간 개방적 교역질서의 확립이 중요하다는 데 의견을 모으고 이들 국가들은 자유무역권을 형성하는 쪽으로 기울어지고 있다. 예컨대 미국과 일본간의 자유무역 그리고 미국과 아시아 태평양간의 자유무역협정은 매우 바람직한 것으로 인식되고 있다. 이 같은 사실을 배경으로 APEC(Asia-Pacific Economic Cooperation)총회가 1993년 11월 시애틀에서 처음으로 개최되었다. APEC은 아·태 경제공동체를 구축하기 위한 무역자유화 및 경제협력강화를 주내용으로 하고 있다.

APEC은 경제블록에 대한 대항적 성격의 지역주의화보다는 역내협력체를 지향하면서 GATT의 기능을 보완할 수 있을 것이다. 즉 APEC은 역내 무역자유화, 투자활성화, 기술이전 촉진 등을 추진하면서 다자간 교역질서의 보전을 위한 감시자의 역할을 수행할 것이다.

제 2 절 관세동맹의 경제적 효과

경제통합이론은 관세동맹의 경제효과를 분석하는 데서부터 출발한다. 직관적으로 동맹국끼리 관세 및 비관세장벽을 철폐하면 동맹국 모두에게 이점을 가져다 줄 것처럼 생각되나 일찍이 바이너(J. Viner)는 관세동맹의 결성이 당사국에게 반드시 유리하게 될 것이 아니라는 것을 보이고자 했다.[1)]

관세동맹을 맺은 후 域內 동맹국간 무역이 증가하는 효과가 발생하는데 이를 무역창출효과(trade creation effect)라고 부른다.

1) Jacob Viner, *The Customs Union Issue*, New York: Carnegie Endowment for International Pace, 1950 참조.

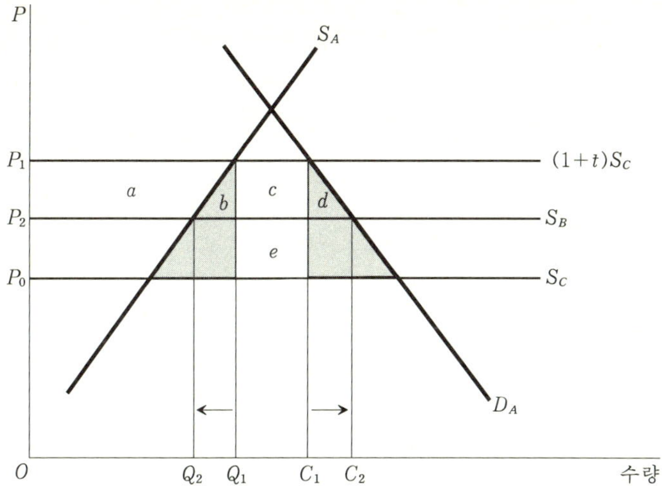

〈그림 19-2〉 관세동맹의 정태적 경제효과

그러나 비동맹국의 생산비가 가장 저렴함에도 불구하고 동맹국으로부터 수입하게 됨으로써 관세수입의 감소 등 후생손실이 발생하는데 이를 무역전환효과(trade diversion effect)라고 부른다.

예컨대 관세동맹이 체결되기 전 A국은 B국과 C국에서부터 수입해오는 상품에 동일한 관세를 부과하다보니 B국보다 생산비가 낮은 C국으로부터 수입하였다고 하자. 〈그림 19-2〉에서 D_A와 S_A는 A국의 수요와 공급곡선이며, S_B와 S_C는 B국과 C국의 공급곡선이다. 그리고 $(1+t)S_C$는 관세를 감안한 C국의 공급곡선이다. 관세동맹 이전 C국으로부터 Q_1C_1만큼 수입해왔으며 $c+e$만큼의 관세수입을 얻었다.

그런데 A국과 B국이 관세동맹을 체결하고 C국은 역외국가로 남아 있다고 하자. 그러면 A국은 C국으로부터의 수입을 중단하고 B국으로부터 Q_2C_2만큼 관세 없이 수입하게 된다. 그리고 국내가격은 OP_1에서 OP_2로 하락한다.

이와 같이 〈그림 19-2〉에서 관세동맹 후 A국의 수입은 늘어나서 무역창출효과를 낳게 되나, 관세가 철폐되어 관세수입은 $c+e$만큼 감소되어 무역전환효과가 발생하는 것이다.

이제 국내가격이 OP_1에서 OP_2로 하락하는 경우 다음 등식이 성립한다.

소비자잉여의 증가$=a+b+c+d$ ········· (1)

생산자잉여의 증가$=-a$ ········· (2)

관세수입의 감소$=-c-e$ ········· (3)

순수한 후생의 변동$=b+d-e$ ········· (4)

따라서 관세동맹 후 A국의 후생이 증가하는 경우는 $b+d>e$가 성립할 때이다.

이러한 분석은 관세동맹 이후 域內경쟁으로 인한 효율성증가, 규모의 경제성 등을 고려하지 않은 정태적 분석이다. 이리하여 바이너(J. Viner) 이후 립시(R. G. Lipsey)나 바그와티(J. Bhagwati)와 같은 학자들의 동태적인 분석이 뒤따랐다.[2)] 즉 이들은 A국가의 개별시장에 한정시키지 않고 동맹국 전체시장에 초점을 맞추었다. 그래서 〈그림 19-3〉의 수요곡선은 동맹국 전체의 수요곡선이며, 동맹체결 후 수요곡선은 D_1에서 D_2로 증대할 수 있다. 만일 동맹 이전에는 독점기업이었으나 역내기업간의 경쟁으로 독점이윤이 절감되거나 기술파급효과로 인한 효율성 제고, 또한 규모의 경제효과도 아울러 기대해볼 수 있으므로, 이러한 이점도 당연히 관세동맹을 통한 경제연합의 이점으로 간주해야 된다는 논리가 성립한다.

---

2) R. G. Lipsey, "The Theory of Customs Unions: Trade Diversion and Welfare," *Economica*, Vol. 24, 1957, pp. 40～46.
J. Bhagwati, "Trade Diverting Customs Unions in the European Common Market," *Economic Journal*, 1971, pp. 580～587.

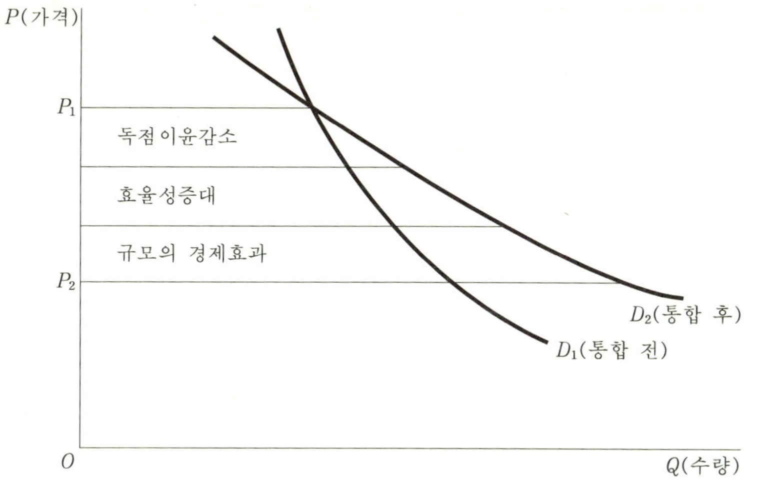

〈그림 19-3〉 경제통합의 동태적 경제효과

참고문헌

Balassa, Bela, *The Theory of Economic Integration*, Homewood, Ill.: Richard D. Irwin, 1961.

———, "Trade Creation and Trade Diversion in the European Common Market," *Economic Journal*, March 1967.

Cooper, C. and B. Massell, "A New Look at Customs Union Theory," *Economic Journal*, December 1965.

El-Agraa, Ali, *International Economic Integration*, New York: St. Martin's Press, 1982.

Johnson Harry G., "The Gains from Free Trade with Europe: An Estimate," *Manchester School*, September 1958.

Lipsey, Richard G., "The Theory of Customs Unions," *Economic Journal*, September 1960. Reprinted in *International Trade*, ed. Jagdish Bhagwati, Baltimore: Penguin Books, Inc., 1969.

———, *The Theory of Customs Unions*, London: LSE Monograph Series, 1970.

Meade, James, *The Theory of Customs Unions*, Amsterdam: North-Holland Publications, 1955.

Scitovsky, Tibor, *Economic Theory and Western European Integration*, London: George Allen & Unwin, 1962, Chap. Ⅰ and Ⅲ.

Viner, Jacob, *The Customs Union Issue*, New York: Carnegie Endowment for International Peace, 1950.

제20장

서비스교역과 UR 협상

제20장 서비스교역과 UR협상

제 1 절 서비스교역의 특성

서비스에 대한 여러 가지 정의가 있다. 서비스는 상품과는 달리 저장이 불가능하고 따라서 수요와 공급이 동시에 이루어져야 한다는 견해가 있다.

또한 서비스는 거래가 이루어지기 위해서 공급자와 수요자가 가까운 거리에 있어야 되는 경우와 그럴 필요가 없는 경우로 구별될 수 있다. 예컨대 건설서비스는 건설업체가 현지에 진출해야 가능하지만 금융, 보험, 정보 같은 서비스는 통신기술의 덕분으로 공급자의 주재 없이도 원격지에 있는 수요자에게 서비스를 제공할 수 있다.[1)]

일반상품의 경우에는 상품 자체에 규제가 부과되는 반면, 서비스는 무형재이기 때문에 소비자를 보호하기 위해서는 서비스 공급자에 대해 다양한 규제를 부과하게 된다.

저장이 불가능한 서비스가 국제간에 교역되기 위해서는 서비스공급자의 현장진출이 필요하다. 그래서 외국에 서비스를 공급하기 위해서는 현지국으로부터 회사설립권을 얻어야 하는데, 이것은 외국인 직접투자 범주에 속하므로 서비스교역은 상품교역에 비해서 그만큼 규제를 더 받는다고 할 수 있다.

---

1) Jagdish Bhagwati, "Trade in Services and Multilateral Trade Negotiation," *The World Bank Economic Review*, Sept. 1987 참조.

〈표 20-1〉 세계서비스교역 규모 (단위 : 10억 불, %)

	1987	1988	1989
상품 연증가율	2,530(17)	2,880(14)	3,090(7.5)
서비스 연증가율	530(21.5)	600(13)	—

자료 : GATT, 1990. 3.

서비스공급을 위해 회사의 현지진출만 필요한 것이 아니라 자본, 노동, 기술 등과 같은 생산요소의 국가간 이동도 필요하다. 그러나 이러한 생산요소의 국가간 이동은 많은 제약을 받고 있는 것이 현실이다. 특히 노동력이동은 현지국가의 이민정책과 직결되므로 매우 민감한 문제로 취급되고 있다.

제 2 절 서비스교역의 확대추이

이 같은 서비스교역상의 다양한 규제가 어려움에도 불구하고 그 동안 세계서비스교역은 최근 급속도로 확대하였다. GATT의 1990년 추계에 의하면 1988년 상품교역은 2조 8,800억불에 비해 서비스는 6,000억불에 이르렀다. 이것은 전년도에 비해 상품은 14%, 서비스는 13% 증가한 것이었다. 그리고 서비스교역은 앞으로 계속 증가할 전망이다.

이같이 서비스교역이 세계적으로 증가하는 이유는 선진국이든 후진국이든 각국의 경제가 발전함에 따라서 서비스부문이 확대되는 이른바 경제의 서비스화가 심화되고 있기 때문이다. 〈표 20-2〉는 국별 서비스산업의 비중추이를 보여주는데 미국, 영국, 일본, 서독, 한국의 경우 한결같이 서비스산업에 비중이 지난 1975년부터 점증되어왔다. 경제의 서비스화는 서비스의 수요증가에 기인한다. 즉 최종소비재로서의 수요뿐만 아니라 중간재로서

〈표 20-2〉 국별 서비스산업 비중추이

(단위 : %)

	미국	영국	일본	독일	한국
1975	63.8	53.8	55.8	49.9	41.0
1980	64.6	51.1	57.8	51.4	44.1
1985	67.6	53.6	59.5	54.6	45.4
1988	68.8	57.3	60.2	—	45.7

의 상업서비스에 대한 수요가 급속히 늘어나기 때문이다.

특히 금융, 정보, 전문서비스 등에 대한 수요는 자본자유화의 물결을 타고 엄청나게 늘어났다. 또한 통신기술의 발달로 서비스의 원거리공급이 가능해짐에 따라 서비스의 교역이 크게 증가하였다.

제 3 절 UR 협상의 출항

1. 협상기간

1986년 9월 우루과이의 휴양도시인 푼타 델 에스테(Funta del Este)에서 GATT의 각료선언으로 개최되었다. UR는 원래 1990년 12월 브뤼셀에서의 협상장관회의를 통해 종료되기로 되어 있었다. 그러나 협상이 원만하게 타결되지 않았으며, 7년여의 진통을 겪은 끝에 1993년 12월 15일에 일괄 타결되었다.

2. 협상목표

UR의 기본적인 목표는 국제교역에 있어서의 시장개방 확대, GATT체제 및 규칙 강화, 신분야에 대한 다자간 규범을 마련함으로써 1990~2000년대의 새로운 세계교역질서를 구축하는 데 있다.

3. 참가국 범위

99개의 GATT 체약국 외에도 6개 옵서버국가를 포함하여 총 110여 개국이 참가하고 있다.

4. 협상체계

협상체계는 〈그림 20-1〉에서와 같이 크게 상품협상그룹과 서비스협상그룹으로 나누어진다. 이 양대그룹은 무역협상위원회(Trade Negotiation Committee)가 총괄하고 있다. 그리고 감시기구가 설치되어 각 회의의 합의사항의 이행을 감시한다. 이 기구는 GATT에 위배되는 기존 조치들을 동결하거나 철폐하는 이행 여부를 감시한다.

상품협상그룹은 총 12개의 협상의제를 다루는데, 이들은 크게 시장개방분야, GATT규칙분야, 신분야의 세 가지로 분류된다. 서비스협상그룹은 역시 12개의 서비스협상분야를 다루고 있다.

시장개방분야에서는 관세인하와 비관세장벽의 완화뿐만 아니라 농산물보조금 철폐, 열대상품과 천연자원의 교역자유화 문제가 다루어진다.

GATT규율분야에서는 동경 라운드에서 제정한 다자간협정(MTN Code)상의 보조금, 상계관세, 긴급수입제한조치 등의 명료화와 적용의 조건 및 기준의 강화문제 등이 논의된다.

신분야에서는 지적소유권의 보호와 무역을 왜곡하는 투자조치문제(TRIM) 등이 다루어지는데, 무역관련 투자조치에 관해서는 추후 보다 상세히 살펴보기로 한다.

한편 서비스협상그룹(Group of Negotiations on Services, 이하 GNS)은 역시 〈그림 20-1〉에서와 같이 14개의 서비스분야를 대상

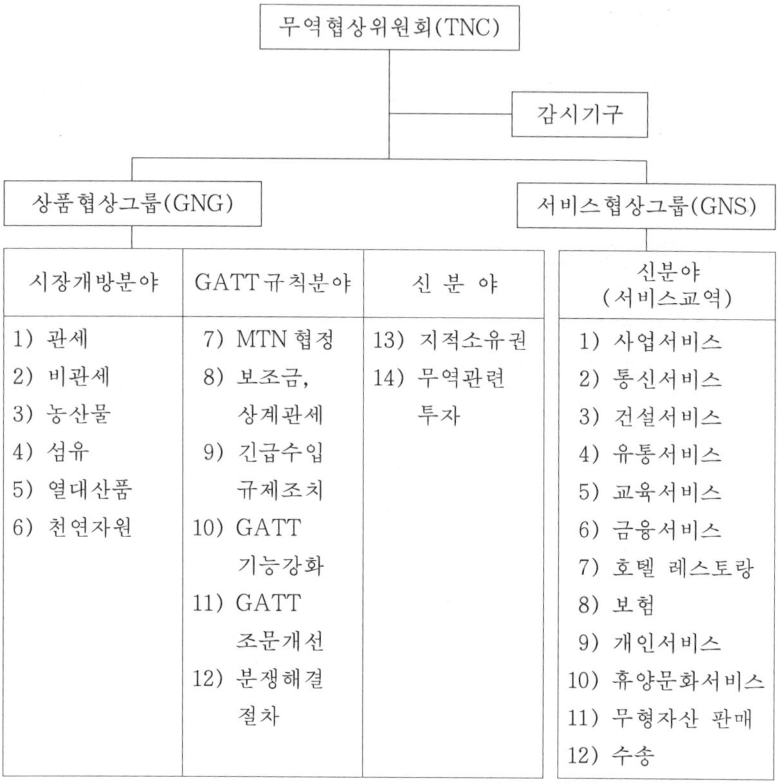

〈그림 20-1〉 UR 협상체계도

으로 각국간의 마찰을 조정하며 협상을 진행시켜왔다.

제 4 절 UR 협상의 기원

먼저 「우루과이 라운드」(UR)의 개념부터 살펴보자. 「우루과이」는 南美의 한 나라를 가리키고, 「라운드」는 여러 차례 거듭되는 논의를 가리킨다. 지난 1986년 9월 우루과이 남쪽 해안에 자리잡은 한 아름다운 휴양도시인 「푼타 델 에스테」(Funta del Este)에서 GATT 각료회의가 개최되었다. 거기서 국가간의 무역협상을 1986.9~90.12 기간 동안 추진할 것이 선언되었는데 이것을 우루과이 라운드라 부르는 것이다.

이 같은 多國家間의 무역협상은 이번이 처음이 아니다. 이번 UR는 제 8 차 다자간협상이 된다. 일단 우루과이에서 장관급의 정치적 선언이 있은 후부터는 회원국의 편의에 따라 장소를 바꾸어가며 실무회의가 이루어진다. UR의 특징은 기존의 농산물문제뿐만 아니라 서비스와 지적소유권을 포함시킴으로써 과거 어느 때보다 복잡하고 어려운 협상라운드라는 점이다.

우루과이 라운드는 GATT 체제의 다자간협상인데 GATT의 1947년 발족 이후 여덟 번째의 라운드이다. GATT는 「무역과 관세에 관한 일반협정」(General Agreement on Tariff and Trade)이며 동시에 국제기구를 의미한다. 즉 GATT는 제 2 차 세계대전 이후 무역자유화를 촉진시키기 위해 미국과 영국 등 23개국이 주축이 되어 설립한 무역촉진기구이다.

GATT 협정의 기본목적은 회원국간의 관세인하와 수량제한의 철폐이다. 그리고 협상의 원칙은 무차별주의이다. 그래서 일단 二國간 관세인하협정이 체결되면 다른 회원국가에도 똑같이 적용된다.

〈표 20-3〉은 그 동안의 GATT 협상의 역사적 추이를 보여주는데, 제 1 차 讓許협상 때의 총 양허품목수는 45,000개였다. 제 2 차부터 제 5 차 기간 동안에 연간 양허품목수는 제 1 차에 비해 크게 줄었다. 그 이유로서 첫째, 관세인하는 비교적 실행하기 쉬운 것부터 우선적으로 교섭하기 때문에 시간이 흐를수록 관세인하가 어려운 품목이 남기 때문이었다. 둘째, 무차별대우원칙이 역효과를 내기 때문이었다. 회원국은 스스로 관세인하를 하지 않더라도 다국간에 적용되므로 二國간 관세인하교섭에 매우 소극적이었다.

〈표 20-3〉 GATT 협상의 역사적 추이

차 수	기 간	협상이름	참가국가	양허품목수
제 1 차	1947	—	23	45,000
제 2 차	1949	—	31	5,000
제 3 차	1950~51	—	34	87,000
제 4 차	1956	—	22	3,000
제 5 차	1961~62	Dillon Round	24	4,400
제 6 차	1964~67	Kennedy Round	46	30,300
제 7 차	1973~79	Tokyo Round	99	27,000
제 8 차	1986~	Uruguay Round	105	

이러한 약점을 보완한 새로운 협상방법이 제 6 차 케네디 라운드에서 채택되었다. 즉 관세인하교섭에 있어서 개별품목방식이 아니고 원칙적으로 모든 품목에 일률적으로 적용하면서 관세인하폭을 다수국가간에서 협상하는 방식을 택하였다. 그 결과 양허품목수는 다시 크게 늘어났다. 케네디 라운드의 또 다른 성과는 관세장벽뿐만 아니라 비관세장벽까지 협상의제에 포함시켰으며, 저개발국가에겐 상호주의의 의무를 엄격하게 부과하지 않는 점이었다.

제 7 차 「동경 라운드」는 1973년 9 월 일본 東京에서 시작되었다. 이 라운드는 6 년간 계속되었는데, 비관세장벽의 제거와 농산물무역의 확대에 주안점이 모아졌다.

제 8 차 「우루과이 라운드」에는 농산물문제를 포함하여 서비스, 지적소유권 등이 협상의제로 채택되었다. 따라서 UR는 역사상 가장 포괄적이고 복잡한 협상이다. 현재 GATT 가맹국은 96개국이지만, UR에 참여하는 국가는 총 105개국이다.

이것은 UR에서 서비스나 지적소유권과 같은 중요한 통상문제가 다루어지고 있어서 GATT 비가맹국이라 하더라도 UR협상에 참여하게 되었기 때문이다.

제 5 절 UR협상의 타결

1986년 9월에 시작된 UR협상은 7년여의 진통을 겪은 후 1993년 12월 15일 일괄 타결되었고 이어 94년 4월 15일 세계 각료들이 모로코의 마라케시(Marrakesh)회의에서 최종의정서에 조인함으로써 마침내 UR협상은 일단락되었다. UR협상 타결이 당초 예정보다 3년 이상이나 지연된 것은 무엇보다도 UR참여국 수가 많은데다(110개국 이상) 선진국, 중진국, 후진국간의 기본입장이 달랐기 때문이었다. UR협상이 진행되는 동안 선진국과 후진국간의 이해마찰도 문제려니와 선진국과 선진국간의 의견대립이 협상타결의 큰 장애물이었다. 특히 농산물분야에서 생산보조금과 수출보조금 감축을 놓고 유럽연합(European Union)과 미국·호주 등의 농산물 수출국간에 의견이 첨예하게 대립되었기 때문에 UR협상이 오래 지체되었다.

UR협상 타결의 핵심내용은 공산품의 관세인하, 농산물시장의 개방확대, 서비스시장의 개방, 덤핑판정기준의 구체화, 보조금 및 상계관세의 기준강화, 지적재산권의 보호강화, 긴급제한조치의 규정명료화, 섬유류 수출입규제의 완화, 그리고 세계무역기구 창설 및 분쟁해결의 一元化의 9가지로 정리될 수 있는데 이를 세부적으로 살펴보기로 하자.

1. 공산품의 관세인하

UR관세협상의 목적은 현행 관세를 일정 수준으로 인하하는 것과 일부 품목에 대해 아예 관세 자체를 없애거나 일정 수준으로 하향평준화시키는 것이었다.

먼저 관세인하분야에서는 1990년까지 각 회원국의 관세율을 UR출범 당시인 1980년 9월과 비교하여 1/3 이상 인하하고 최고관세율을 GATT에 제시하는 품목의 수도 대폭 확대하기로 하였다. 일단 GATT에 제시한 세율 이상의 관세는 원칙적으로 부과할 수 없게 되어 있다. 이에 따라 우리 나라도 평균관세율을 1986년의 17.9%에서 2004년에는 8.1%수준까지 낮추기로 했으며 관세양허범위도 90%수준으로 대폭 확대하기로 했다.

한편 관세철폐 및 무세화 분야에서는 미국·유럽연합·일본·캐나다의 선진 4개국이 합의한 철강·건설장비 등 8개 부문 76개 품목 중 68개 품목의 관세를 철폐하기로 했다. 또한 관세를 일정 수준으로 하향평준화하고자 하는 관세조화분야에서는 196개 화학제품 중 193개 품목에 참여하기로 했다.

2. 농산물시장의 개방확대

UR농산물협상의 목적은 공산품과 마찬가지로 비관세장벽에 의해서가 아니라 관세라는 장치에 의해서만 보호하도록 하는 것이었다. 즉 보호를 하되 비관세장벽형태의 보호보다는 관세형태의 보호가 우선되기를 참여국들이 합의했다. 따라서 비관세장벽으로 야기된 국내외 가격차이를 관세로 전환하는 이른바 관세화가(tariffication)가 농산물협상의 주된 내용이었다.

비관세장벽의 제거로 인해 유도되는 국내외 가격차가 관세로 환산된다고 하여 국내외 가격차를 관세상당치(tariff equivalent)라고 한다. 비관세장벽을 유지하고 관세화를 이룰 수 있는 관세화 유예기간은 원칙적으로 인정하지 않기로 하였다. 관세상당치는 6

년의 이행기간 동안 평균 36%를 감축하도록 하였다. 우리 나라의 경우 쌀시장 개방협상이 가장 어려웠다. 쌀농사에 대한 국민정서와 쌀이 농촌경제에 차지하는 비중을 감안하여 우리 나라는 예외적인 조치를 받았다. 우선 관세화를 일정 기간 유예하는 대신 최소시장접근에 의한 쌀시장 개방을 허용해주기로 특별한 예외를 인정받았다. 즉 쌀에 대해서는 관세화를 1995~2004년까지 10년간 유예하기로 했다.

관세화 유예란 유예받은 기간 동안은 최소물량만 현행 관세로 수입하면 된다는 뜻인데 우리 나라는 1995년에 국내 쌀소비량의 1%만 수입하고 이를 조금씩 늘려 2004년에는 국내소비량의 4%까지만 수입하도록 하였다. 이 기간 동안은 쌀수입이 완전 자유화되지 않고 관세화할 필요가 없었다. 연간 국내 쌀소비량은 약 3,500만 석으로 간주되었기 때문에 연간 35만 석(약 5만 톤)부터 쌀 수입이 서서히 증가하여 10년 후에는 연간 약 140만 석이 수입하도록 하는 것이었다.

여기서 같은 최소시장접근이라도 관세화를 하는 경우와 관세화를 유예한 경우와는 큰 차이가 있음이 지적될 수 있다. 예컨대 관세화와 병행한 최소시장접근의 경우, 어떤 나라든 1986~88년 3년 동안 국내소비량의 3~5%를 현행 관세로 수입해야 하고 그 이상의 물량에 대해서는 관세화된 높은 관세율을 적용받아서 자유로이 수입이 허용된다. 최소시장접근에 의한 우리 나라 연간 쌀 수입비율은 1995년에 0.1%, 1996년에 1.25%, 1998년에 1.75%, 2000년에 2.0%, 2002년에 3.5%, 2004년에 4.0%로 되게 하는 것이었다.

3. 서비스시장의 개방

서비스의 통일된 개념은 정립되어 있지 않지만 GATT에서는 편의상 서비스를 사업서비스, 통신, 건설, 유통, 교육, 환경, 금융, 보건, 사회, 관광, 문화, 체육, 운송 등 11개 분야 155개 업종으로 분류하였다.

UR 협상에서 합의된 서비스교역 자유화의 기본원칙은 다음과 같은 세 가지가 있었다. 첫째 원칙은 최혜국대우(most favored nation)로서 모든 회원국은 정당한 사유가 없는 한 모든 서비스분야에 있어 다른 회원국을 동등하게 해야 한다고 규정하였다. 둘째 원칙은 자유화 대상이 되는 서비스의 범위는 위성을 통한 뉴스의 공급 등 서비스 자체가 국경을 넘어 거래되는 것뿐 아니라 외국인투자 · 인력이동 등 서비스를 제공해주는 주체문제에 관한 분야까지 포함한다고 규정하였다. 셋째 원칙은 자유화 추진방식에 관한 것인데, 모든 회원국이 모든 서비스를 동시에 개발하는 것이 아니라 국가간 협상을 통해 약 5년간의 주기로 점진적으로 추진하고 개방된 서비스업종에 대한 각종 제한조치를 점진적으로 완화해가기로 규정하였다.

우리 나라가 UR 협상에서 양허한 서비스시장은 GATT에서 분류한 11개 분야 155개 업종 中 공공성이 강한 교육, 보건, 사회, 문화, 체육 등 5개 분야를 제외한 건설, 유통 등 8개 분야 78개 업종이었다.

제 6 절 국제무역기구(WTO)의 창설

1. WTO의 출범배경

모로코의 마라케시 각료회의에 참석한 세계 125개국 각료들은 1994년 4월 UR 최종의정서에 서명한 후 UR협상의 종결을 선언하였다. 또한 이들 각료들은 1995년부터 세계무역기구(World Trade Organization)를 출범시킬 것에 합의하고 WTO 준비위원회를 발족시켰다. 이로써 제2차 세계대전 직후인 1947년에 자유무역환경을 조성하기 위해 만들어진 다자간 협상기구인 GATT는 해체되고 새로운 무역기구인 WTO가 출범하게 되었다.

국제기구인 WTO의 창설을 위해 각국은 국내비준절차를 거쳐야 하는데, 자국의 의회나 국회로부터의 비준을 받는 것이 그리 쉽지는 않다. 왜냐하면 WTO 설립을 내용의 일부로 담은 UR협정은 참여국 모두에게 만족스러운 것이 아니었기 때문이었다. 특히 이번 UR에는 선진국은 물론이고 대부분의 개도국도 참여한 관계로 참여국들의 경제여건이 서로 다르고 또 협상대표단들의 시각도 크게 달랐다. 그러나 WTO 설립보다 나은 代案이 없기 때문에 대다수 선진국들과 개도국들은 모두 국내에서 다소 저항이 있더라도 WTO의 국내비준동의안을 관철시켜야 하는 상황에 있기도 하였다.

2. WTO의 기능

WTO의 125개국의 선진국·중진국·후진국 모두를 포함하는 세계경제기구로서 과거 GATT 기능보다 훨씬 강력한 기능을 가진 것으로 경제UN이라 지칭할 수 있다. 그리고 새로이 출범하는 WTO는 다자간 무역협상의 광장을 제공하며 국제무역분쟁의 최종판결기관으로 기능하고 있다.

WTO는 과거 GATT가 상품분야의 일부분에 국한된 규제기능을 했던 것과는 달리 서비스, 지적재산권 등 광범위하고도 포괄적인 무역분야를 총괄하고 있으며 UR 협상의 결과를 토대로 하여 WTO는 세계차원에서 약 40% 관세감축효과를 실현할 수 있도록 제반 기능을 실행하고 있기도 하다. 또한 WTO는 개도국의 역할을 환영하며 최빈개도국의 특별우대를 유지할 목적을 가지고 있다.

1999년 12월 3일 제3차 WTO 각료회의가 미국 씨애틀에서 열렸다. 이 회의에서는 "뉴라운드"의 출범을 목표로 UR협상시 미타결 과제등이 논의 되었으나 NGO(국제시민단체)대표들의 거센 저항으로 그 회의는 별 결실을 갖지 못하고 끝났다.

제4차 WTO각료회의는 2001년 11월 카타르(Quatar)의 도하에서 개최되었다. 여기서 이른바 도하개발아젠다(Doha Development Agenda)협상이 시작되었다. 역시 농업부문 교역자유화가 협상에서 가장 어려운 아젠다였다. 제5차 WTO각료회의는 2003년 9월 멕시코 칸쿤에서 개최되었다. 이 협상에서는 개도국과 선진국간의 갈등 때문에 DDA의 기본골격과 세부원칙합의안을 도출하는데 실패하였다.

2004년 7월 WTO일반이사회에서 DDA세부원칙과 기본골격 합의안을 채택함으로써 DDA협상은 재출발을 보았다. 그러나 2005년 12월 홍콩에서 열린 제6차 각료회의와 2006년 7월 제네바에서 있은 제7차 각료회의도 결렬되었다. 그 이듬해 2007년 7월 농업 비농산물 분야 세부원칙조안이 배포되었으나 합의는 도출되지 못하였다. 2008년 7월 G7회의와 주요국 통상각료회의에서도 합의도출이 실패함으로써 DDA협상은 결렬되었다. 이렇듯 WTO 다자간

체제의 농산물 협상은 국가 간의 첨예한 갈등 때문에 결렬되기 쉽다.

21세기 들어서 역내 국가 간 자유무역협정(FTA : Free Trade Agreements)이 활발하게 체결되기 시작했다. 앞에서 언급했듯이 WTO 다자간무역협상체제에서는 합의도출이 여간 어렵지 않다. 특히 농산물자유화협상은 다자간 체제 내에서는 더욱 어렵다. 이런 문제를 극복하기 위해 지역 내 FTA가 추진된 것이다. 역내 국가 간 FTA는 1992년 EU의 출범과 1994년 NAFTA(북미자유무역협정)체결을 계기로 역내 FTA는 세계적으로 빠르게 확산되었다.

우리나라는 2003년 이래 동시다발적으로 FTA를 추진하였으며 그 결과 2004년 4월 한·칠레 FTA 체결을 선두로 2006년 3월 발효한 한·싱가포르 FTA, 2006년 9월 발효한 한·EFTA(European Free Trade Association) FTA, 2007년 6월 발효한 한·ASEAN(15개국) FTA, 2007년 4월 한·미 FTA 협정을 체결하였다. 이에 뒤를 이어 한·일본 FTA 협정과 한·중국 FTA 협정도 결국 시간문제인 것이다.

[보 론]

자유무역협정(FTA)에 관한 보론

1. 정 의

자유무역협정이란 국가 간 또는 지역 간 상품 및 서비스의 자유로운 이동을 위하여 무역장벽을 철폐하거나 완화하는 내용을 협상을 통하여 합의하고 이를 체결한 협정을 말한다. 자유무역지대(Free Trade Area)는 공식적으로 자유무역 체결 국가들이 속한 지역을 가리킨다. 그 동안 체결된 자유무역협정은 주로 유럽연합(EU)이나 북미자유협정(NAFTA) 등과 같이 일정한 지역을 중심으로 이루어졌기 때문에 지역무역협정으로 불리기도 한다.

2. 자유무역협정(FTA)과 세계무역기구(WTO)와의 관계

세계무역기구는 모든 회원국에게 최혜국 대우(Most-Favored-Nation Treatment)를 보장해주며 다자주의 원칙을 기본으로 하는 세계무역체제인 반면 양자 간 또는 소지역 간의 FTA는 WTO다자주의 원칙을 벗어난 특혜무역체제이다. FTA는 회원국에게 무관세나 저관세를 적용하지만 비회원국에게는 WTO에서 유지하는 관세를 적용한다.

이처럼 FTA가 WTO의 다자주의 이념과 원칙에 일치하지 않지만 시장접근에 있어 역내 무역자유화와 세계무역자유화에 기여한다는 점이 긍정적으로 평가되고 있으며 나아가 FTA가 WTO의 다자간 자유무역체제를 발전시키는 보완적 역할을 한다는 점이 인정되고 있다.

3. FTA의 주요내용

과거의 FTA협상에서 체결국 간에 관세 및 무역장벽을 제거하는 것으로 관세철폐, 원산지 규정, 통관절차 등에 관한 규범이 주 관건이었다. 그러나 최근에는 이외에 서비스, 투자, 지적재산권, 정부조달, 환경, 노동기준까지 포함되는 추세이다.

(1) 관 세

FTA의 궁극적인 목표는 모든 관세를 철폐하는 것이다. 관세철폐 이행 기간을 5년, 10년, 또는 15년으로 설정하고 있다. FTA는 다른 협정과 같이 관세철폐 예외 품목을 인정하고 있으며 특히 농산물이 예외품목으로 설정되고 있다.

(2) 원산지규정

자유무역협정체결로 인한 무역상의 특혜는 협정체결국에서 생산한 상품에만 적용된다. 그래서 역외 비 체결국이 한 체결국에 수출하고자 하는 경우 다른 체결국으로 우회 수출하여 관세상의 특혜를 받으려 하기 때문에 원산지 규정은 FTA의 중요한 요소이다.

참고문헌

金仁哲, 「UR 以後 韓國서비스 自由化에 관한 研究」, 成均館大學校, 1991. 4.

朴泰鎬, 「우루과이라운드 서비스協商의 進展狀況과 우리의 對應方案」, 對外經濟政策研究院, 1990. 8.

부 록

Ⅰ. 사회무차별곡선

Ⅱ. 립친스키 정리의 수학적 접근

Ⅲ. 스톨퍼-사무엘슨 정리의 수학적 검토

Ⅳ. 「트란스퍼」의 교역조건효과

Ⅴ. 실효보호관세율의 일반공식 유도

Ⅵ. 관세수입극대화 관세율과 후생극대화 관세율

Ⅶ. 서비스교역에 관한 일반협정문(안) 요약

Ⅷ. 미국의 주요 무역규제법

Ⅸ. OECD

Ⅰ. 사회무차별곡선

국제무역이론에서 사회무차별곡선의 역할은 대단히 크다. 사회무차별곡선의 도움이 없이는 자유무역의 후생효과를 확인하거나 관세 및 비관세정책의 후생효과를 분석하기 매우 힘들다.

사회무차별곡선은 소비자의 효용무차별곡선과 비슷한 기능을 가지고 있으나 추가적으로 주의할 점들이 여러 가지가 있다. 원점에서 멀어질수록 후생수준이 커진다는 점과 무차별곡선은 서로 교차하지 않는다는 점은 똑같이 적용된다. 이론적으로 사회무차별곡선은 개인무차별곡선을 서로 합하여 유도될 수 있겠으나 실제 유도하는 과정이 생각대로 단순하지 않다. 사회무차별곡선을 유도하고 이를 분석도구로 사용하는 데 있어서 몇 가지 문제가 있음을 유의해야 한다.

우선 사회의 구성인원은 A와 B 두 사람뿐이라고 가정하고 이 두 사람의 개인무차별곡선을 유도해보자. 〈그림 1〉에서 I_A와 I_B는 A와 B의 개인무차별곡선을 각각 가리킨다. X재와 Y재의 한계대체율이 두 사람에게 똑같이 적용될 때 경제는 균형상태에 있다. 만일 A의 한계대체율이 B의 그것보다 크다면 두 사람 사이에 X재와 Y재의 이동이 일어나고, 두 사람이 똑같은 한계대체율을 당면할 때 비로소 더 이상의 생산과 교환은 정지된다. 이로써 두 사람 모두의 후생의 합이 극대화된다.

〈그림 1〉에서 X재와 Y재의 교환비율이 두 사람에게 똑같이 적용되는 곳은 Q_1점과 Q_2점이다. Q_2점은 Q_1점에 비해서 A의 후생수준이 높으며, 반대로 B의 후생수준은 낮다.

이제 Q_1점을 택하여 두 사람의 재화배분점이라고 하고 A와

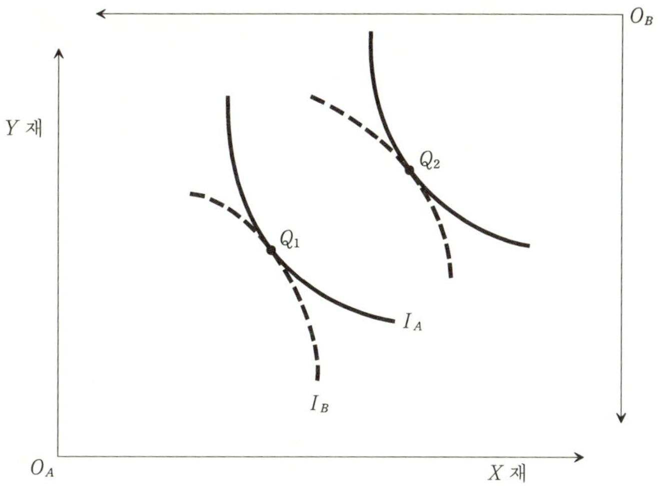

〈그림 1〉 ***A***와 ***B***개인 간 재화의 균형분배

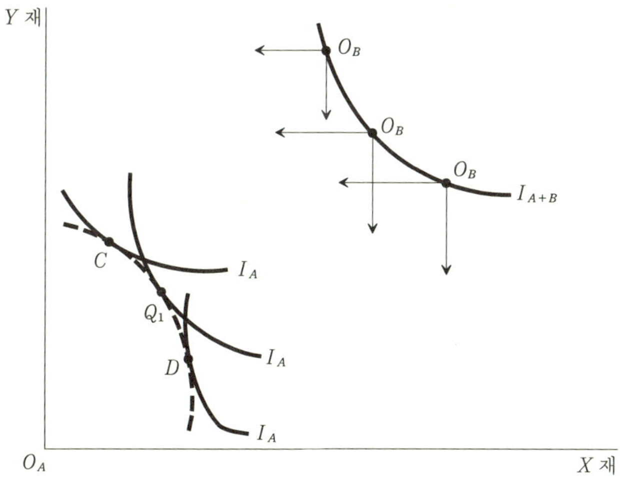

〈그림 2〉 개인무차별곡선의 결합

B 두 사람의 개인무차별곡선을 결합해보자. 〈그림 2〉에서와 같이 A의 무차별곡선 I_A를 B의 무차별곡선 위로 움직여보면 세 개의 O_B점이 우측에 나타나며, I_B상에는 C, Q_1, D점이 발견된다. 이 점들에서는 두 사람의 효용수준은 변하지 않고 X재와 Y재의 소비결합만 달라진다. 다양한 소비점들이지만 효용수준이 같아야 무차별곡선의 특성이 된다. 따라서 I_{A+B}곡선이 사회무차별곡선이 된다.

이렇게 두 사람의 개인무차별곡선을 결합하여 사회무차별곡선을 유도한 후 이것을 다시 제3자의 개인무차별곡선과 같은 방법으로 결합할 수 있으며, 결국 사회구성원이 몇 사람이 되든 상관없이 사회무차별곡선을 이론적으로 유도해낼 수 있다.

그런데 이 같은 방법에 있어서 아주 중대한 문제가 있다. 만일 Q_2점을 택하여 A의 무차별곡선을 B의 무차별곡선 위로 움직임으로써 또 다른 사회무차별곡선이 유도된다. 앞에서 처럼 A의 무차별곡선을 B의 무차별곡선상으로 움직이면 B의 원점이 여러 개 나타나는데 그 중 한 개만 제외하고 모두 다른 위치에 있게 된다. 그렇게 됨으로써 결과적으로 2개의 사회무차별곡선이 〈그림 3〉의 O_B점에서 교차하게 된다. 그래서 처음에 재화의 분배점을 채택할 때 어디서부터 시작하느냐에 따라서 같은 수준의 효용을 나타내는 사회무차별곡선이 여러 개 교차하게 된다는 결론이 나온다. 이 같은 문제는 다음의 몇 가지 중 하나만 성립한다고 가정하면 해결될 수 있다.

첫째, 사회구성원이 한 사람이라고 가정하면 되는데 이것은 너무나 비현실적 가정이라 별 도움이 못 된다.

둘째, 국민을 잘 살게 하도록 통치하는 독재자를 선정하여 그가 사회 전체의 후생을 대표한다고 가정할 수 있다. 그러나 이것 역시 현실을 분석하는 데 별 의미가 없다.

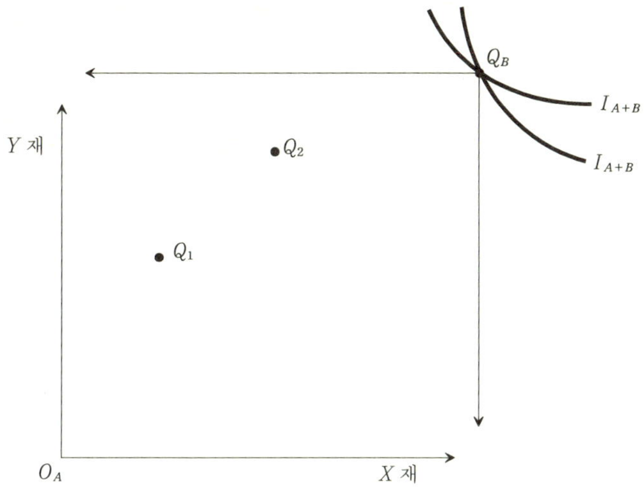

〈그림 3〉 *A*와 *B*간의 소득분배의 위치와 또 다른 사회무차별곡선

셋째, 두 사람의 소득이 같고 기호체계도 같다고 가정하면 된다. 두 사람의 소득이 같다는 사실은 재화의 분배점이 〈그림 1〉에서 정가운데 존재함을 의미하며, 기호체계가 같다는 사실은 두 사람의 동일한 한계대체율은 모두 대각선상에 있음을 의미한다. 그렇게 되면 사회무차별곡선은 단 한 개밖에 없으므로 서로 교차하는 사회무차별곡선이 따로 없다. 그러나 사회구성원의 소득이 모두 같다는 가정은 매우 비현실적이다.

넷째, 개인의 기호체계가 같고 무차별곡선도 원점을 중심으로 완전히 대칭적인 동조함수(homothetic function)에 속한다고 가정하면 된다. 그러나 사회구성원의 각 기호체계가 동일하다는 가정 역시 무리한 가정이라 할 수 있다.

끝으로, 사회의 소득배분이 최적상태라고 가정하는 것이다. 그래서 돈에 대한 한계효용이 모든 사회구성원에게 같이 느껴지며, 만일 그렇지 못하면 돈에 대한 각자의 한계효용이 같아질 때까지 필요한 만큼의 소득재분배가 이루어진다고 가정하는 것인데 이것 역시 너무나 理想的인 상태를 가정하는 것이라 할 수 있다.

그러므로 사회구성원의 기호체계가 비슷하고 무차별곡선의 모양이 원점을 중심으로 완전대칭적이라고 가정하는 것이 이상의 다섯 가지 가정 중에서 가장 바람직스럽다.

Ⅱ. 립친스키 정리의 수학적 접근

본문의 립친스키(Rybczynski) 정리에 의하면 생산요소인 노동이 증가하면 노동을 집약적으로 사용하는 재화의 생산은 증가하나 자본집약적인 재화의 생산은 감소한다고 하였다. 이것을 수학적으로 증명해보자.

생산계수가 일정하다고 할 때 요소부존과 재화생산의 관계는 다음의 (1)식과 (2)식으로 나타낼 수 있다.

$$a_{LX}\cdot X+a_{LY}\cdot Y=L \qquad \cdots\cdots\cdots (1)$$

$$a_{KX}\cdot X+a_{KY}\cdot Y=K \qquad \cdots\cdots\cdots (2)$$

여기서 a_{LX}와 a_{KY}는 X재화 1단위 생산하는 데 사용되는 노동량과 Y재화 1단위 생산하는데 사용되는 자본량을 각각 나타낸다.

(1)식과 (2)식에 대해 변동률 형태를 취하면 (3)식과 (4)식으로 변한다.

$$\frac{a_{LX}\cdot X}{L}\cdot\hat{X}+\frac{a_{LX}\cdot X}{L}\cdot\hat{Y}=\hat{L} \qquad \cdots\cdots\cdots (3)$$

$$\frac{a_{KX}\cdot X}{K}\cdot\hat{X}+\frac{a_{KY}\cdot Y}{K}\cdot\hat{Y}=\hat{K} \qquad \cdots\cdots\cdots (4)$$

$$\lambda_{LX}\cdot\hat{X}+\lambda_{LY}\cdot\hat{Y}=\hat{L} \qquad \cdots\cdots\cdots (5)$$

$$\lambda_{KX}\cdot\hat{X}+\lambda_{KY}\cdot\hat{Y}=\hat{K} \qquad \cdots\cdots\cdots (6)$$

λ_{LX}와 λ_{KX}는 전체 노동에서 X재에 투입된 노동의 비율과 전체 자본에서 X재에 투입된 자본의 비율을 나타낸다. 따라서 식 (7)과 (8)이 성립한다.

$$\lambda_{LX}+\lambda_{LY}=1 \qquad \cdots\cdots\cdots (7)$$

$$\lambda_{KX}+\lambda_{KY}=1 \qquad \cdots\cdots\cdots (8)$$

그리고 X 재가 노동집약적 상품이므로 식 (9)와 (10)이 성립한다.

$$\lambda_{LX}-\lambda_{LY}>0 \qquad \cdots\cdots\cdots (9)$$

$$\lambda_{KY}-\lambda_{KX}>0 \qquad \cdots\cdots\cdots (10)$$

연립방정식을 풀기 위해 (5)식과 (6)식을 행렬식 형태로 전환하면 (11)식이 된다.

$$\begin{bmatrix} \lambda_{LX} & \lambda_{LY} \\ \lambda_{KX} & \lambda_{KY} \end{bmatrix} \begin{bmatrix} \hat{X} \\ \hat{Y} \end{bmatrix} = \begin{bmatrix} \hat{L} \\ \hat{K} \end{bmatrix} \qquad \cdots\cdots\cdots (11)$$

(11)식에서 (7)식과 (8)식을 이용하면 $\hat{X}$ 와 $\hat{Y}$ 의 값을 (12)식과 (13)식으로 표현할 수 있다.

$$\hat{X}=\frac{\begin{vmatrix} \hat{L} & \lambda_{LY} \\ \hat{K} & \lambda_{KY} \end{vmatrix}}{\lambda_{LX}\cdot\lambda_{XY}-\lambda_{KX}\cdot\lambda_{LY}}=\frac{\lambda_{KY}}{\lambda_{LX}-\lambda_{KX}}\cdot\hat{L}-\frac{\lambda_{KY}}{\lambda_{LX}-\lambda_{KX}}\cdot\hat{K}\cdots (12)$$

$$\hat{Y}=\frac{\begin{vmatrix} \lambda_{LX} & \hat{L} \\ \lambda_{KX} & \hat{K} \end{vmatrix}}{\lambda_{LX}-\lambda_{KX}}=\frac{\lambda_{KX}}{\lambda_{LX}-\lambda_{KX}}\cdot\hat{L}+\frac{\lambda_{LK}}{\lambda_{LX}-\lambda_{KX}}\cdot\hat{K} \qquad \cdots\cdots (13)$$

(12)식과 (13)식에서 자본은 그대로 있고 노동만 증가했을 때 X 재는 $\frac{\lambda_{KY}}{\lambda_{LX}-\lambda_{KX}}$ 배수만큼 증가하나, Y 재는 $\frac{\lambda_{KX}}{\lambda_{LX}-\lambda_{KX}}$ 배수만큼 감소한다.

만일 노동과 자본이 동시에 같이 변한다고 했을 때 이것이 X 재와 Y 재 생산에 주는 효과는 (14)식에서 보는 바와 같다.

$$\hat{X}-\hat{Y}=\frac{1}{\lambda_{LX}-\lambda_{KX}}(\hat{L}-\hat{K}) \qquad \cdots\cdots\cdots (14)$$

Ⅲ. 스톨퍼-사무엘슨 정리의 수학적 검토

상품시장과 요소시장이 완전경쟁하에서 기능한다고 전제하고 X재를 노동집약적 상품, Y재를 자본집약적 상품이라고 가정하면 다음 2개의 방정식이 성립한다.

$$a_{LX} \cdot w + a_{KX} \cdot r = P \qquad \cdots\cdots\cdots (1)$$

$$a_{LY} \cdot w + a_{KY} \cdot r = 1 \qquad \cdots\cdots\cdots (2)$$

여기서 a_{LX}와 a_{KX}는 생산계수로서 일정한 값을 유지하는데, X재 1단위 생산하는 데 필요한 노동과 자본의 투입량을 표시한다. 마찬가지로 a_{LY}와 a_{KY}도 Y재 1단위 생산하는 데 필요한 노동과 자본량이다. 그리고 X재 가격은 P, Y재 가격은 1로 놓음으로써 P는 Y재에 대한 X재의 상대가격을 나타낼 수 있게 한다.

이제 X재의 가격이 상승할 때 요소가격의 변동 여부를 파악해보자. 스톨퍼-사무엘슨 정리에 의하면 노동집약적 상품의 가격이 상승하면 노동임금은 상승하고 자본가격은 하락한다고 하였는데 이를 수학적으로 증명해보자.

(1)식과 (2)식에 대해 변동률형태를 취하면 (3), (4)식이 된다.

$$\frac{a_{LX} \cdot w}{P} \cdot \hat{w} + \frac{a_{KX} \cdot r}{P} \cdot \hat{r} = \hat{P} \qquad \cdots\cdots\cdots (3)$$

$$a_{LY} \cdot w \cdot \hat{w} + a_{KY} \cdot r \cdot \hat{r} = 0 \qquad \cdots\cdots\cdots (4)$$

여기서 "^"는 각 변수의 변동률을 의미하며, $\frac{a_{LX} \cdot w}{P}$와 $\frac{a_{KX} \cdot r}{P}$는 가격에 대한 노동비율과 자본비율을 나타낸다. 따라서 (5), (6)식이 성립한다.

$$\lambda_{LX}+\lambda_{KX}=1 \qquad \cdots\cdots\cdots (5)$$

$$\lambda_{LY}+\lambda_{KY}=1 \qquad \cdots\cdots\cdots (6)$$

여기서 $\lambda_{LX}=\frac{a_{LX}\cdot w}{P}$, $\lambda_{KX}=\frac{a_{KX}\cdot r}{P}$, $\lambda_{LY}=a_{LY}\cdot w$, $\lambda_{KY}=a_{KY}\cdot r$를 각각 나타낸다.

연립방정식을 쉽게 풀기 위해서 (3), (4)식을 행렬식으로 전환하면 (7)식이 된다.

$$\begin{bmatrix}\lambda_{LX} & \lambda_{KX}\\ \lambda_{LY} & \lambda_{KY}\end{bmatrix}\begin{bmatrix}\hat{w}\\ \hat{r}\end{bmatrix}=\begin{bmatrix}\hat{P}\\ O\end{bmatrix} \qquad \cdots\cdots\cdots (7)$$

따라서 임금상승률은 (8)식과 같이 표현할 수 있다.

$$\hat{w}=\frac{\begin{vmatrix}\hat{P} & \lambda_{KX}\\ O & \lambda_{KY}\end{vmatrix}}{\begin{vmatrix}\lambda_{LX} & \lambda_{KX}\\ \lambda_{LY} & \lambda_{KY}\end{vmatrix}}=\frac{\lambda_{KY}\cdot\hat{P}}{\lambda_{LX}\cdot\lambda_{KY}-\lambda_{KX}\cdot\lambda_{LY}} \qquad \cdots\cdots\cdots (8)$$

$$\lambda_{LX}(1-\lambda_{LY})-(1-\lambda_{LX})\lambda_{LY}=\lambda_{LX}-\lambda_{LY}$$

여기서 (5)식과 (6)식을 이용하면 (9)식이 유도된다.

$$\begin{aligned}\lambda_{LX}\cdot\lambda_{KY}-\lambda_{KX}\cdot\lambda_{LY}&=\lambda_{LX}(1-\lambda_{LY})-(1-\lambda_{LX})\lambda_{LY}\\ &=\lambda_{LX}-\lambda_{LY}\end{aligned} \qquad \cdots\cdots\cdots (9)$$

(9)식을 이용하면 (8)식은 (10)식으로 된다.

$$\hat{w}=\frac{1-\lambda_{LY}}{\lambda_{LX}-\lambda_{LY}}\cdot\hat{P} \qquad \cdots\cdots\cdots (10)$$

여기서 X재는 노동집약적이므로 당연히 $\lambda_{LX}-\lambda_{LY}>0$이 성립한다. 그리고 λ_{LX}와 λ_{LY}는 모두 분수를 나타내므로 $1-\lambda_{LY}>\lambda_{LX}-$

λ_{LY}가 성립한다. 따라서 (10)식에서 분자가 분모보다 크기 때문에 X재 가격이 10% 오르면 임금은 10% 이상 오른다는 결론이 유도된다.

$\hat{r}$에 대해서도 마찬가지 방법이 적용되면 (11)식이 유도된다.

$$\hat{r}=\frac{\begin{vmatrix}\lambda_{LX} & \hat{P}\\ \lambda_{LY} & O\end{vmatrix}}{\lambda_{LX}-\lambda_{LY}}=\frac{-\lambda_{LY}}{\lambda_{LX}-\lambda_{LY}}\cdot\hat{P} \qquad \cdots\cdots\cdots (11)$$

(11)식에서 X재 가격 P가 상승하면 자본가격인 r는 하락하며, 역시 X재 가격이 10% 상승하면 자본가격은 10% 이상 하락한다는 사실을 우리는 알 수 있다.

Ⅳ. 「트란스퍼」의 교역조건효과

본문에서 실질소득이 A국에서 B국으로 이동하였을 때 A국의 경제사정과 A국의 후생조건이 어떻게 달라질 것인가를 살펴보았다. 전쟁배상금 지급이나 직접투자로 인한 수익금 송금 등으로 인하여 A국이 실질소득의 일부를 B국에게 트란스퍼하는 경우 그 금액만큼 A국의 후생은 감소한다. 그런데 만일 트란스퍼가 발생한 후 교역조건이 A국에게 불리하게 되면, 즉 A국이 수입하는 재화의 가격이 국제시장에서 상승하게 되면 A국은 그만큼 추가적인 부담을 안게 된다.

A국과 B국은 서로 교역관계에 있으며, A국은 B국에게 Y재를 수출하고, B국은 A국에게 X재를 수출한다고 가정하자. X의 가격을 P, Y재의 가격을 1로 놓으면 P는 X의 상대가격이 된다.

그러면 A국의 무역수지방정식은 수입재 가격을 기준으로 하여 (1)식과 같이 표현될 수 있다.

$$B=I_b(1/P)-PI_a(P) \qquad \cdots\cdots\cdots (1)$$

여기서 I_b는 B국이 A국에서 사온 수입량을, I_a는 A국의 수입량을 가리킨다.

이제 A국의 수입재인 X재의 가격 P가 상승했을 때 A국의 무역수지가 어떻게 변하는가를 파악하기 위해 (1)식을 P에 대해서 전체미분을 한다. 그러면 (2)식이 유도된다.

$$\frac{dB}{dP}=-\left[\frac{1/P}{I_b}\cdot\frac{\partial I_b}{\partial(1/P)}\right]\cdot\frac{I_b}{P}-\left(\frac{P}{I_a}\cdot\frac{\partial I_a}{\partial P}\right)\cdot I_a-I_a \quad \cdots (2)$$

정상재의 경우 대개 가격과 수량은 서로 역관계에 있으므로 각국의 수입탄력치는 正의 값으로 정해놓으면 편리하다. 따라서 (2)식은 (3)식으로 대치될 수 있다.

$$\frac{dB}{dP}=\eta_b\cdot\frac{I_b}{P}+\eta_a I_a-I_a$$

$$=I_a\left(\eta_a+\eta_b\frac{I_b}{P\cdot I_a}-1\right) \quad \cdots\cdots\cdots (3)$$

여기서 애초에 A국의 무역수지가 균형을 이룬 상태에서 시작하여 P가 상승하였다고 한다면 $I_b=PI_a$가 성립한다. 따라서 (3)식은 (4)식으로 간결해진다.

$$\frac{dB}{dP}=I_a(\eta_a+\eta_b-1)\gtreqless 0 \quad \cdots\cdots\cdots (4)$$

(4)식을 표면적으로 해석하면 A국과 B국의 수입탄력치의 합이 1보다 크면 A국의 수입재 가격의 상승은 A국의 무역수지를 개선시킨다는 사실을 우리는 알 수 있다. 그런데 A국의 수입재 가격이 상승하면 A국의 수출재 가격은 상대적으로 하락한다는 것을 의미하는데, 그렇게 되면 A국의 수입량은 감소하며 동시에 B국의 수입량은 증가하기 때문에 시장이 정상적으로 기능한다면 A국의 무역수지는 개선되게 마련이다. 따라서 A국의 수입재 가격이 상승한 후 A국의 무역수지가 개선되는 이유는 A국의 수입탄력치와 B국의 수입탄력치의 합이 1보다 크기 때문이라기보다는 그에 관계없이 시장의 안정조건 때문이라고 풀이할 수 있다. 바꾸어 말하면 시장의 안정조건이 충족되기 위해서는 두 나라의 수입탄력치의 합이 1보다 클 수밖에 없다는 논리가 성립한다. 이와 같이 수입재 가격인 X재 가격 P가 상승하면 A국의 무역수지가 시장의 안정조건 때문에 A국의 무역수지가 개선된다는 결

론을 얻었지만 동시에 P의 상승은 X재의 초과공급과 Y재의 초과수요를 초래한다는 사실을 우리는 알 수 있다. 그러므로 (5)식이 성립한다.

$$X\text{재의 초과공급} = I(\eta_a + \eta_b - 1)dP \qquad \cdots\cdots\cdots (5)$$

이제 트란스퍼의 효과를 살펴보자. 실질소득 dT가 A국에서 B국으로 이동하였다면 A국은 실질소득을 dT만큼 잃게 되므로 A국의 X재 소비와 Y재 소비가 어느 정도 줄어들 것이다. 구체적으로 X재에 대한 소비감소분은 $m_a dT$가 된다. 여기서 m_a은 X재에 대한 A국의 한계소비성향을 가리킨다. 반면에 B국은 실질소득이 dT만큼 증가하므로 X재에 대한 B국의 소비는 오히려 증가한다. 따라서 $(c_b dT - m_a dT)$가 트란스퍼 발생 이후에 대한 초과수요분이 된다. 그런데 소득이 증가한 후 소득의 일부가 국내상품에 쓰이면 나머지 소득은 수입상품에 쓰이기 때문에 (5)식과 (6)식이 성립한다.

$$c_b + m_b = 1 = c_a + m_a \qquad \cdots\cdots\cdots (6)$$

$$X\text{재의 초과수요} = (1 - m_b - m_a)dT \qquad \cdots\cdots\cdots (7)$$

이와 같이 A국에서 B국으로 실질소득의 트란스퍼가 일어나면 X재에 대한 초과수요가 발생한다. 따라서 X재의 가격 P가 상승하여 초과수요만큼의 초과공급을 일으켜 X재 시장에 균형을 이루게 할 수 있다. 이렇게 균형을 이루게 하는 가격상승분은 (8)식에 분명히 나타난다.

$$\frac{dP}{dT} = \frac{1 - m_b - m_a}{I(\eta_a + \eta_b - 1)} \qquad \cdots\cdots\cdots (8)$$

(8)식에서 보듯이 두 나라의 한계수입성향의 합이 1에 가까울수록 가격상승효과는 적어진다.

이제는 A국과 B국의 후생효과를 파악해보자. 두 국가의 후생효과는 (9)식과 같이 표현할 수 있다.

$$-dU_a = dU_b = dT + IdP \qquad \cdots\cdots\cdots (9)$$

B국의 후생변화는 A국으로부터 받는 실질소득 dT와 B국의 수출재인 X재의 가격상승효과를 추가적으로 포함한다. 그러므로 (10)식은 다음과 같이 성립한다.

$$\frac{dU_b}{dT} = 1 + I\frac{dP}{dT} = 1 + \frac{1-m_a-m_b}{\eta_a+\eta_b-1}$$
$$= \frac{\eta_a - m_a + \eta_b - m_b}{\eta_a+\eta_b-1} \qquad \cdots\cdots\cdots (10)$$

결론적으로 (10)식에 의하면 시장의 안정조건이 충족된다고 전제하고 두 나라의 한계수입성향이 작을수록 B국의 후생은 커지고 반면에 A국의 후생은 작아진다.

V. 실효보호관세율의 일반공식 유도

본문에서는 옷감의 생산요소가 실 한 개밖에 없다고 가정하였으나 실제로는 한 개 이상의 생산요소가 투입될 수 있다. 그래서 한 개 이상의 생산요소가 옷감생산에 투입되는 경우 이를 반영하는 실효보호관세율공식을 유도해보기로 한다.

우선 옷감수입에 부과되는 관세율을 t_r 라고 하자. 이때 T_C 는 관세가 부과되기 전의 옷감가격에 대한 관세액을 비율로 나타낸 것이다.

이제 실이 유일한 생산요소라고 할 때 옷감 1단위에 투입되는 요소비용은 실의 사용량에 달려 있다. 만일 관세가 부과되기 전의 옷감가격을 P_C, 실가격을 P_Y 라고 한다면 옷감 1단위 생산하는 데 실 a 단위가 필요할 경우 옷감, 1단위의 생산비는 $a \cdot P_Y$ 이며 옷감의 단위당 절대부가가치액은 (1)식과 같이 표현된다.

$$V_C = P_C - aP_Y \qquad \cdots\cdots\cdots (1)$$

이것을 다시 옷감의 가격으로 나누어줌으로써 (2)식과 같이 부가가치율을 계산할 수 있다.

$$v_C = \frac{P_C - aP_Y}{P_C} = 1 - \frac{aP_Y}{P_C} \qquad \cdots\cdots\cdots (2)$$

여기서 $\frac{aP_Y}{P_C}$ 는 옷감가격에 대한 요소비용의 비율을 나타낸다. 이 경우 실효보호관세율 t_r 는 (3)식으로 표시된다.

$$t_r = \frac{t_C - at_Y}{v_C} \qquad \cdots\cdots\cdots (3)$$

이제는 실뿐만 아니라 2개의 다른 요소도 함께 투입된다고 하자. 그러면 실을 포함한 세 개의 요소가격은 P_1, P_2, P_3라 하고 옷감 1단위 생산하는 데 투입되는 요소량을 a_1, a_2, a_3라 하자 이 경우 옷감 1단위를 생산하는 데 드는 총요소비용은 $a_1P_1+a_2P_2+a_3P_3$가 된다. 요소비용을 옷감가격에 대한 비율로 표시하면 다음 식들이 성립한다.

$$w_1=\frac{a_1P_1}{P_C} \qquad \cdots\cdots\cdots (4)$$

$$w_2=\frac{a_2P_2}{P_C} \qquad \cdots\cdots\cdots (5)$$

$$w_3=\frac{a_3P_3}{P_C} \qquad \cdots\cdots\cdots (6)$$

$$v_C+w_1+w_2+w_3=1 \qquad \cdots\cdots\cdots (7)$$

만일 옷감에 대한 관세율은 t_C이고, 각 생산요소에 부과되는 관세율을 t_i라고 하자. 이때의 실효보호관세율은 (8)식으로 표시한다.

$$t_r=\frac{t_C-\sum w_it_i}{v_C}=\frac{t_C-\sum_{i=1}^{3}w_it_i}{1-\sum_{i=1}^{3}w_i} \qquad \cdots\cdots\cdots (8)$$

Ⅵ. 관세수입극대화 관세율과 후생극대화 관세율

자국의 경제규모가 충분히 작으면 자국은 늘 국제가격을 그대로 받아들이기만 한다.

예산제약의 정보를 활용하면

$$C_1+P^*C_2=X_1+P^*X_2 \qquad \cdots\cdots\cdots (1)$$

여기서 P는 제2재화, 즉 수입재의 가격을 수출재로 나타낸 상대가격이며, P^*는 국제가격이다. 그리고 C_1과 C_2는 제1재화와 제2재화의 소비량을 각각 가리키며, X_1과 X_2는 두 재화의 생산량을 나타낸다. 그리고 소득의 규모는 국제가격을 기준으로 측정하기 때문에 (1)식이 성립한다.

국내가격과 국제가격을 비교하면 다음 관계식이 성립한다.

$$P=(1+t)P^* \qquad \cdots\cdots\cdots (2)$$

여기서 t는 관세율을 나타내며, 국내가격과 국제가격의 차는 tP^*가 된다.

구매력을 나타내는 실질소득을 측정할 때는 국제가격을 사용하지만, 국내후생을 측정할 때는 국내가격을 사용한다는 사실을 인식하여야 한다. 그러므로 다음 식이 성립한다.

$$C_1+PC_2=X_1+PX_2+tP^*I \qquad \cdots\cdots\cdots (3)$$

여기서 I는 수입량으로서, tP^*I는 국제가격으로 환산한 관세수입을 나타낸다.

이제 후생방정식을 다음과 같이 표현한다.

$$U=U(C_1,\ C_2) \qquad \cdots\cdots\cdots (4)$$

$$dU=U_1dC_1+U_2dC_2 \qquad \cdots\cdots\cdots (5)$$

후생의 변동을 소비하는 제 1 재화를 기준으로 평가해본다면

$$dW=\frac{dU}{U_1}=dC_1+\frac{U_2}{U_1}dC_2=dC_1+PdC_2 \qquad \cdots\cdots\cdots (6)$$

$$\begin{aligned} dW&=dC_1+PdC_2 \\ &=dX_1+PdX_2-(C_2-X_2)dP+d(tP^*I) \end{aligned} \qquad \cdots\cdots\cdots (7)$$

여기서 우리가 기억할 사실은 생산가능곡선상에서 생산점을 바꾸지 않고 가격만을 바꾸는 경우 $dX_1+PdX_2=0$가 성립한다. 아울러 후생이 극대화되는 필요조건은 $dW=0$이므로 (8)식이 최종적으로 성립한다.

$$IdP=d(tP^*I)>0 \qquad \cdots\cdots\cdots (8)$$

관세가 부과되는 이상 국내가격은 국제가격과 차이가 나게 마련이므로 $IdP>0$이 성립하고, 따라서 한계관세수입국에 대해 $d(tP^*I)>0$의 부등호가 성립한다. 그리하여 후생이 극대화되었을 때 관세수입은 여전히 증가하는 단계에 있다.

Ⅶ. 서비스교역에 관한 일반협정문(안) 요약[1)]

1. 협정조건

序　文

– 각국의 국가정책 달성목표를 위한 규제(신규규제)권한을 인정.

제 1 부　범위 및 정의

제 1 조(범위 및 정의)

– 서비스협정의 대상은 서비스교역에 영향을 미치는 조치.
– 정부기능을 대행하는 비정부기관도 서비스협정 적용대상에 포함.

제 2 부　일반적 의무 및 규제(General Obligation and Disciplines)

제 2 조(최혜국대우)

– 각국은 어떤 한 국가에게 부여한 대우보다 불리하지 않은 대우를 기타 다른 국가에게 즉시, 무조건적으로 부여해야 함.
  * 사법 및 행정 공조협정에 따른 조치는 제외.
– 제 2 조 예외사항에 대한 부속서(Annex on Article Ⅱ Exemptions)에 포함된 사항들은 MFN 위배조치 유지 가능.

제 3 조(공개주의)

– 각 체약국은 서비스협정에 영향을 주는 모든 조치를 발행(publish)해야 함. 이것이 불가능한 경우 다른 방법으로 동 정보들에의 접근(available)이 가능해야 함.
– 적어도 매년 한번씩 양허한 서비스업종에 심각하게 영향을 주는 조치의 변경, 신규도입은 체약국단에 알려야 함(inform).
– 각국은 2년 이내에 하나 이상의 문의처(enquiry point)를 설치.
  * 개도국에 대해서는 신축성 부여.

1) 본 자료는 경제기획원 대외경제조정실에서 1992년 1월에 펴낸 「UR/서비스 一般協定文(案)의 主要內容」에서 발췌한 것임.

- 선진국은 개도국에게 서비스 공급에 대한 상업적·기술적 상황, 등록, 전문자격의 인정, 기술접근 가능성에 대한 정보를 제공하는 접촉점(contact point)을 2년 내에 설치.

제 5 조(경제통합)

- 서비스분야에서 경제통합을 하는 국가는 경제통합 이전과 비교하여 역외국가에 대해서 각각의 업종에 대하여 전반적인 교역장벽수준을 강화할 수 없음.

제 6 조(국내규제)

- 양허한 업종에 대하여 각국은 모든 조치를 합리적이고, 객관적이며 공평하게 집행
- 인가가 필요한 경우 관계당국은 합리적인 기간 내에 결정사항을 통보하고, 요청이 있을 경우 인가처리상태를 불필요하게 지연함이 없이 알려줘야 함.
- 자격요건 및 절차, 기술표준, 면허요건 등이 불필요한 무역장벽이 되지 않도록 하기 위하여 체약국단은 적절한 기구(appropriate body)를 설립하여 필요한 규제(discipline)를 개발해야 함.

제 7 조(인정)

- 각 체약국은 특정 국가에서 취득한 학력, 경력, 면허, 자격 등을 인정할 수 있음.
- 각 체약국은 동 인정제도를 차별적이거나 위장된 교역장벽으로 운영할 수 없으며, 관심 있는 국가가 인정받을 수 있도록 적절한 참여기회가 부여되어야 함.
- 적절한 경우에 다자간에 합의된 기준에 근거해서 인정을 해야 하며 이를 위하여 관련국제기구 및 비정부기관과 협력해야 함.

제 8 조(독점적 및 배타적 사업자)

- 각 체약국은 독점적 공급자가 MFN원칙과 자유화 약속을 위배하는 방향으로 행동하지 않도록 보장해야 함.
- 독점적 공급자가 직접 또는 자회사를 통하여 허용된 독점권의 범위에 벗어나는 사업을 하는 경우에 있어서 독점적 지위를 남용해서는 안 됨.

- 서비스협정 발효 후 양허한 업종에 대하여 독점권을 신규로 줄 경우 시행되기 3개월 전에 통보해야 하며 양허표수정조항(제21조)의 적용을 받아야 함.
- 동 조항은 소수(small number)의 서비스공급자만 인가를 받는 경우나 실질적으로 서비스공급자간의 경쟁을 제한받는 경우에도 적용됨.

제 9 조(Business Practice)

- 독점적 사업자의 행위 이외의 사업행위도 경쟁을 제한하고 서비스교역에 제한을 초래할 수 있으며, 이 경우 상대국의 요청에 의해서 동 행위를 제거할 목적으로 양국간에 협의(consultation)를 해야 함.

제10조(긴급수입제한조치)

- 3년 내에 다자간 협상을 진행함.

제11조(지불 및 이전)

- 양허사항에 연관되는 경상거래 외 자본거래에 대해서 제한을 가하지 않음.

제12조(Bob 긴급수입제한조치)

- 심각한 Bob문제와 대외금융의 어려움 및 威脅이 있는 경우 각 체약국은 양허한 사항의 서비스교역에 대하여 제한조치를 도입하거나 유지할 수 있음.
- 이러한 제한조치들은 체약국단에 즉시 통보하고 협의를 해야 함.

제13조(정부조달)

- 정부구매에 대한 규제에는 서비스협정 제 2 조(MFN), 제16조(시장접근), 제17조(내국민대우)가 적용되지 않음.
- 서비스협정 발효 후 2년 내에 정부조달에 대한 다자간협상을 해야 함.

제14조(일반적 예외)

- 공공도덕(public morals), 공중질서(public order), 인간의 생명 및 건강보호, 사기범죄의 방지, 개인프라이버시의 보호, 안전, 국가보안 등은 일반적인 예외사유임.

- 동일한 효과를 갖도록 하는 비거주자에 대한 차별적인 소득세 부과 및 징수방법은 내국민대우(제17조) 위반으로 간주되지 않음.
- 이중과세방지협정에 따른 조치는 최혜국대우(제 2 조) 위반으로 간주되지 않음.
  * 환경문제에 대해서는 작업반을 설치하여 서비스교역과의 관계를 검토하고 예외사유에 포함시킬 것인지 여부를 추후결정.

제15조(보조금)

- 보조금이 서비스교역을 왜곡하는 효과를 갖고 있다는 것을 인정하고 동 왜곡효과를 피하기 위하여 다자간 규칙을 만드는 협상을 해야 함
  * 협상 modality가 결정되야 함.
- 다른 체약국의 보조금 지급에 의하여 피해를 받은 국가는 협의를 요청할 수 있고 해당국가는 호의적인 고려(sympathetic consideration)를 해야 함.

제 3 부 구체적 약속(Specific Commitments)

제16조(시장접근)

- 제 1 조에 명시된 공급방식을 통한 시장접근에 대하여 각 체약국은 서비스 및 서비스제공자에게 양허표에 명시한 사항보다 불리하지 않은 대우를 부여해야 함.
- 양허표에 기재하지 않은 이상 체약국이 유지 또는 채택해서는 안되는 조치는 다음과 같음.
  a) 쿼터, 독점, 독점적 서비스제공자 또는 경제적 필요성 검사 필요 등 어떤 형태로든지 서비스공급자의 數에 대한 제한조치
  b) 쿼터, 경제적 필요성 검사의 형태로 서비스 총거래액 및 총투자에 대한 제한조치
  c) 쿼터 또는 경제적 필요성 검사에 따라 숫자단위로 표현된 총경영횟수 및 총산출액에 대한 제한조치
  d) 쿼터 또는 경제적 필요성 검사요구의 형태로 특정 서비스분야에 고용되거나 서비스공급자가 고용하는 총자연인의 數에

대한 제한조치

e) 외국 서비스공급자의 상업적 주제의 특정 형태를 제한하는 조치

f) 외국인의 주식취득, 개인의 총주식취득액 등 외국자본 참여 제한조치

제17조(내국민대우)

– 양허표에 표기된 조건 및 자격요건에 따라, 각 체약국은 자국의 유사한 서비스 및 서비스공급자에게 부여하는 대우보다 불리하지 않은 대우를 다른 국가에게 부여해야 함.

– 제도적으로 같은 대우이지만 자국서비스 및 서비스공급자에게 유리하게 경쟁의 조건을 바꾼다면 차별적인 대우로 간주됨.

* 동 조항의 의무는 체약국에게 관련서비스 및 서비스공급자가 외국인이라는 특성으로 인한 경쟁에서의 불리함에 대한 보상을 요구하는 것으로 해석되어서는 안 됨.

제18조(추가적인 자유화 약속)

– 시장접근(제16조)과 내국민대우(제17조)에 대한 사항 이외에 자격, 표준, 면허에 연관되는 문제를 포함한 서비스교역에 영향을 미치는 조치에 대해서 협상할 수 있음.

제 4 부 점진적 자유화

제19조(양허협상)

– 서비스협상 발효 후 ( )년 내에는 후속협상을 해야 하고 그 후 주기적으로 협상을 해야 함.

– 양허협상은 각국의 정책목표와 발전수준을 고려해야 함.

– 각 양허협상을 위하여 협상지침과 절차를 마련해야 함.

제20조(양허표)

– 제16조(시장접근), 제17조(내국인대우)에 모두 불일치하는 조치는 제16조(시장접근) 안에 게재해야 함

제21조(양허표의 수정)

– 서비스협정 발효 후 3년 후에는 각국은 양허표의 수정 및 철회 의사를 체약국단에게 통고할 수 있음. 각국은 양허표의 수정 및

철회행위를 시행하고자 하는 시점의 3개월 전에 통고를 해야 함.

- 동 조치에 대해서 영향을 받는 국가들의 요청에 따라 필요한 보상조치에 대한 협의를 하기 위하여 협상을 해야만 함. 협상이 합의에 이르지 못하게 되면 중재를 신청할 수 있음.

제5부 제도적 규정

제22조(협의)

- 각국은 서비스협정의 시행에 영향을 미치는 모든 조치에 대한 다른 국가로부터의 협의요청에 대해서 호의적인 고려를 해야 하며 적절한 협의기회를 주어야 함.
- 상기절차에 대해서 만족할 만한 결론을 찾지 못할 경우 체약국단은 해당국가와 협의를 할 수 있음.

제23조(분쟁해결 및 강제)

- 다른 체약국이 서비스협정상의 의무와 양허약속을 위반했을 경우 서면으로 의견을 제출하여 분쟁해결절차를 따름.
- 서비스협정을 위배하지 않는 조치의 시행이지만 동 조치로 인해 양허약속에서 비롯될 것으로 기대되던 이익을 침해한 경우 제22조(협의)와 제23조(분쟁해결 및 강제)에 의뢰할 수 있음.
  * 동 절차는 GATT분쟁해결 절차, 양허표 수정절차에 따라 조정할 필요가 있는 것임.

제24조(공동행위)

- 특별하게 규정된 경우를 제외하고는 체약국단의 결정은 투표자의 과반수 이상 찬성으로 이루어짐.
- Waiver의 인정은 투표자의 2/3 이상이 찬성해야 하며 동 찬성자의 숫자가 전체 체약국수의 과반수 이상이어야 함.

제25조(이사회)

제26조(기술협력)

- 유능한 사무국 직원(secretariat)들이 다자간 차원에서 개도국에게 기술지원을 제공해야 함.

제27조(다른 국제기구와의 연관)

제 6 부 종료규정(Final Provisions)

제28조(가입)

— (　　)까지 가입신청을 받음.

제29조(발효)

— (　　)국가가 가입한 후 (　　)일째에 발효함.

제30조(협정 불적용)

- 체약국이 되고자 하는 시점에서 양 국가 중 한 국가가 협정의 적용을 동의하지 않을 경우 양 국가 사이에는 협정이 적용되지 않음. 이 경우 동의하지 않은 국가는 서면으로 그 이유를 작성하여 체약국단에게 통보해야 하며, 체약국단은 요청이 있는 경우 작업반을 설치하여 검토해야 함.

제31조(이익의 부인)

- 체약국이 아닌 곳에서 공급되는 서비스에는 서비스협정상의 이익을 부여하지 않을 수 있음.

제32조(개정)

- 제 1 부, 2 부, 3 부 및 그에 연관되는 부속서는 체약국 2/3 이상의 찬성으로 발효되고 찬성한 국가에게만 적용.
- 제 4 부, 5 부, 6 부 및 그에 연관되는 부속서는 체약국의 2/3 이상의 찬성으로 발효.

제33조(철회)

— 서면으로 통고한 후 (　　)개월 후에 유효.

제34조(정의)

- 서비스협정 적용대상이 되는 조치는 법, 규정(regulation), 규칙(rule), 절차(procedure), 결정(decision), 행정행위(administrative action) 등의 형태로 모든 조치.
- 서비스의 공급은 서비스의 생산, 분배, 마케팅, 판매 및 배달을 포함.
- 서비스교역에 영향을 미치는 조치는 하기사항에 관련되는 조치를 포함.

a) 서비스의 판매, 지불, 사용

b) 유통, 교통망, 통신망에의 접근 및 사용

c) 상업적 駐在 및 개인의 駐在

— 상업적 주재는 법인(juridical person)의 구성, 취득, 유지와 지점 또는 대표사무소의 설립 또는 유지를 통한 사업, 전문적 설립(professional establishment)의 모든 형태를 포함.

— 법인(juridical person)은 영리든 비영리든, 사유든 국유든 모든 회사(corporation), partnership, 합작회사(joint venture), 독점적 소유권(sole propriatorship), 협회(association)를 의미.

제35조(부속서)

— 부속서는 서비스의 일체임.

2. 부 속 서

가. 제 2 조 예외사항에 대한 부속서

— 범 위

- 동 부속서는 서비스협정 발효시부터 MFN의무를 면제받는 조건은 구체화함.
- 서비스협정 발효시 새로운 MFN 예외사항은 서비스협정 제26조 4항(Waiver)에 따라 처리됨.

— 검 토

- 체약국단은 5년 이상의 기간이 부여되는 예외사항은 검토해야 함. 첫번째 검토는 서비스협정 발효 후 5년 내에 이루어져야 함.

— 종 료

- 원칙적으로 예외기간은 10년을 초과할 수 없음.

나. 자연인의 이동에 대한 부속서

1항 동 부속서는 서비스공급자나, 서비스공급자에게 고용된 자연인의 입국, 일시적 체류에 관련되는 조치에 적용됨.

2항 동 부속서는 취업시장에 접근하고자 하는 자, 시민권, 영구적인 거주 및 취업에 관련되는 조치에는 적용되지 않음.

3항 체약국들은 모든 종류의 인력의 이동에 대한 양허협상을 할 수 있음.

4항 서비스협정은 각국이 인력이동의 통합성, 정상적인 이동, 국경을 보호하기 위한 조치를 취하는 것을 배제하지 않음.

다. 금융부속서

1항(정의 및 범위)

– 금융서비스 공급에 영향을 주는 조치에 적용하나 다음 사항 제외.
  - 통화정책, 외환정책을 위한 통화당국의 활동
  - 정부보증, 공공기관의 자기 계정을 위한 활동
  - 사회보장, 공공연금제 등의 법적·제도적인 활동

2항(국내규제)

– prudential regulation의 남용방지를 위하여 협정상의 의무와 자유화 결속을 침해하지 않는 범위로 한정.

– 어떠한 경우라도 고객구좌 등 재산상태나 비밀사항에 관한 공개를 금지.

3항(조화 및 인정)

– 금융서비스 공급과 관련한 상호인정과 조화협정(recognition and harmonization), cooperation arrangement 체결 가능.
  - 단, 협정체결이 모든 국가에게 개방되며, 회원국을 차별하는 자의적이며 부당한 방법이 되어서는 안 됨.
  - 협정의 합리적이고 객관적인 운용과 계약체결 내용의 통보.

4항(분쟁해결절차)

– prudential issue와 금융서비스에 관한 panel구성시 관련 금융전문가를 포함해야 함.

5항(정의)

– 금융서비스는 다음과 같은 사항이 포함됨.
  - 보험 및 보험관련 서비스

A. 원보험
 a) 생명
 b) 손해
  – 운송
  – 기타 위험
B. 재보험 및 재재보험
C. 보험중개업(brokerage, agency)
D. 보험 및 부속서비스(consultancy, 보험계리, 위험평가, 분쟁해결 서비스)

• 은행 및 기타 금융 서비스
A. 수신업무
B. 소비자금융, mortgage credit, factoring, 상업금융 등 여신업무
C. 금융리스업무
D. 지불 및 송금
E. 개인구좌, 고객구좌 관리
 a) 화폐시장 상품(수표, 어음, CD 등)
 b) 외환거래
 c) 선물 및 option 거래, 기타 금융유도상품
 d) SWAP, FRA 등 이자율상품 및 환율상품
 e) transferable 증권
 f) 기타 양도성증권 및 금융자산 등 상품거래소에 양도된 상품
F. underwriting, 주간사를 포함한 모든 증권발행업무 참여
G. Money broking
H. 자산관리 및 신탁서비스
I. 청산 및 결제관리
J. 자문, 대리 및 부속업무(신용분석, 투자자문 등)
K. 금융정보 제공
L. 기타 업무

a) 보험서비스
- 해운, 항공운송보험(상품, 배, 항공기 및 관련 자산)
- 적하보험
- 재보험, 재재보험, 보험부수업(보험계리, 위험평가, 분쟁해결 등)

b) 금융서비스
- 금융정보, 자료제공 및 처리업, 자문업, 신용평가업등 금융부속업

— 국내거주자의 해외에서의 금융서비스 구입 허용

a) 보험서비스
- 해운, 항공운송보험
- 적하보험

b) 금융서비스
- 여신, 수신 등 모든 금융서비스

* 기존의 선진국 공동안에는 관련 자본거래가 자유화된 범위 내로 한정되었으나 이번 제안에는 제한범위가 삭제되었음.

라. 항공부속서

1항 GATS의 모든 규정은 아래의 2항 및 5항에 특별히 유보된 경우를 제외하고는 정기 및 부정기 항공운송과 항공보조서비스에 적용함.

2항 3항에 규정된 것을 제외하고 서비스협정의 어느 규정도 다음의 사항에는 적용하지 않음.

— 제 1, 2 자유를 포함시키고 협약 및 쌍무간 항공협정이 적용되는 운송권.

— 운송권을 교환하기 위하여, 협상하는 締約國의 능력을 제한하거나 영향을 주는, 또는 운송권의 사용을 제한하는 효과를 주는 운송권에 직접적으로 관련된 활동.

3항 2항의 규정에도 불구하고 협정의 모든 규정을 즉각적이고 무조

건적으로 다음의 사항에 적용함.

- 항공기 수리 및 유지
- 항공운송활동의 판매 및 마케팅
- 컴퓨터예약시스템

4항 각 체약국은 항공설비 서비스에 대하여 자국의 양허표에 달리 명시되지 않았으면, 합리적이고 비차별적인 대우를 부여해야 함.

5항 쌍무간 항공협정에 규정되거나 시카고협정에 의거한 분쟁해결절차를 상기 2항이 적용되는 운송권 및 운송권에 직접 관련된 활동에 대하여 적용함.

- 서비스협정의 분쟁해결방식은 오직 의무 또는 양허가 관련 체약국에 의해 위배된 경우와 쌍무간 항공협정 및 시카고협약에 규정된 분쟁해결절차가 소진된 경우에 적용될 수 있음.

6항 항공운송서비스 및 본 부속서의 규정은 주기적으로 또는 최소한 매 5년마다 검토되어야 함.

7항 정 의

- 항공기 수선 및 유지 : 항공기의 운송상의 내항공성을 보장하기 위하여 정상적 또는 특별한 경우에 요구되는 활동.
- 판매 및 마케팅 : 관련 항공사의 시장조사, 광고 및 유통과 같은 마케팅의 제반 요소를 포함 자유롭게 항공운송 서비스를 판매 및 마케팅하는 활동.
- 컴퓨터예약시스템 : 항공사 운송계획, 가용좌석, 요금 및 항로에 대한 정보를 가지고 있으며, 이를 예약할 수 있는 컴퓨터 시스템.

마. 통신부속서

1항(목적)

- 통신서비스분야의 특수성과 특히 경제활동의 한 분야로서 또한 다른 경제활동을 위한 기본적 전송수단이라는 이중적 역할을 인식하면서, 체약국들은 PTTN 및 PTTS의 접근 및 이용에 영향을 미치는 조치들에 관한 기본협정 조문들을 구체화할 목적으로 다

음의 부속서에 동의함. 따라서 본 부속서는 기본협정에 대한 주석과 추가적 규정을 제공함.

2항(범위)

2.1 본 부속서는 다음 사항에 적용함

2.1.1 PTTN 및 PTTS의 접근 및 이용에 영향을 미치는 체약국의 모든 조치

2.2 본 부속서는 라디오 또는 TV 프로그램의 유선방송 또는 무선방송에 대한 조치에는 적용하지 아니함.

2.3 이 부속서는 어느 조항도 다음과 같이 해석되지 않음.

2.3.1 체약국은 자국의 양허계획에서 달리 규정하지 아니한 한 다른 체약국의 서비스제공자에게 TTN 또는 TTS의 설정, 건설, 취득, 임차, 운영 또는 제공하는 권리를 부여토록 요구되는 것.

2.3.2 체약국 또는 체약국의 관할권 아래에 있는 사업자에게 TTN 또는 TTS를 설정, 건설, 취득, 임차, 운영 또는 제공하도록 요구하는 것.

3항(정의)

본 부속서의 목적상

3.1 전기통신이란 모든 전자기적(electromagnetic) 수단에 의한 신호의 전달 및 수신을 의미함.

3.2 공중전기통신전송서비스(PTTS)란 체약국에 의해 공중에게 일반적으로 제공토록 명문화되거나 사실상 요구되는 모든 전기통신서비스를 의미함. 그러한 서비스에는 2개 지점 이상 사이에 고객정보의 형태 또는 내용의 end-to-end 변경 없이 고객이 제공한 정보를 실시간으로 전달하는 전신, 전화, Telex 및 데이터 전송 등이 포함됨.

3.3 공중전기통신전송망(PTTN)이란 특정의 망 종단점간에 전기통신을 할 수 있게 하는 공중전기통신 기반구조를 의미함.

3.4 기업내통신은 PTTN을 통하여 자회사, 지점, 그리고 체약국의 국내법이나 규정에 따라 관련회사(affiliates) 내부 또는 이

들간에 행해지는 전기통신임. 여기서 "자회사," "지점," 그리고 적용가능한 경우, "관련회사"는 당해 체약국에서 정의함. 본 부속서에서의 "기업 내 통신"에는 자회사, 지점 또는 관련회사와 무관한 회사에게 제공되는 영리적, 비영리적 서비스 또는 고객 또는 잠재적 고객에게 제공하는 영리적 또는 비영리적 서비스는 제외함.

3.5 본 부속서의 조, 절, 항에 관한 것은 모든 세부조항을 포함.

4항(투명성)

– 기본협정 제Ⅲ조를 적용함에 있어 체약국들은 PTTN 및 PTTS의 접근 및 이용에 영향을 미치는 조건에 대한 관련정보가 공중에게 공개되도록 보장. 이에는 아래 사항을 포함.
  - 서비스의 요금 및 기타조건
  - PTTN 및 PTTS의 기술적 인터페이스 규격
  - 당해 접근 및 이용에 영향을 미치는 표준을 정비하고 채택하는 기관에 대한 정보
  - 단장비 부착에 원용하는 조건
  - 신고, 등록 또는 면허가 존재한다면 그 요건 등

5항(PTTN 및 PTTS의 접근 및 이용)

5.1 각 체약국들은 다른 체약국들의 서비스제공자들이 그들의 양허계획서에 포함된 서비스를 제공하기 위하여 PTTN 및 PTTS의 접근 및 이용이 합리적이며 비차별적인 조건으로 부여됨을 보장. 이 의무는 특히 아래 5.2부터 5.7조에 적용.

5.2 각 체약국은 PTTN과 PTTS의 요금이 원가를 지향(cost-oriented)하도록 노력할 것을 보장.

5.3 각 체약국들은 다른 체약국의 서비스제공자에게 전용회선을 포함하여 체약국의 국경 내 및 국경간 제공되는 PTTN 및 PTTS에의 접근 및 이용을 보장한다. 이를 위하여 체약국은 본 부속서 5.6, 5.7 범위 내에서 서비스제공자에게 아래 사항을 허용할 것을 보장.

5.3.1 서비스제공자가 서비스를 제공하기 위해 필요한 망과의 접속

을 위한 단말장비 또는 장비의 구입, 임차, 부착.

5.3.2 사설전용 또는 소유회선을 다른 서비스제공자의 임차회선이나 PTTN 및 PTTS와 상호 접속.

5.3.3 TTN 및 TTS를 일반공중이 이용할 수 있도록 보장하기 위한 필요성 외에 어떤 서비스공급에 서비스제공자가 선택한 프로토콜 사용.

5.4 각 체약국은 다른 체약국의 서비스제공자가 당해 서비스제공자들의 기업 내 통신을 포함하여 국경 내 및 국경간 정보의 이동을 위해서나, 체약국 영토 내에서 DB 또는 기계에 의하여 판별가능한(machine-readable) 형태로 저장된 정보에 접근하기 위해 PTTN 및 PTTS를 이용할 수 있음을 보장. 이러한 이용에 중대한 영향을 미치는 체약국의 어떠한 새로운 조치나 수정된 조치는 통보되어야 하며 기본협정의 관련규정에 따라 협의를 하여야 함.

5.5 상기조항에 불구하고, 체약국들은 메시지의 안전과 비밀을 보장하기 위해 필요한 조치를 취할 수 있음. 단, 그러한 조치는 서비스 국제무역을 자의적으로 또는 부당하게 차별하거나 위장하여 제한하는 방법으로 적용되지 않는다는 조건에 한 함.

5.6 각 체약국들은 아래 사항을 위해 필요한 경우 이외에는 그러한 접근 및 이용에 대해 조건이 부과되지 않음을 보장.

5.6.1 PTTN 및 PTTS의 제공자의 공중서비스 의무, 특히 PTTN 및 PTTS가 일반공중에게 이용가능토록 제공하는 능력 확보.

5.6.2 PTTN 및 PTTS의 기술적 통합성 보장.

5.6.3 다른 체약국의 서비스제공자들이 체약국 양허계획서에서 허용된 것 이외에 서비스를 제공할 수 없도록 하는 것.

5.7 5.6에 명시된 기준에 적합한 한, PTTN 및 PTTS의 접근 및 이용에 아래 조건을 부과할 수 있음.

5.7.1 PTTS의 재판매 또는 공동사용에 대한 제한.

5.7.2 PTTN 및 PTTS와의 상호 접속을 위한 인터페이스 프로토콜 등 명시된 기술적 인터페이스의 사용 규정.

5.7.3 필요한 경우 PTTS와의 연동성규정과 7.1 목적달성을 촉진하기 위한 규정.

5.7.4 PTTN과의 인터페이스되는 단말장비 또는 다른 장비의 형식승인과 그러한 PTTN에 부착하는 데 요구되는 기술요건.

5.7.5 사설전용 또는 소유회선과 PTTN/PTTS와의 상호 접근 또는 다른 서비스제공자가 임차 또는 소유한 회선과의 상호 접속에 대한 제한.

5.7.6 신고, 등록, 면허.

5.8 상기조항에 불구하고, 개도국 체약국은 자국의 발전 정도에 따라 PTTN 및 PTTS의 접근 및 이용에 대해 국내통신기반구조 및 서비스능력을 강화하고 통신서비스 국제무역에의 참여를 증진하기 위하여 필요한 합리적인 조건을 부과할 수 있음. 그러한 조건은 체약국의 양허계획에 명시.

6항(기술협력)

6.1 체약국들은 국가의, 특히 개도국의 효율적이고 고도화된 통신기반구조가 그들의 서비스무역 확대에 필수적임을 인식하고 있음. 이러한 목적에 따라 체약국들은 ITU, UNDP, IBRD 등 국제 및 지역적 기구의 개발프로그램에 선진국 및 개도국과 그들의 공중통신 서비스제공자 및 기타 기관이 가능한 한 전적으로 참여하는 것을 촉구함.

6.2 체결국들은 국제적, 지역적, 하부지역적(sub-regional)인 차원에서 개도국간의 통신협력을 촉구하고 지원함.

6.3 관련 국제기구와 협력하여, 체결국들은 가능한 경우 개도국의 국내통신 서비스분야의 강화를 지원하기 위하여 국제통신서비스와 통신 및 정보기술 발전에 관한 정보를 개도국이 이용할 수 있도록 함.

6.4 체결국들은 외국통신 서비스제공자로 하여금 개도국의 통신기반구조 발전 및 통신서비스 무역확대를 지원하는 기술이전, 교육 및 기타 활동을 지원하도록 촉구하기 위한 저개발국의 기회에 관하여 특별히 고려함.

7항(국제기구 및 협약과의 관계)

7.1 체결국들은 통신망 및 서비스의 전세계적 호환성과 연동성을 위한 국제표준의 중요성을 인식하며, ITU, ISO 등 관련 국제기관의 연구를 통하여 그러한 표준을 장려하는 책임을 짐.

7.2 체약국들은 국내 및 세계 통신서비스의 효율적 운영을 보장함에 있어 정부간, 비정부간 기구 및 협약, 특히 ITU가 수행하는 역활을 인식. 체약국들은 관련되는 경우 본 부속서의 시행에 있어 발생하는 문제들에 관하여 그러한 기구들과 협의하기 위한 적절한 협정을 마련함.

3. 해 설

2.1의 주석

– 2.1은 필요한 모든 조치에 의한 PTTN과 PTTS의 제공자에 적용되는 본 부속서의 의무사항을 각 체약국이 보장한다는 것으로 해석됨.

5.1의 주석

– "비차별적"이라는 용어는 기본협정에서 정의된 최혜국 또는 내국민 대우로 해석, 또한 동일한 환경하의 동일한 PTTN이나 PTTS에 부여된 것보다 더 불리하지 않은 조건으로 해석됨.

4. 결정 및 양해사항

금융서비스의 자유화 약속(Understanding on Commitment in Financial Services)

– 서비스협정 제3부에 대한 대안이 다음과 같은 이해하에 금융서비스의 자유화 약속을 하는 데 적용됨.

• Framework의 조항과 모순되지 않으며,

- 어떤 국가가 서비스협정 제3부에 따라 자유화 약속하는 것을 豫斷(prejudice)하지 않으며,
- 각국의 자유화 약속은 MFA 원칙에 적용되며,
- 각국의 자유화 약속수준에 대한 특정 수준에 대한 전제가 없음.

— 관심 있는 국가들은 협정결과에 따라 제한사항을 하기방식에 따라 양허표에 기재.

1. 독 점

— 각국의 독점권을 갖고 있는 금융기관을 명시하고 이를 축소토록 노력.

2. 정부판매

— 정부기관의 금융서비스 구입시 MFA 및 내국민대우 부여.

3. Cross-Border Trade

— 각국의 금융서비스 공급자의 다음과 같은 서비스 제공을 양허.
- 해상, 항공, 운송보험, 재보험, 금융정보의 제공 등

4. 상업적 駐在

— 각국은 상업적 주재기관의 설립 및 확장을 양허하되
- 상업적 주재 인가시 서비스협정상의 의무를 위배하지 않는 범위 내에서 제한 및 조건 부과 가능

5. 신 상 품

— 각국은 신상품의 공급을 양허.

6. 정보의 이전 및 가공처리

— 각국은 일상적인 업무처리에 필요한 금융정보의 이전 및 가공처리를 보장하여야 하며, 이를 위한 전산장치의 수입을 양허.
- 단, 개인정보 및 구좌의 비밀을 보장

7. 인력의 이동

- 다음의 인력이동은 허용.
  - senior managerial personnel
  - specialist
- 다음의 인력은 자국민의 인력수급상황에 따라 허용.
  - 컴퓨터, 통신 및 회계전문가
  - 보험계리인, 법률전문가

8. 무차별조치

- 다음과 같은 무차별조치를 철폐토록 노력(shall endeavour).
  - 특정 금융서비스 공급을 제한하는 무차별조치
  - 전국적인 금융서비스 공급확대를 제한하는 무차별조치
  - 겸업주의 국가에 진출한 전업주의 금융기관에 대한 조치
  - 외국 금융서비스 공급자의 경쟁능력을 제한하는 무차별조치

9. 내국민대우

- 유사한 여건에서 외국서비스 공급자에게 동등한 경쟁기회(equal competitive opportunity) 보장.
  - ECO는 외국서비스 공급자의 경쟁능력을 보장해주는 것으로 각국 조치의 영향(effect of measures)으로 평가
- 상업적 주재기관의 인가절차 및 조건이 내국인보다 불리하지 않아야 함.
- 각국은 공공기관이 운영하는 payment and clearing system official refinancing facility의 이용을 보장하나 lender of last resort의 보장은 제외.
- 자율규제 단체에의 가입보장.
  - 특히 동 단체 가입이 서비스공급에 필요하거나 각국이 금융서비스 공급시 특혜나 이익을 동 단체에 부여하는 경우 내국민대우를 부여

5. 참가사항(양허협상의 실질적 지침)

1. 제 4 조(개도국우대), 제18조(양허협상)의 조건에 따라 상호간의 이익이 균형에 도달하도록 참가국의 발전수준을 고려하는 가운데 협상.
2. GATT 사무국 작성서비스분류표(MTN/GNS/W/120)에 따라 협상 진행.
3. 업종과 거래형태 등을 적당하게 분류해서(at the appropriate level of disaggregation) 양허.
4. 합의된 시간 framework에 따라 양허사항이 시행되도록 적절한 융통성을 갖고 협상.
5. 양허협상기간 동안 협상력을 강화하는 조치를 취하지 않을 것에 동의.

Ⅷ. 미국의 주요 무역규제법[1)]

1. 상계관세 및 반덤핑관세

상계관세와 반덤핑관세는 외국으로부터의 수입이 불공정한 가격으로 이루어짐으로써 미국의 관련산업에 실질적인 피해를 끼쳤거나 끼칠 가능성이 있을 때, 혹은 관련산업의 건설을 저해한다고 판단이 되었을 때 그러한 불공정한 가격차이를 상쇄하기 위해 부과되는 관세를 말한다. 그리고 불공정한 저가수출이 수출국 정부 또는 단체에 의한 공적 보조금에 의하여 초래되었을 경우에는 상계관세가 부과되고 기업의 사적인 덤핑행위에 의한 경우에는 반덤핑관세가 부과된다.

1979년에 동경라운드가 타결됨에 따라 미국은 이에 수반되는 제반조치를 국내에서 취하기 위해 1979년 통상협정법을 제정하여 1930년 관세법과 1974년 통상법을 대폭 개편하였다. 특히 1930년 관세법에 제 7 편을 추가하여 subtitle A에서 상계관세를, subtitle B에서 반덤핑관세를 규정하였다. 물론 이 이전에도 상계관세는 1930년 관세법 제303조에 의해서, 그리고 반덤핑관세는 1921년 반덤핑법에 의해 규정되고 있었다. 그러나 1979년의 개정은 신속한 규제를 위해 조사기간을 대폭 단축시켰으며, 그 이전까지 보조금 및 덤핑의 유무조사를 담당하던 재무성의 태도가 너무 온건하다는 미국업계의 불평을 받아들여 조사권을 상무성으로 이양시켰다.

1) 본 자료의 일부는 嚴峰成, 「美國의 國際經濟政策 樹立過程과 輸入規制法」, 한국개발연구원, 1985. 1에서 발췌함.

한편 1979년 개정으로 인하여 반덤핑관세의 경우에는 1921년 반덤핑법이 완전히 폐기되었으나 상계관세의 경우에는 신법은 GATT의 보조금 및 상계관세협약에 가맹한 국가들과 이에 준하는 몇몇 국가들에만 적용되고 나머지 국가들에 대해선 구법(1930년 관세법 제303조)이 그대로 적용되고 있다. 이 두 가지 상계관세법의 주요 차이는 신법에 있어선 상계관세를 부과하기 위해서 보조금의 수혜사실 이외에도 미국의 관련산업에 실질적인 피해가 있거나 피해의 우려가 있어야 한다는 조건이 추가되었다.

가. 상계관세 부과요건 및 절차

상계관세의 부과를 위해선 수입상품이 수출국 정부나 단체로부터 보조금을 수혜했다는 상무성의 판정과 그 상품수입으로 인하여 미국의 관련산업이 실질적인 피해를 입었거나 입을 우려가 있다는 국제무역위원회(International Trade Committee)의 판정, 두 가지 모두가 요구된다. 보조금이란 보조금 및 상계관세협약에 예시된 모든 수출보조금, 즉 조세, 특혜환율, 원자재비용 및 기타 생산비에 대한 보조, 부품 및 원자재 수입에 대한 수입관세의 환급, 특혜이자율을 적용한 수출금융은 물론, 기타 유리한 조건의 자금대출 및 지급보증 등의 국내보조금을 모두 포함한다. 한편 실질적인 피해(material injury)에 대한 정확한 정의는 내리고 있지 않으나 대체적으로 다음과 같은 기준이 적용된다고 할 수 있다. 즉 수입량이 국내소비량에서 차지하는 비중의 급증 여부, 불공정한 저가수입품으로 인하여 국내의 동종상품이 판매기회를 빼앗기거나 가격할인을 강요당했는지의 여부, 동종 국내산업의 매출액, 이익, 가동률, 고용 등에의 영향 등을 기준으로 한다.

상계관세의 조사 및 부과절차는 〈그림 1〉에서 보는 바와 같이 상무성(Department of Commerce)과 ITC가 동시에 제소를 접수

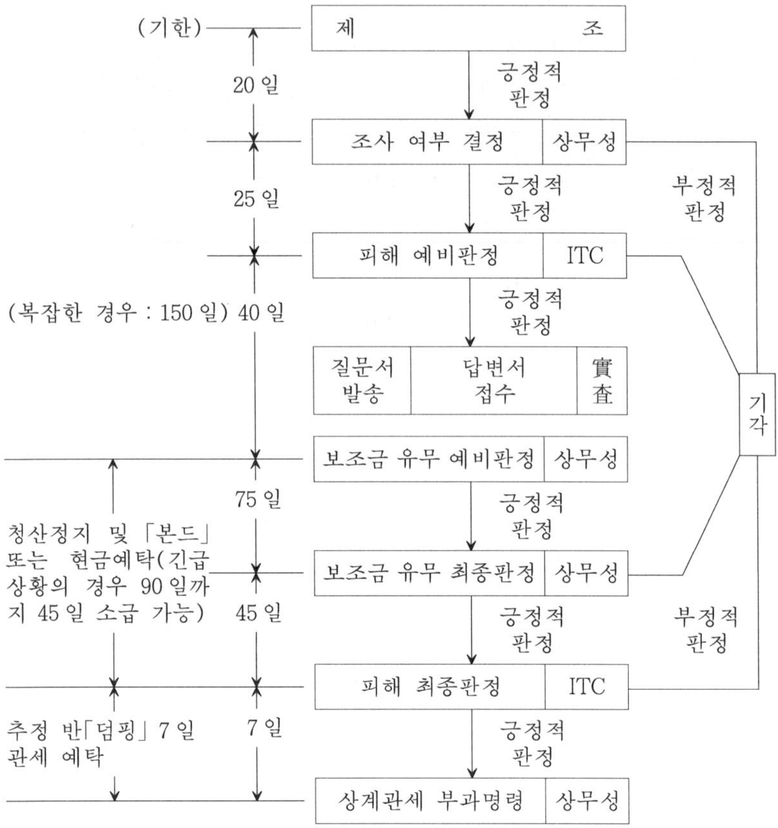

〈그림 1〉 상계관세 조사절차

하여 상무성의 조사 여부 결정, ITC의 피해 여부 예비판정, 상무성의 보조금 여부 예비판정 및 최종판정, ITC의 피해 여부 최종판정, 상무성의 상계관세 부과명령의 순으로 진행된다. 상무성의 예비판정시 위반판정이 내려지면 그 때부터 관세의 청산정지가 이뤄지고 통관을 위해서는 본드(bond) 혹은 현금의 예탁이 요구된다. 한편 그 예비판정 직전에 수입이 급증하는 등 소위 긴급사태로 결정될 경우에는 청산정지를 예비판정일로부터 90일까지 소급적용할 수 있다.

나. 반덤핑관세 부과요건 및 절차

수입상품이 공정가격(fair value) 이하로 수입되었다는 상무성의 판정과 함께 상계관세의 경우와 마찬가지로 ITC에 의한 국내 관련산업의 피해판정도 요구된다. 단, 반덤핑관세의 경우에는 수출국의 반덤핑협약 가맹 여부를 불문하고 국내 관련산업의 피해

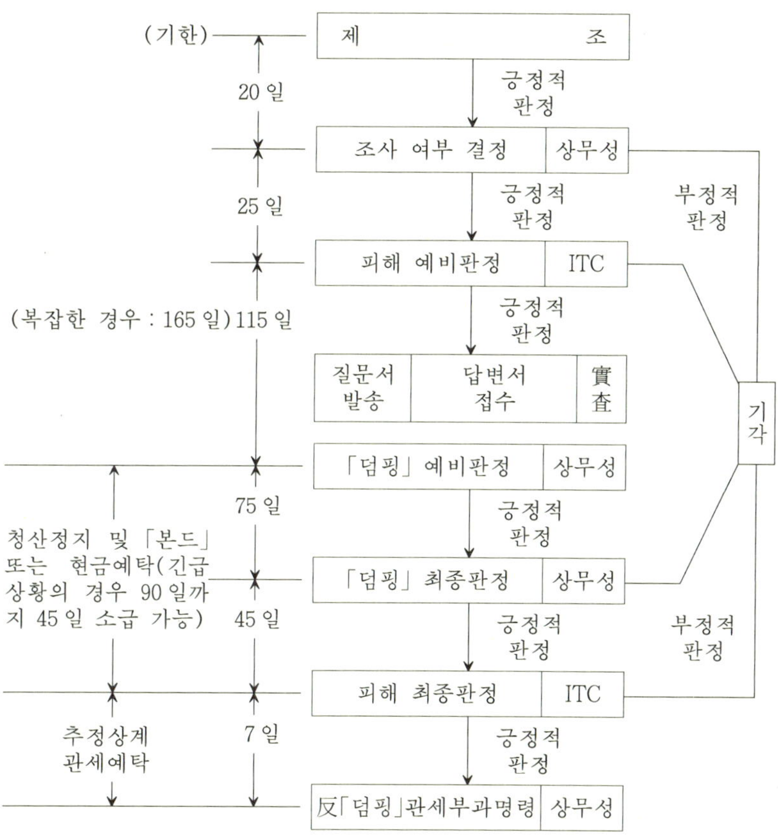

〈그림 2〉 반덤핑관세 조사절차

요건이 꼭 요구된다. 여기에서 공정가격이라 함은 수출국의 국내 판매가격(소위 외국시장가격)을 말한다. 만약 수출국 내에서 판매가 불충분하여 그러한 비교가 불가능할 경우엔 제3국으로의 수출가격이 공정가격이 될 수 있으며, 그것도 여의치 않을 경우에는 상무성의 추정가격이 기준이 된다. 반덤핑관세의 조사 및 부과절차는 〈그림 2〉와 같다.

2. 면책조항(escape clause)에 의한 수입규제 : 1974년 통상법 제201조

가. 목 적

이는 GATT 제19조에 규정된 긴급수입제한(safeguard)조치를 미국 내에서 실시하는 근거법으로서 어떤 상품의 수입이 급격히 증가하여 미국의 관련산업에 심각한 피해를 주거나 줄 우려가 있다고 국제무역위원회(ITC)가 긍정적 판정을 내릴 경우에 대통령은 ITC가 건의한 수입규제조치를 심사하여 최고 5년 한도 내에서 일시적인 수입규제조치를 취할 수 있다는 것이다. 대통령이 취할 수 있는 규제조치로서는 관세율의 인상,「쿼터」규제, 관세할당(tariff-rate quota), 시장질서유지협정(OMA), 산업조정보조(adjustment assistance) 및 이들의 복합적인 조치가 있다. 레이건 대통령이 취한 철강수입규제조치는 제201조가 적용된 대표적 예라 할 수 있다.

나. 절 차

제201조에 의한 ITC의 조사는 ① 기업, 동업자단체, 노동조합, ② 대통령 혹은 통상대표부(USTR), ③ 하원 세입위원회 혹은

상원 재무위원회의 요청에 의해 개시된다. ITC는 청문회를 개최하며, 긴급한 경우를 제외하곤 6개월 이내에 조사를 완료해야 한다. 조사결과 긍정적 피해판정이 나왔을 경우 ITC는 대통령에게 구체적인 수입규제조치를 건의해야 한다.

대통령은 ITC가 건의한 규제조치가 미국의 경제이익에 부합하는지 여부를 고려하여 60일 이내에 최종결정을 내린다. 대통령의 결정은 USTR을 의장으로 하는 유관부처 실무작업반의 ITC 건의에 대한 심사결과를 참작하여 이루어진다. 한편 대통령이 ITC가 건의한 규제조치를 거부하거나 수정할 경우에는 의회가 양원의 공동의결에 의해 대통령의 결정을 할 수 있다.

3. 불공정거래의 규제 : 1930년 관세법 제337조

가. 목 적

미국으로의 상품수입 또는 판매에 있어서 불공정한 경쟁방법 및 행위가 효율적으로 운용되고 있는 미국 내 산업을 파괴시키거나 심각한 피해를 끼친다고 ITC가 판정할 경우 상품수입을 무차별적으로 배제시키거나 개별당사자에게 문제의 불공정한 행위를 정지하도록 명령할 수 있다.

불공정한 경쟁방법 및 행위에 대한 정확한 정의는 없지만 ITC는 특허권, 상표권, 저작권의 침해를 가장 보편적인 예로 간주하고 있으며, 위조품 판매, 상품외양의 모방, 거래비밀의 부당사용, 기만적 허위광고 등까지를 포함하여 광의로 해석하고 있다. 뿐만 아니라 제337조는 반트러스트이론에 근거하여 거래의 거부나 한계생산비 이하의 약탈적 가격결정에도 적용되고 있다. 그러나 제337조에 의한 조사가 덤핑이나 수출보조에 의한 불공정거래에 국한된 것일 경우에는 조사를 종결하고 이를 상무성에 이양한다. 만약 불공정행위가 일부는 덤핑이나 수출보조에 의해서 일부는 다른 불공정행위에 의해서 이루어질 경우엔 제337조에 의한 조사를 계속할 수 있다. 우리 나라의 경우 「코킹 건」이 특허권침해를 이유로 제337조를 적용받은 유일한 예이다.

나. 절 차

ITC의 조사는 제소에 의해서 또는 ITC의 독자적 결정에 의해서 개시된다. 복잡한 경우를 제외하고 ITC는 12개월 이내에 조사를 완료해야 하며, 제337조 위반판정을 내릴 경우에는 수입배제 혹은 불공정행위의 정지명령을 내리고 이를 대통령에 송부하여야 한다. 대통령은 60일 이내에 정책적 고려하에서 ITC의 결정을 거부할 수 있다.

4. 통상협정하에서의 미국 이익보호 및 외국의 불합리한 무역관행에 대한 대통령의 보복조치 : 1974년 통상법 제301조

가. 목 적

국제통상협정에 따른 미국의 권리를 행사하고 미국의 통상을 제한하거나 차별하는 외국의 무역관행에 대응하기 위하여, USTR의 조사 및 건의에 근거하여 대통령은 그의 권한 내의 모든 적절한 수입규제조치를 취할 수 있다. 그러나 제301조에 의한 USTR의 조사절차 및 규제조치는 매우 모호하게 표현되어 있다. 실제로 대통령의 최종결정은 국내 및 국제정치적 고려에 의해 크게 영향을 받기 때문에 대통령이 취할 수 있는 조치의 범위는 한정될 수밖에 없다. 대통령이 취할 수 있는 조치는 관세부과, 수입제한 그리고 해당국에 대한 무역협정의 효력중지 또는 철회만 가능하다.

나. 절 차

USTR는 이해당사자의 제소를 접수한 후 45일 이내에 조사개시 여부를 결정해야 한다. 조사과정에 있어서 USTR는 공청회를 개최할 수 있으며 산업자문위원회, ITC, 제소자와 일련의 협의를 가져야 한다. 조사결과 제301조 위반판정이 내려지면 대통령에게 수입규제조치를 건의해야 한다. 대통령은 USTR의 건의를 받은 후 21일 이내에 최종규제조치를 결정해야 한다. 1974년 통상법 제301조는 이해당사자의 제소에 의해서 뿐만 아니라 제소 없이도 대통령이 독자적으로 규제조치를 취할 수 있다고 규정하고 있다.

5. 기타 수입규제법

가. 국가안보조항 : 1962년 통상확대법 제232조

수입상품이 미국의 국가안보를 위협한다고 상무장관이 판단할 경우 대통령은 상무장관이 건의하는 규제조치를 심사하여 관세인하, 수입할당, 관세양허의 거부 등 수입을 규제하는 조치를 취할 수 있다. 이는 아주 드물게 적용되어 왔으며, 우리 나라의 경우 공작기계가 이 조항의 적용을 받은 유일한 예이다.

나. 생산원가 조사 : 1930년 관세법 제336조

ITC는 대통령, 의회, 이해당사자의 요청에 의해서 혹은 독자적으로 수입상품과 동종의 국내생산품의 생산원가 차이를 조사하여 대통령에게 건의, 그 차액만큼의 관세를 부과할 수 있다.

다. 농업조정법 제22조

수입상품이 미국 농무성에서 추진하고 있는 정책을 방해하거나 농업가공품의 생산을 심각히 저해한다고 농무장관이 판단할 경우 대통령에 건의하여 수입「쿼터」나 관세를 부과할 수 있다.

6. 1984년 통상관세법(Trade and Tariff Act)

미국 선거를 앞두고 노동조합 및 미국 업계는 의회에 대한 보호무역 압력을 크게 증대시켜 각종 수입규제법안이 의회에 한꺼번에 상정되게 하였다. 1984년 6월 하원은 이를 일괄적으로 묶어서 Omnibus Tariff Bill로서 통과시켰으며, 이 법안이 다시 상원 및 양원합동회의에서 수정, 의결되어 10월 말 레이건 대통령에 의해 1984년 통상관세법으로 최종 확정되었다.

1984년 통상관세법은 〈표 1〉에서 보는 바와 같이 모두 9편으로 구성되어 있으며, 아래에선 우리와 관련되는 부분, 특히 제6편 상계관세법과 반덤핑관세법의 개정을 중심으로 설명하기로 한다.

가. 상계관세법과 반덤핑관세법의 개정

먼저 상계관세와 반덤핑관세에 공통으로 적용되는 개정사항으로는 첫째, 조사대상이 되는 수입량을 실제 수입량뿐만 아니라 L/C 내도량 및 거래확정량 등 수입가능량까지 확대시켜 포함함으로써 종래의 사후규제에서 사전규제로 전환한 것이다. 둘째, 소송절차를 간소화시킬 목적으로 만약 상계관세와 반덤핑관세가 동시에 제소될 경우에는 반덤핑조사 최종판정일까지 상계관세조사를 연기하는 한편, 둘 중 하나의 공청회를 생략함으로써 제소자의

〈표 1〉 1984년 통상관세법의 체계

제 1 편 : 제101조-제195조——관세율표 개정
subtitle A(제101조)——관세율표의 참조
subtitle B(제111조-제127조)——관세율표의 영구변경
subtitle C(제131조-제183조)——관세율표의 임시변경
subtitle D(제191조)——절차개정
subtitle E(제195조)——발효일자
제 2 편 : 제201조-제259조——관세 및 기타 개정
subtitle A(제201조-제214조)——1930년 관세법 개정
subtitle B(제221조)——중소기업 무역지원
subtitle C(제231조-259조)——기타 개정
제 3 편 : 제301조-제308조——국제무역 및 투자(국제무역투자법)
제 4 편 : 제401조-제404조——이스라엘과의 무역
제 5 편 : 제501조-제508조——GSP 연장법
제 6 편 : 제601조-제628조——통상법개편(상계관세법, 반덤핑법 개정)
제 7 편 : 제701조-제703조——관세 및 무역관계기관의 예산
제 8 편 : 제801조-제808조——국가철강산업정책의 시행(철강수입안정화법)
제 9 편 : 제901조-제907조——포도주 국제무역의 장벽제거

비용도 절감시킨다는 것이다. 셋째, 누적(accumulation)조항을 신설하여 조사대상국별의 수입물량 대신에 전체 조사대상국으로부터의 수입총량에 의한 국내산업의 피해를 조사한다는 것 등이다.

다음으로 상계관세에 관한 개정사항으로선 첫째, 「상향성」 보조금(upstream subsidy)의 개념을 도입하여 상계관세 조사대상품목의 생산에 사용되는 원자재와 중간재에 대한 보조금도 조사대상품목의 상계관세로서 포함시킨다. 예를 들면, 철광석의 생산에 공여된 보조금은 그 철광석을 사용하여 생산된 철강제품에 대한 상계관세 계산에 포함시킨다는 것이다. 둘째, 특정 회사의 특정 품목에만 보조금이 주어졌더라도 같은 보조금이 조사대상국의 여타 회사의 동종품목에도 모두 주어진 것으로 간주하여 동 품목

에 대해 국가별로 일률적인 상계관세율을 적용한다는 것이다. 셋째, 종래에는 수출국이 수출관세를 부과함으로써 상계관세 부과를 피할 수 있었으나 더 이상 이를 인정하지 않는다는 것이다.

마지막으로 반덤핑관세에 관한 개정사항으로는 첫째, 동일상품에 2개국 이상이 반덤핑관세를 적용받고 있는 상황에서 동 품목의 제3국으로부터의 수입도 유해하다고 판단될 경우에는 이를 1년 동안 감시한다. 그리고 감시기간중에 조사개시에 충분한 근거가 있다고 판단되면 즉각 조사를 개시하여 필요한 제반조치를 취할 수 있다. 둘째, ITC의 반덤핑재심조사 기간중에 반덤핑관세 명령의 철회를 위해서는 이를 요구하는 당사자가 상황변동 등에 관한 입증책임을 진다. 셋째, 수출국 시장가격을 산출하는 데 있어서 미국에 수출한 시점에서의 수출국 내 판매가격 대신에 미국 내 판매시점에서의 수출국 내 판매가격을 기준으로 한다는 것이다.

나. 기타 개정사항

제2편 관세 및 기타 개정에서 몇 가지 주요 개정사항을 들어보면 첫째, 중소기업의 수입규제 제소를 지원해줄 수 있는 무역구제지원사무국(Trade Remedy Assistance Office)을 ITC 내에 신설한다. 둘째, 제201조에 의한 수입규제를 위해 필요한 국내산업의 피해 여부 조사에 있어서 국내생산업자의 높은 재고수준 및 재고수준의 증가기준을 더욱 완화하여 국내생산업자뿐만 아니라 수입업자, 도매업자, 소매업자의 재고수준을 모두 감안하여야 한다는 것이다.

제3편 국제무역투자법(일명 상호주의법안)에선 미 통상대표부가 외국에 있어서의 무역과 직접투자에 대한 장벽을 조사하여 상원 재무위원회와 하원 세입위원회에 보고할 의무를 규정했으며 제301조에 의한 대통령의 수입구제조치권한을 더욱 강화하였다.

마지막으로 제5편 GSP 연장에선 10개 항을 신설하여, 예를 들면 경쟁력기준을 강화하고 졸업기준을 명문화시켰다.

7. 88종합무역법(Omnibus Trade Act)

88년 종합무역법은 301조 조치의 권한 행사변경, 불공정무역행위의 정의, 대응조치의 의무화 등에 관한 내용을 담고 있다.

가. 301조 권한행사

88종합무역법에 의하면 비록 대통령의 지시에 따를 것을 규정하고 있지만 301조 조치(외국정부의 불공정무역행위에 대한 대응조치)권한은 대통령이 미 통상대표부(U.S. Trade Representative; USTR)가 실질적으로 행사하도록 규정되어 있다. 종래에는 301조 조치권한을 대통령이 가지고 있었으며, USTR는 단지 301조 조사에 관련된 경우를 조사할 뿐이었고 대응조치를 취할 권한은 부여받지 못했다.

그러나 88종합무역법은 301조 조치에 관한 종래의 대통령의 권한을 USTR로 위양하는 점이 개정의 초점이었다. 즉

a) USTR은 외국정부의 통상행위가 301조 조치기준(요건)을 충족시키는지 여부를 결정하기 위해선 반드시 조사를 통해서 해야 한다.

b) USTR은 조사결과, 만일 외국정부의 통상행위가 301조 조치기준을 충족시키고 있다는 긍정적 결정을 내릴 경우, 301조 조치를 결정해 이를 실시하는 권한을 갖는다.

c) 대통령 자체발의에 의거하는 조치규정(조사를 행하지 않고 301조 조치를 취할 수 있는 규정)은 폐지되었다(USTR는 조사를 행하지 않고 301조 조치를 취할 수 없게 된다).

d) 그러나 비록 USTR로 조치권한은 이양됐지만 301조 조치에 관한 대통령의 거부권행사는 그대로 유지되고 있다.

이와 같이 301조 조치권한이 USTR로 이양된 것은 301조 조치결정을 가능하면 외교적 배려로부터 단절시켜야 한다는 미국 산업계의 바램을 반영시킨 결과였다. 결국 미 의회는 대통령의 권한축소에 반대하는 레이건 정권을 굴복시켜서 301조 조치권한을 대통령으로부터 USTR로 이양시켰다.

나. 불공정무역행위의 정의

88종합무역법은 301조 조치(대응조치)대상이 되는 외국정부의 불공정무역행위에 대한 정의를 내리고 이를 확대하고 있다. 정의되어 있는 불공정무역행위는 부당한(unjustiable) 행위, 불합리한(unreasonable) 행위 및 차별적(discriminatory) 행위 3가지이다. 이 가운데 불합리한 행위에 있어서 정부에 의한 반경쟁적 행위의 용인, 수출목표설정정책, 노동권거부가 추가되었다.

88종합무역법에서 개정된 301조 개념정의를 요약해보면 다음과 같다.

a) 정당화되지 않는 행위(부당한 행위)라는 것은 통상협정 위반을 포함한 미국의 국제법적 권리를 침해하는 법률, 정책 또는 행위이다. 이 경우 미국의 국제법적 권리에는 내국민대우, 기업설립권, 지적소유권 등도 포함된다.

b) 불합리한 행위에는 미국의 국제법적인 권리를 침해하는 것은 아니지만 불공정 또는 불공평(unfair and inequitable)하다고 간주되는 법률, 정책 또는 관행으로 구체적으로 다음과 같다.

- 공정 또는 공평한 시장기회를 거부(여기에는 미국 제품의 참입을 제한하는 영향을 갖는 민간기업에 의한 조직적인

반경쟁적 제 행위(systematic anticompetitive activities: 카르텔 및 배타적 유통제도) 등 외국정부에 의한 용인도 포함)

- 기업설립 기회부여
- 지적소유권의 적절 또는 유효한 보호거부
- 수출목표설정정책(export targeting, 특정 상품의 수출경쟁력 강화를 목적으로 하는 기업 또는 산업에 대한 정부지원조치)
- 국제적으로 인정되는 노동권(조합결성권, 단체교섭권, 아동고용 최저연령 설정, 최저임금, 노동시간, 작업시간 및 위생에 관한 노동기준)의 거부 및 강제노동 용인(단, 개선상황 및 경제발전수준이 고려됨)
- 외국기업에 대한 상호적 기회(reciprocal opportunities)가 고려됨. 즉 미국과 동등한 정도의 시장개방을 하고 있지 않은 외국정부의 조치를 불합리한 것으로 간주, USTR가 대응조치를 취할 수 있다는 것을 의미하나, 다른 한편으로는 미국이 외국기업에 대해 제한을 가하고 있는 분야에 있어서는 미국도 외국정부의 행위를 불공정하다는 이유로 대응조치를 취해서는 안 된다는 의미도 포함하고 있음.

c) 차별적 행위에는 미국의 상품, 서비스 및 투자에 대해서 내국민대우 또는 최혜국대우를 거부하는 법률, 정책 또는 행위가 있다.

다. 대응조치의 의무화

88종합무역법은 외국정부의 불공정무역행위에 대한 USTR의 301조 조치(대응조치)를 의무화하고 있다.

USTR에게 301조 조치 발동의무를 부여한 것은 외국정부의 부당한 행위에 한하며, 불합리한 행위 및 차별적 행위에 대한 301조 조치 실시에 관해서는 USTR에게 재량권이 인정되어 있다.

- 강제조치(실시가 의무화되어 있는 조치): USTR는 조사 및 외국정부와의 협의에 의해 통상협정하에서 미국의 제 권리가 거부되거나 또는 외국의 법률, 정책 또는 행위가 통상협정 규정 및 동 협정하에서의 미국의 이익에 반하는 것인가, 혹은 정당화될 수 없는 것으로 미국의 통상(서비스, 상품 및 서비스무역에 관한 투자를 포함)에 부담을 지거나 제한하고 있다고 결정하는 경우, USTR 자체적으로 또는 대통령의 지시에 따라 미국의 권리를 회복하기 위해 외국의 통상에 초래한 조치와 동등한 조치를 상대방 국가에 취하지 않으면 안 된다.

8. 1989년 슈퍼 301조

1989년 미국 의회는 외국의 불공정무역관행에 대해 강력한 보복조치를 취하기 위해 1988년 종합무역법(Omnibus Trade Act)에서 종전의 74년 통상법 301조를 신설했다. 이것은 美의회가 여전히 증폭되기만 하는 미국의 무역적자, 외국의 시장폐쇄성, 미 행정부의 우유부단성에 강한 불만을 품은 데서 비롯되었다. 슈퍼 301조는 1989년과 1990년에만 한시적으로 운영되었기 때문에 1990년에 1차 만료되어 효력을 상실했다.

89~90년 시행된 슈퍼 301조에 의하면 美무역대표부(USTR)는 무역상대국의 불공정사례를 담은 국별무역장벽보고서(National Trade Estimate)를 작성하여 美의회에 제출해야 하였다. 그리고 국별무역장벽보고서가 제출된 후 30일 이내 USTR는 불공정의 강

도가 심한 국가를 불공정한 관행을 우선협상대상관행(Priority Foreign Practice)으로 지정하였다. 그 후 21日 이내 美무역대표부는 PFC로 지정된 나라와 협상을 개시할 것을 결정해야 하며 그 결정 후 12~18개월 이내 당사국과 협상을 개시해야 했었다.

9. 94년 슈퍼 301조 부활(행정명령)

그 후 1994년 3월 3일 미국은 2년 時限으로 슈퍼 301조를 다시 부활한다고 공식발표를 하였다. 89~90년 슈퍼 301조는 의회의 입법을 통해 실시된 것이었으나 이번에 부활된 슈퍼 301조는 대통령의 행정명령에 의해 실현된 것이었다.

새로 부활된 슈퍼 301조의 주요 내용은 우선 3월 末까지 미 무역대표부가 각국의 무역장벽보고서를 발간하고 9월 말까지 6개월 동안 각국과 무역장벽 제거협상을 일단 벌인 후 그래도 무역장벽을 제거하지 않을 경우 9월 말까지 우선협상대상관행을 지정하는 것으로 되어 있다. PFP를 지정당한 나라에 대해서는 미 행정부가 다시 협상을 개시하고 끝까지 협상이 실패할 경우 무역대표부가 무차별보복을 가하기로 되어 있다.

행정명령 슈퍼 301조의 유효기간은 94~95년 동안 2년이다. 그런데 1994년 조치가 89~90년에 있었던 슈퍼 301조처럼 그냥 슈퍼 301조라고 부르는 이유는 1994년 조치는 법률이 아니라 대통령 행정명령이기 때문이다. 1994년 행정명령 301조가 1989년 슈퍼 301조와 또 다른 점이 있는데, 과거 슈퍼 301조는 NTE제출 후 30일 이내 각국 무역대상관행을 지칭하는 데 비해 이번 행정명령 슈퍼 301는 NTE제출 후 6개월 이내에 우선협상대상국의 우선협상국관행을 지정하는 것이다. 그러나 우선협상대상국 지정과 우선협상대상관행을 지정한 후 21일 이내에 교섭을 개시할 것을 결정하고 그 후 12~18개월 이내에 교섭과 협의를 개시하기로 되어 있는 것은 예전과 같다.

10. 스페셜 301조

미국의 88종합무역법(Omnibus Trade Act) 182조를 말하는 것으로 지적소유권분야에만 적용하는 통상법조항이다. 종전의 통상법 301조에서 일반적인 불공정무역에 대한 제재기준이 있으나 지적소유권분야만 따로 떼어내 301조와 같은 효력을 갖는 규정을 신설한 것이다. 이 규정은 매년 4월 말까지 USTR(美무역대표부)가 각국의 지적재산권 보호내용을 연례적으로 평가, 보호수준이 미흡한 국가는 우선협상대상국(PFC), 우선관찰대상국(PWL), 관찰대상국(WL)으로 지정토록 하고 있다.

PFC로 지정되면 지적소유권 보호를 위한 협상을 6~9개월간 벌이게 되며 만일 협상이 결렬되면 상품이나 분야를 제한하지 않고 무차별 보복이 가능토록 되어 있다. 이러한 형태가 종전의 통상법 301조나 슈퍼 301조와 같다고 해서 스페셜 301조라 부른다.

Ⅸ. OECD(경제협력개발기구)

OECD는 국가간의 경제협력을 위한 국제적인 협의기구이다. 설립 초기에는 주로 선진국만이 후원국이 될 수 있었으나 후에는 중진국도 회원국이 될 수 있게 되었다.

일반적으로 개발도상국은 선진국과의 경제협력을 통하여 경제의 선진화와 국제화를 도모할 수 있으며 이를 달성하기 위한 방안의 하나로 OECD에 가입할 수 있다. 우리 나라는 96년 일부 반대에도 무릅쓰고 OECD에 가입했다. OECD에 가입함으로써 앞으로 우리는 국제경제질서의 형성에 능동적으로 참여하며 또한 새로운 문제로 대두되고 있는 원자력, 환경분야문제 등에 효과적으로 대처해나갈 수 있다. OECD에 관한 독자들의 이해를 돕기 위해 OECD의 목적, 조직 및 주요 활동에 관한 내용을 다음과 같은 요약 · 정리해본다.

1. OECD의 목적

OECD(Organization for Economic Cooperation and Development, 경제협력개발기구)는 제2차 세계대전 후 유럽 경제의 재건을 위하여 1961년 창설된 국제협력기구로서 선진공업국간 경제협력 및 정책협의를 한다.

OECD 설립 당시의 회원국은 오스트리아, 벨지움, 덴마크, 프랑스, 독일, 그리스, 아이슬랜드, 아일랜드, 이탈리아, 룩셈부르크, 네덜란드, 노르웨이, 포르투갈, 스페인, 스웨덴, 스위스, 터키, 영국 등 서유럽권 18개국과 미국, 캐나다 등을 합쳐 20개국이었다.

그 후 일본이 1964년에, 핀란드가 1969년에, 오스트레일리아가 1971년, 그리고 뉴질랜드가 1973년 정식 가입하였다. 그리고 뉴질랜드 가입 후 20년만인 1994년 4월 멕시코가 25번째로 회원국이 되었다. 그 후 1995년 12월 체코, 1996년 5월 헝가리, 1996년 11월 폴란드에 이어 1996년 12월 한국이 29번째로 가입하였다.

OECD의 협정문 제1조에 명시된 바와 같이 주요 목적은 회원국의 경제성장 도모 및 세계경제 발전에 공헌, 개발도상국에 대한 원조, 자유무역의 확대 등 3가지로 요약된다. 즉 회원국의 재정금융상의 안정을 유지하면서 지속할 수 있는 최대한의 경제성장과 고용 및 생활수준의 향상을 도모하고 세계경제발전에 공헌하며, 경제발전과정에 있는 비회원국 경제의 건전한 발전에 기여하고 세계자본주의 경제체제의 발전을 도모하며, 국제적 의무에 따라 세계무역의 다각적이고 무차별적인 확대에 공헌하는 것이다.

2. 조 직

OECD는 전 회원국으로 구성되는 최고의사결정기구로서 이사회(Council), 집행위원회(Executive Committee), 특별집행위원회(Executive Committee in Special Session), 위원회 및 사무국으로 구성되어 있다.

이사회는 OECD의 최고의결기구로서 주요 정책문제 토의, 기구설립, 예산승인 등 기구활동 전반에 걸쳐 최종적인 의사결정을 한다. 이사회의 의결은 만장일치를 원칙으로 하며, 그 결과는 통상 결정(decision), 협정(agreement), 권고(recommendation) 및 결의(resolution) 등으로 구분된다. 결정은 회원국에 대해 구속력을 가지며, 협정문에 의거 이행해야 하며, 협정은 회원국, 비회원국 또는 다른 국제기구간에 적용되는 결정이다. 권고는 구속력은 없으나 수행상의 지침으로 이용되며, 결의는 회원국의 정보 및 정세보고의무와 관련이 있다.

사무국은 OECD 이사회와 위원회의 활동을 보좌하는 기관으로서, 이사회에 의해 임명된 사무총장이 지휘·감독하며, 각 위원회와 긴밀한 협조하에 운영되고 있으며, 각 위원회의 토의에 필요한 자료 및 보고서 등을 작성한다.

집행위원회는 이사회를 보좌하고 이사회의 결정을 집행하며, OECD의 전반적인 활동을 감독하고 있다. 집행위원회는 일반위원회의 보고서 및 제안 등을 이사회에 보고한다. 또한 이사회로부터 위임받은 사항 또는 위임받은 범위 내에서 결정을 하며, 임시로 실무작업반을 구성할 수 있다.

특별집행위원회는 국제통화제도 및 무역자유화 등 국제경제의 주요 문제를 특별히 검토하기 위하여 구성되었다. 그리고 경제정책, 무역 및 남북문제 등을 광범위하게 토의하여 왔다.

3. 부문별 위원회

OECD의 활동영역은 경제문제뿐만 아니라 사회, 과학기술, 환경, 교육 등 다양한 분야에 걸쳐 광범위하며, 이러한 활동은 각종 위원회를 통하여 이루어지고 있는데, 경제정책위원회, 경제개발검토위원회, 개발원조위원회, 무역위원회, 자본이동 및 무역거래위원회, 에너지정책위원회 등이 여기에 속한다. 분야별 위원회는 다양하며 다음과 같이 기능하고 있다.

— 경제정책분야

- 경제정책위원회
- 경제개발검토위원회
- 통화 및 외환 문제위원회

– 경제발전분야
  - 개발원조위원회
– 금융 · 재정 및 기업관련분야
  - 국제투자 및 다국적기업위원회
  - 자본이동 및 무역외거래위원회
  - 지불위원회
  - 보험위원회
  - 금융시장위원회
  - 재정문제위원회
  - 경쟁법 및 정책위원회
  - 소비자정책위원회
  - 해운위원회
  - 관광위원회
– 무역관련분야
  - 무역위원회
– 과학 · 기술 및 산업분야
  - 과학 · 기술 정책위원회
  - 정보 · 컴퓨터 및 통신정책위원회
  - 산업위원회
  - 철강위원회
  - 도로 · 수송 연구분야의 협력을 위한 프로그램 운영위원회
– 에너지분야
  - 에너지정책위원회
– 음식물 · 농업 및 어업관련분야
  - 농업위원회
  - 어업위원회

— 사회문제 · 인력 및 교육분야
  - 인력 및 사회문제위원회
  - 교육위원회

— 기술협력분야
  - 기술협력위원회

— 환경관련분야
  - 환경위원회
  - 도시문제그룹

— 반 독립적 부속기관
  - 개발센터
  - 교육연구 및 혁신센터
  - 국제에너지기구
  - 핵에너지기구

4. 활　　동

OECD의 주요 활동을 보면 시대적 변화를 반영하며 성장을 거듭하여왔다. 1970년대에는 환경위원회, 소비자정책위원회가 설치되었고, 1973년 석유파동시에 국제에너지기구(International Energy Agency; IEA)가 설립되었으며, 1974년에는 경기침체에 대응하여 자유무역을 무역서약을 채택하였다. 1976년에는 다국적기업의 행동지침을 채택하였고, 1977년에는 세계의 인플레이션과 실업극복에 과한 보고서를, 그리고 1979년에는 신흥공업국의 도전에 관한 보고서를 발간한 바 있다. 1985년에는 보호주의의 功罪에 관한 보고서를, 1987년에는 농산물무역에 관한 연구 및 서비스무역 자유화에 관한 개념적 틀에 관한 보고서를 발간한 바 있다. 이렇듯 국제문제가 시대의 변화에 따라 바뀌면서 새로운 문제를 제기하고 있고 또한 상호의존성이 높아지면서 OECD는 그 활동영역을 확대하여 왔다.

5. 회원국의 의무

OECD 특유의 폐쇄성과 클럽적 성격 때문에 신규회원의 가입은 기존회원의 만장일치로 이루어진다. 또한 회원국은 多元的 민주주의국가(pluralistic democracy)로서 시장경제체제(market economy)를 보유하며 인권을 존중하는 문명국(respect for human right)이어야 하기 때문이다. 경제적으로 OECD 제국의 수준에 도달했다 하더라도 정치·사회적인 측면에서 회원국의 수준에 미흡하거나 또는 이의가 제기될 경우는 가입이 불가능할 수가 있다.

OECD의 목적 및 기타 활동 등에 비추어볼 때 OECD 가입에 따른 의무사항은 일반적 의무, 권고적 의무 그리고 자유화 의무 등 3가지로 나누어진다. 일반적 의무는 OECD의 설립목적을 지지하고, OECD의 내부절차를 규정한 규범들을 원칙적으로 준수하며, OECD의 예산을 집행하기 위한 분담금을 제공하는 것 등이다. OECD의무 중 권고적 의무는 GATT 11조 및 IMF 8조국으로 이행과 개도국에 대한 일정 수준 이상 개발원조 제공하며, 자유화 의무는 경상무역외거래자유화 규약과 자본이동자유화 규약으로 구성되는데, 이것은 가입 당사국의 정치, 경제 등의 거의 모든 분야에서 영향을 받을 수 있는 실질적인 것으로 가장 중요하고 핵심적인 분야이다.

OECD 자유화 규약은 점진적 자유화, 내국민대우, 무차별대우 등을 규약의 기본정신 및 원칙으로 채택하고 있다. 그리고 자유화 규약은 모든 회원국에서 무차별적으로 적용되어야 함을 원칙으로 하고 있다. 그러나 회원국이 자유화 의무를 이행할 수 없는 상황이 발생할 경우를 고려하여 유보(reservation) 및 적용면제(derogation)조항을 두고 있다. 유보는 자유화 의무사항 중 특정부문에 대하여 자유화 의무를 면제받는 것이며, 적용면제는 자유화 의무를 면제받는 것이다. 특히 자본이동 및 경상무역외거래위원회는 회원국의 자유화 규약 전반에 대한 검토 및 유보, 적용면제 사항에 대하여 정기적인 검토를 실시하고 있다.

참 고 문 헌

[國內參考書]

金仁俊,「國際經濟論」, 茶山出版社, 1985.

金信行,「國際經濟論; 貿易과 收支」, 法文社, 1979.

朴振根,「國際經濟學」, 博英社, 1984.

鄭道泳,「國際經濟」, 博英社, 1980.

表鶴吉,「國際貿易論」, 貿易經營社, 1985.

[外國參考書]

Bhagwati, J. N., *Political Economy and International Economics*, The MIT Press, 1991.

Baldwin, Robert E. and J. Richardson, eds., *International and Finance*, Little, Brown and Company, 1981.

———, *The Theory of Commercial Policy*, The MIT Press, 1983.

———, *Lectures on International Trade*, The MIT Press, 1983.

Caves, R. E., J. A. Frankel and R. W. Jones, *World Trade and Payments*, Sixth Edition, Little, Brown & Company Limited, 1993.

Chacholiades, Miltiades, *International Trade Theory and Policy*, 1978.

Hazari, Bharat., *The Pure Theory of International Trade and Distortions*, A Halsted Press Book, John Wiley & Sons, 1978.

Heller, Robert H., *International Trade*, Englewood Cliffs, New Jersey: Prentice-Hall, Inc., 1973.

Johnson, Harry G., *Aspects of The Theory of Tariffs*, Harvard University Press, 1972.

Krugman, Paul R. and Maurice Obstfeld, *International Economics*, 1988.

Mundell, Robert A., *International Economics*, New York: The Macmillan Company, 1968.

색 인

[ㅈ]

저자약력

성균관대학교 경제학사
미국 켄트(Kent)주립대학교 경제학 석사
미국 시카고대학교(Univ. of Chicago) 경제학 박사
미국 콜로라도대학교(Univ. of Colorado) 경제학 조교수
한국개발연구원(KDI) 연구위원, 인천발전연구원 원장
한국경제학회 청람상 수상
한국파생상품학회 제7대회장, 한국국제통상학회 제8대회장,
동아시아 통화협력연구회 회장, 한국 국제경제학회 제33대회장
(현) 성균관대학교 교수

주요저서

「국제무역경제학」, 박영사, 1992, 1997 「국제금융경제학」, 박영사, 1990, 1998
「김인철의 생활경제」, 양영각, 1992
「개도국 외채문제와 한국의 외채관리」, KDI, 1983
「개도국 환율문제와 한국의 환율운용」, KDI, 1984
Growth, Productivity and Vision for the Korean Economy Co-authored with Sung Yeung Kwack and Se-il Park, Pakyoungsa, 2001

주요논문

"A Partial Adjustment Approach to the Balance of Payments," *Journal of International Money and Finance,* 1983.
"Exchange Market Pressure in Korea: An Application of the Girton-Roper Monetary Model," *Journal of Money, Credit and Banking,* 1985.
"Korea's Foreign Debt Management," *Asian Economic Journal,* December 1988.
"The Evolutionary Process of East Asia's Monetary Integration," *The International Journal of Economic Policy Studies,* Vol. 2, 2007, Japan.

제 3 개정판
국제무역경제학

1992年 4月 15日 初版發行
1995年 1月 20日 改訂版發行
1997年 9月 10日 第二改訂版發行
2000年 2月 29日 第二改訂增補版發行
2009年 2月 25日 第三改訂版印刷
2009年 3月 5日 第三改訂版發行

著 者 金 仁 哲
發行人 安 鍾 萬
發行處 博 英 社
서울特別市 鍾路區 平洞 13-31番地
電話 (733)6771 FAX (736)4818
登錄 1952. 11. 18. 제1-171호(倫)

www.pakyoungsa.co.kr e-mail: pys@pakyoungsa.co.kr

定 價 25,000 원 ISBN 978-89-10-20515-9